컴퓨터 활용

엑셀 2013

한혜경 · 윤정희 공저

오성미디어

머리말

우리는 대부분 Microsoft Office 프로그램을 들어보거나, 한번쯤은 그 프로그램 중 일부를 사용해 봤을 것입니다. 그 중 엑셀 프로그램은 업무나 학교생활에서 자주 사용하는 프로그램 중 하나입니다. 엑셀이 중요하다는 것은 누구나 알고 있습니다. 하지만 많은 학생들이 오피스 프로그램 중 가장 어렵다고 생각하는 프로그램입니다.

엑셀을 빠르고 쉽고 편하게 학습할 수는 없습니다. 이 책은 엑셀 2013을 학습할 수 있도록 구성된 교재입니다. 본문 내용과 함께 제공되는 예제 파일을 바탕으로 기본 기능의 지식을 습득하고 실전 예제 만들기를 통하여 배운 내용을 바탕으로 실습 예제를 각자 만들어 봄으로써 각 장에서 배운 내용을 다시 한 번 정리할 수 있게 구성되었습니다. 또한 이 책을 학습하며 엑셀에 대한 자신감도 생길 것이며, 그로 인하여 엑셀 관련 자격증을 취득하는 기반을 마련함으로써 자신의 능력을 테스트 해 볼 수 있는 기회도 주어지게 될 것입니다. 추후에 자신이 원한다면 엑셀 관련 자격증 시험에 도전하여 멋지게 성공하시길 기원합니다.

이 책을 통해 모든 학생들이 엑셀에 대한 두려움을 떨치고 쉽게 배울 수 있는 기회가 되기를 기대합니다. 책이 완성되기까지 많은 도움을 주신 분들께 감사드립니다. 저를 이 자리에 있게 해주신 교수님, 저를 언제나 믿고 응원해주시는 부모님, 그리고 오성미디어 사장님과 편집부 여러분들께 다시 한 번 감사의 말씀을 드립니다.

윤 정 희.

Contents

Chapter 2 데이터 시각화 작업

01 서식 설정

02 개체 삽입

Chapter 3 데이터 분석

01 정렬 및 필터

02 중복 항목 제거

03 데이터 유효성 검사

04 부분합

Chapter 4 문서 보호 및 설정

Office Excel 2013

엑셀은 MS-Office 프로그램 중 하나로, 표에 정리된 데이터를 이용하여 다양한 함수를 활용하여 계산하고 데이터를 조건에 맞게 분석하며 시각적인 정보인 차트를 생성하여 업무를 효율적으로 작업할 수 있는 스프레드시트 프로그램입니다.

1 Excel 2013 시작하기

1. 엑셀 2013 프로그램을 시작하기 위하여 바탕화면에 있는 아이콘(Excel 2013) 또는 [시작 – 모든 프로그램 – Microsoft office 2013 – Excel 2013] 메뉴를 클릭하면 프로그램이 실행됩니다.

2. 엑셀 2013을 실행하면 최근 사용한 항목과 서식이 나타납니다. 이곳에서 [서식 파일]을 선택하거나 [새 통합 문서]를 이용하여 새로운 문서를 작성할 수 있습니다.

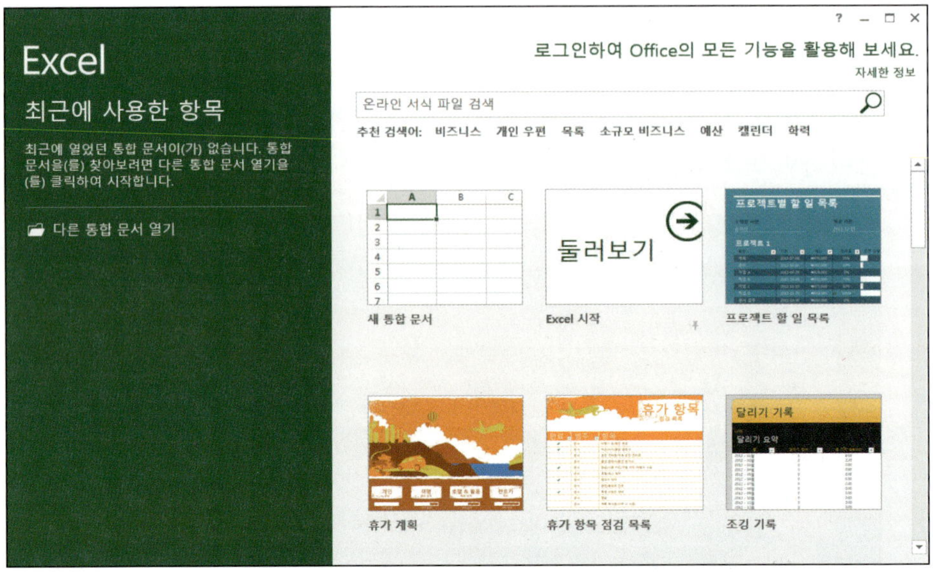

3. 새 통합 문서를 클릭하면 이전 버전과 동일하게 빈 [통합 문서1.xlsx] 파일이 생성되고 엑셀 워크시트 화면이 나타나게 됩니다.

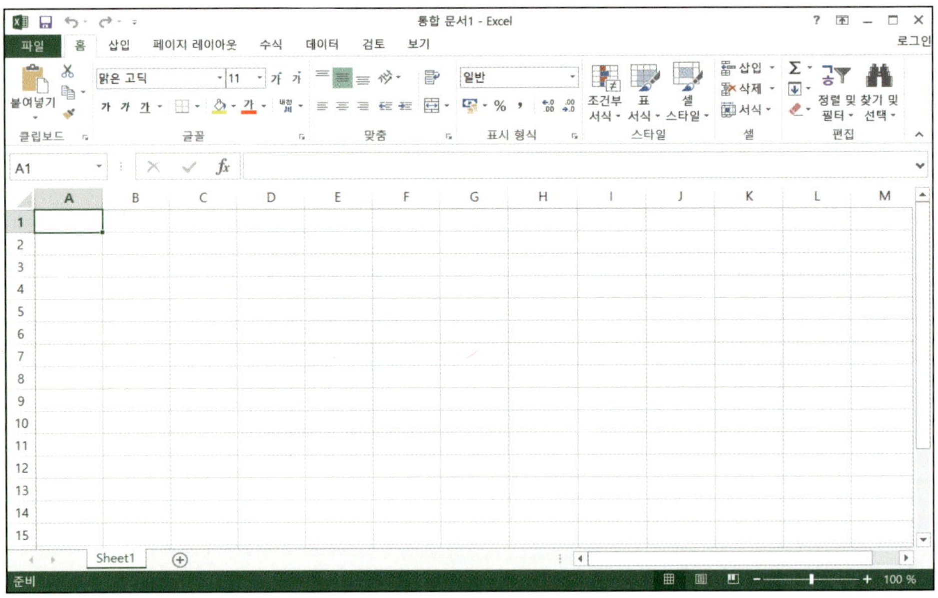

※ 만약, 이 기능이 익숙하지 않아 불편하다면 Excel 옵션에서 기존 2010 버전과 동일하게 시작화면을 표시하지 않고 바로 빈 시트 화면으로 나타날 수 있도록 설정이 가능합니다.

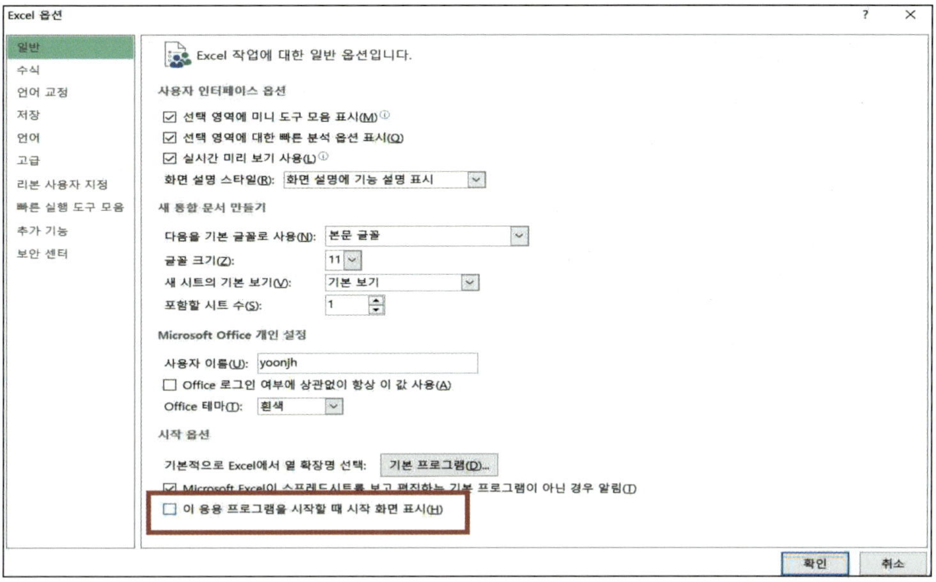

Tip [파일 탭 – 옵션 – '이 응용 프로그램을 시작할 때 시작 화면 표시' 체크 해제]

2 » Excel 2013 화면 구성

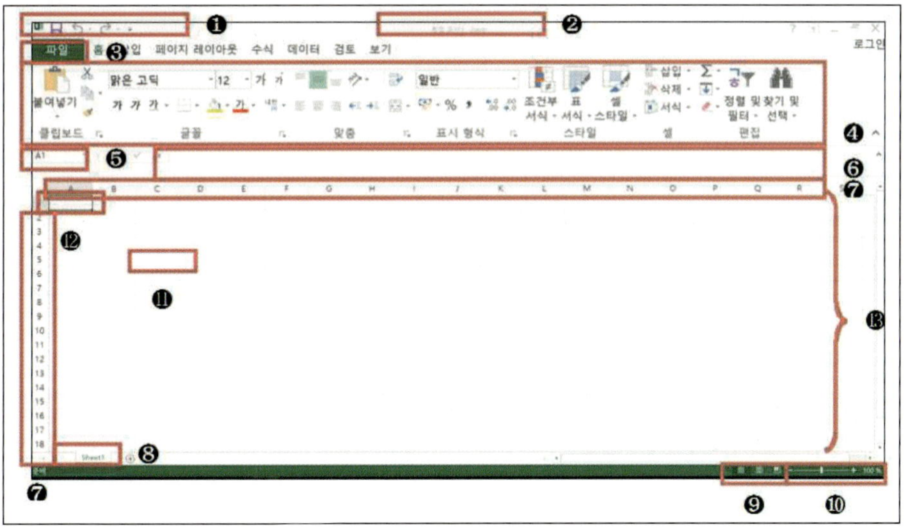

① 빠른 실행 도구 모음

저장, 실행 취소, 다시 실행의 명령 버튼가 포함되어 있으며, 사용자가 자주 사용하는 명령들을 아이콘으로 추가 및 구성하여 사용할 수 있습니다.

② 제목 표시줄

열려져 있는 통합 문서의 파일명이 표시되는 위치로, 저장하지 않은 상태에서는 통합 문서1, 통합문서2 등으로 표시 됩니다. 오른쪽에는 도움말, 리본메뉴 표시옵션, 프로그램의 창을 조절하는 최소화, 최대화 버튼와 닫기 버튼이 있습니다.

③ 파일 탭

왼쪽의 Backstage 화면에는 정보, 새로 만들기, 열기, 저장, 다른 이름으로 저장, 인쇄, 공유, 내보내기, 닫기, 계정, 옵션 메뉴가 있으며 오른쪽 화면에서 세부내용을 손쉽게 설정할 수 있습니다.

④ 리본 메뉴

Excel 2007부터 도입된 리본 메뉴는 더욱 직관적으로 명령을 찾아 수행할 수 있도록 사용자 인터페이스가 새롭게 개선된 구조입니다.

⑤ 이름 상자

보통 선택한 셀 주소나 범위의 이름이 표시되고 셀에 함수식을 입력할 때는 함수 상자로 바뀝니다.

⑥ 수식 입력줄

셀에 입력된 데이터나 수식이 모두 표시되며, 수식을 직접 입력하거나 수정할 수 있는 곳입니다.

⑦ 열 머리글 / 행 머리글

가로와 세로줄을 표시하는 열과 행의 제목으로 열의 제목은 A열에서 XFD열까지 16,384개가 있고 행의 제목은 1행에서 1,048,576행까지 있습니다.

⑧ 시트 탭

한 워크시트 안에는 기본적으로 1개의 시트 탭이 나타나지만, 시스템의 메모리가 허락하는 한 하나의 문서 안에 얼마든지 탭을 추가할 수 있습니다.

⑨ 화면 보기 버튼

원하는 문서 보기 상태로 곧바로 이동할 수 있는 버튼으로 기본보기, 페이지 레이아웃, 페이지 나누어 미리보기 버튼으로 구성되어 있습니다.

⑩ 확대/축소 버튼 및 슬라이드 바

화면의 배율을 조정할 수 있는 곳으로 확대/축소'버튼을 클릭하여 대화상자에서 비율을 지정할 수 있습니다. 그리고 확대/축소 슬라이드 바를 드래그하여 화면의 배율을 10~400%까지 조정할 수 있습니다.

⑪ 셀

데이터를 입력하거나 수식을 입력하는 곳으로 워크시트의 가장 기본적인 단위입니다.

⑫ 셀 포인터

현재 선택한 셀을 말하며 셀에 데이터를 입력하거나 편집할 수 있는 상태를 의미합니다.

⑬ 워크시트

엑셀의 편집 영역을 의미하며 워크시트는 추가하거나 삭제할 수 있습니다.

3 리본 메뉴와 빠른 실행 도구 모음

리본메뉴

각각의 기능을 구조적으로 나열하여 사용자가 쉽게 선택하여 사용할 수 있도록 탭 별로 기능이 구분되어 있는 영역으로, 각 탭을 선택하면 그와 관련된 하위 기능들이 그룹별로 설정되어 있습니다. 원하는 탭을 선택하여 원하는 기능을 설정할 수 있으며 좀 더 세부적인 내용을 설정하고자 하면 각 그룹별 대화상자 버튼(↘)을 선택하여 설정할 수 있습니다.

리본메뉴 펼치기

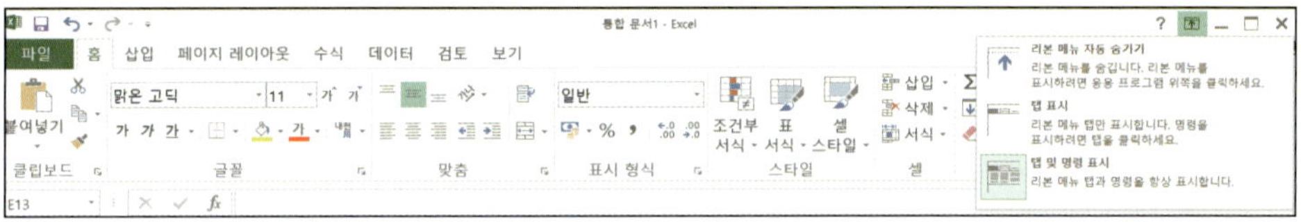

리본메뉴 숨기기

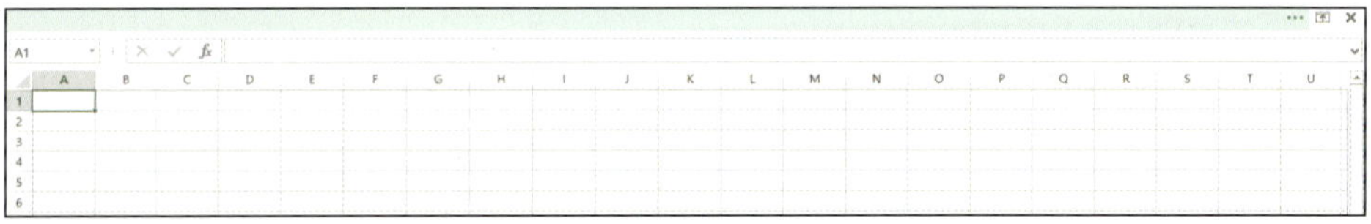

홈탭

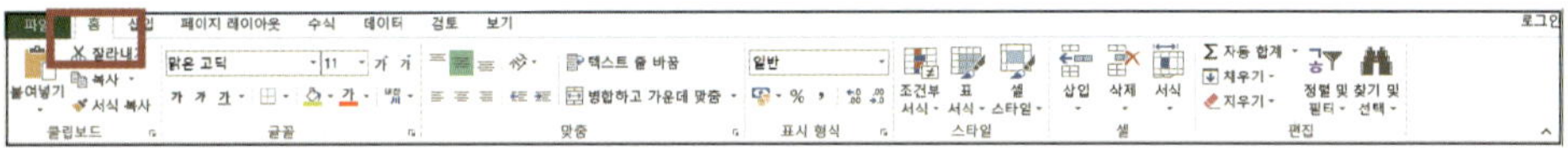

삽입 탭

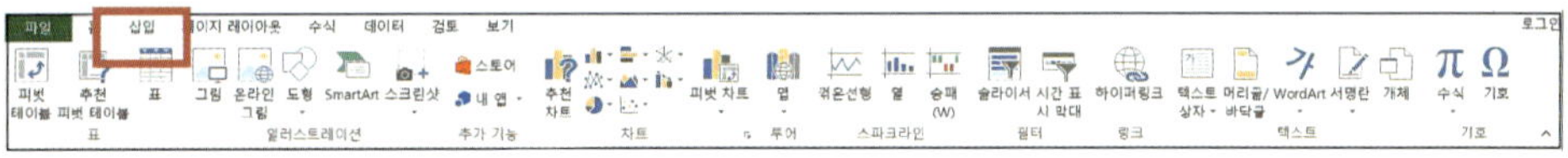

페이지 레이아웃 탭

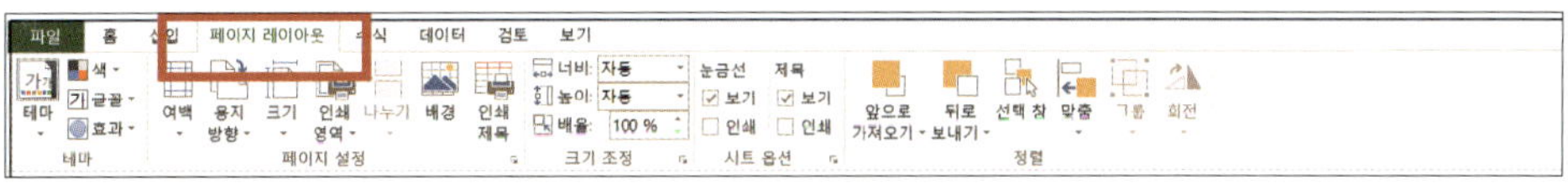

수식 탭

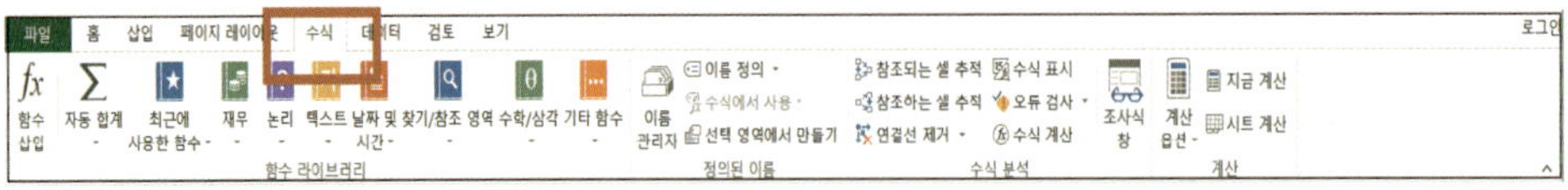

데이터 탭

검토 탭

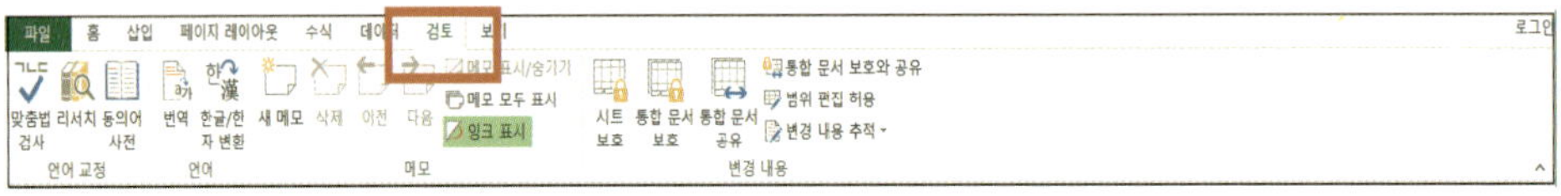

보기 탭

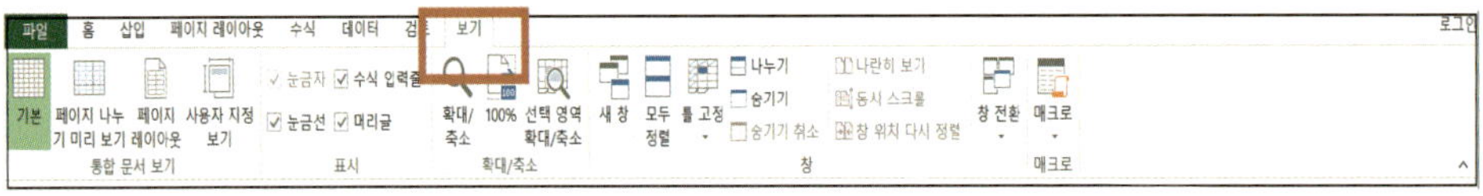

빠른 실행 도구 모음

리본메뉴에 포함되지 않은 메뉴라도 자주 사용하는 메뉴인 경우 빠른 실행 도구 모음에 설정하여 사용하게 되면 엑셀을 좀 더 편리하게 사용할 수 있습니다.

1. 원하는 메뉴에서 마우스를 오른쪽 클릭합니다. 빠른 실행 도구 모음에 바로 메뉴 추가할 수 있습니다.

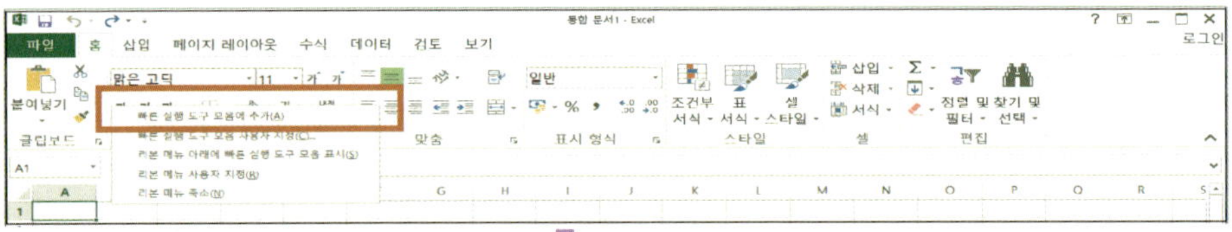

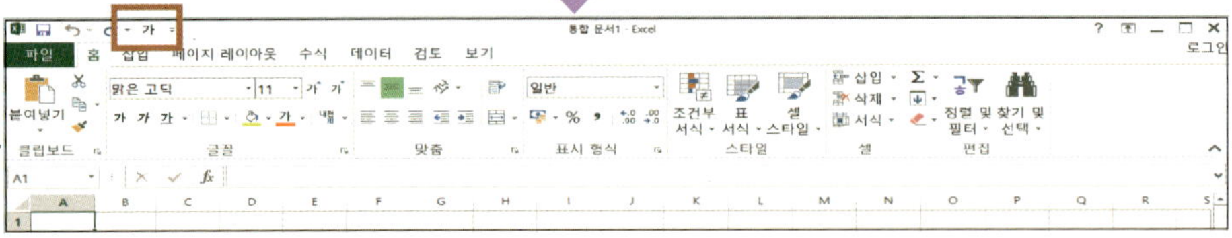

빠른 실행 도구 모음 추가 전→후

2. Excel 옵션 메뉴를 이용하여 빠른 실행 도구 모음에 메뉴 추가가 가능합니다.

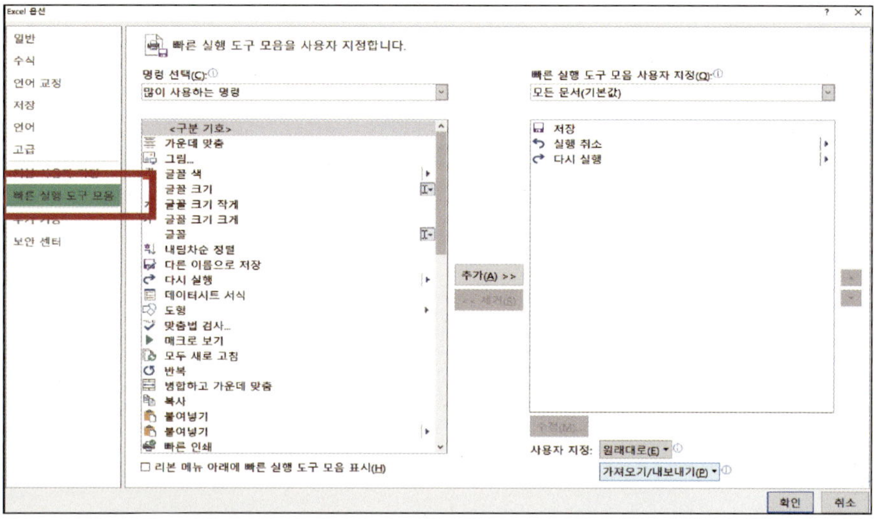

4 Excel 2013 새로운 기능

원드라이브(OneDrive)

Microsoft 사에서 제공하는 무료 클라우드 서비스로 파일을 원드라이브에 저장하여 언제 어디서든 인터넷이 가능한 곳에서는 파일을 공유할 수 있는 기능입니다.

단, 원드라이브를 사용할 경우 로그인이 필요하므로 계정 등록이 필요합니다.

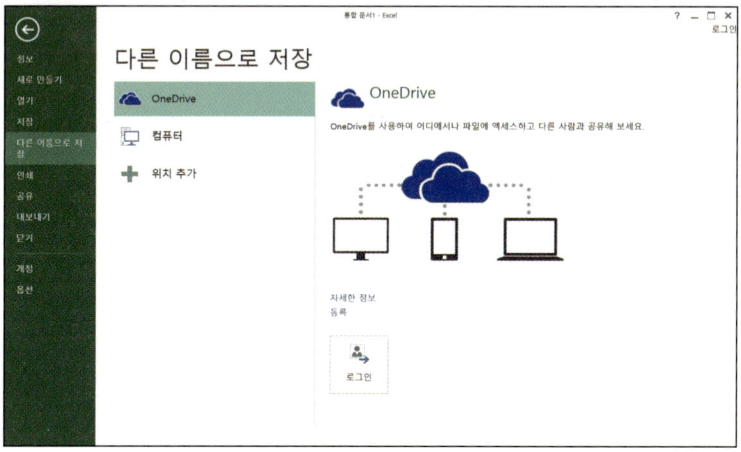

Chapter 1

데이터 입력 및 편집

01

다양한 데이터 입력

텍스트, 숫자, 한자 등 다양한 데이터를 셀 안에 입력하고 수정할 수 있다. 또한 셀 안에서 줄바꾸기를 이용하여 편집할 수 있다.

예제파일 : 1장예제.xlsx

1-1 텍스트, 숫자, 한자 입력하기

따라해 보세요 – 텍스트, 숫자, 한자 입력하기

다양한 데이터를 이용하여 아래 화면과 동일하게 입력하세요.

*시트명 : 다양한 데이터 입력

1. B2셀에 커서를 이동한 후 아래 화면과 동일하게 입력합니다.

	A	B	C	D	E	F	G	H
1								
2		다양한 데이터 입력						
3								
4		no.	학교	학과	학번	이름	비고	
5								

2. B4:G13 범위를 선택한 후 [홈 탭 – 글꼴 그룹 – 테두리 – 모든 테두리]를 클릭합니다. 표의 테두리 전체를 그릴 수 있습니다.

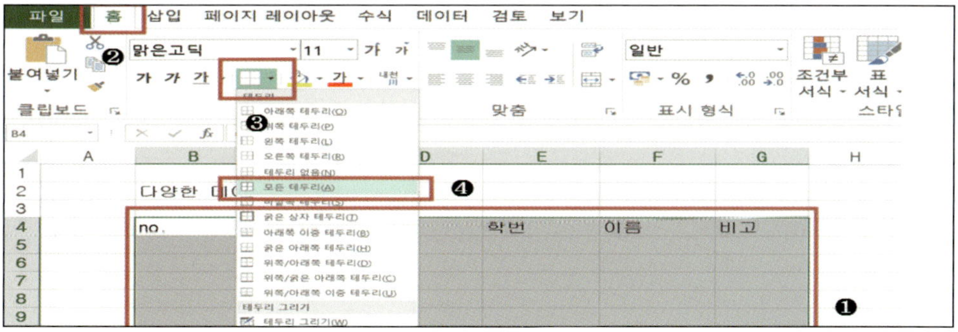

3. [홈 탭 – 맞춤 그룹 – 가운데 맞춤]을 클릭하여 내용을 셀 가운데로 정렬합니다.

4. B5 셀에서부터 일련번호, 본인학교, 본인학과, 본인학번, 본인이름을 입력합니다.

	A	B	C	D	E	F	G	H
1								
2		다양한 데이터 입력						
3								
4		no.	학교	학과	학번	이름	비고	
5		1	00대학교	00학과	201712345	윤정희		
6								

5. 이름을 한자로 변경하기 위하여 F5 셀을 더블 클릭하여 이름을 한 글자씩 선택한 후 '한자' 키를 이용하여 본인의 이름을 한자로 변경합니다.

	A	B	C	D	E	F	G	H
1								
2		다양한 데이터 입력						
3								
4		no.	학교	학과	학번	이름	비고	
5		1	00대학교	00학과	201712345	尹晶熙		
6								

Tip 텍스트를 입력하면 문자는 '왼쪽 정렬', 숫자는 '오른쪽 정렬'을 기본으로 적용되는 것을 확인 할 수 있습니다.

6. 'OO학과' 셀 안에 한줄을 추가하기 위하여 D5 셀을 더블 클릭 한 후 커서를 'OO 학과' 앞으로 이동하고 'XX학부' 를 입력합니다. 'Alt + Enter' 키를 동시에 누르면 셀 안에서 행이 바뀌면서 줄 바꿈이 실행됩니다.

	A	B	C	D	E	F	G	H
1								
2		다양한 데이터 입력						
3								
4		no.	학교	학과	학번	이름	비고	
5		1	00대학교	XX학부	201712345	尹晶熙		
6				00학과				
7								
8								

Tip [홈 탭 – 맞춤 그룹 – 텍스트 줄 바꿈] 으로도 줄 바꿈이 실행됩니다.

7. Enter 키를 눌러 입력을 완료합니다. 아래와 같이 입력되는 것을 확인할 수 있습니다.

	A	B	C	D	E	F	G	H
1								
2		다양한 데이터 입력						
3								
4		no.	학교	학과	학번	이름	비고	
5		1	00대학교	XX학부 00학과	201712345	尹晶熙		
6								
7								
8								

Tip 엑셀에서는 문자, 숫자, 수식 등 데이터를 입력한 후에는 반드시 'Enter' 키를 입력하여 입력을 마무리 해야 합니다. 그렇지 않은 경우 데이터가 잘못 입력되는 오류가 발생하므로 주의하시기 바랍니다. 또한 셀 안의 내용을 잘못 입력한 경우 전체를 삭제하려면 셀을 클릭하고 'Del', 일부 내용만 삭제하고자 하면 해당 셀을 더블 클릭 하여 원하는 글자를 선택하여 삭제합니다. 셀 선택 후 '수식 입력줄' 에서도 수정할 수 있습니다.

02

채우기 핸들

채우기 핸들을 이용하여 연속된 문자나 숫자를 입력할 수 있고 동일한 셀의 내용을 복사할 수 있다.

예제파일 : 1장예제.xlsx

2-1 연속된 데이터 입력하기

따라해 보세요 – 연속된 데이터 입력하기

채우기 핸들을 이용하여 연속된 숫자를 입력하세요.

*시트명 : 채우기 핸들

1. B5 셀에 커서를 이동한 후 오른쪽 하단의 점 위에 마우스를 가져갑니다. 마우스 포인터 모양이 변경되는 것을 확인할 수 있습니다. (마우스 포인터 색 : 흰색 –> 검은색)

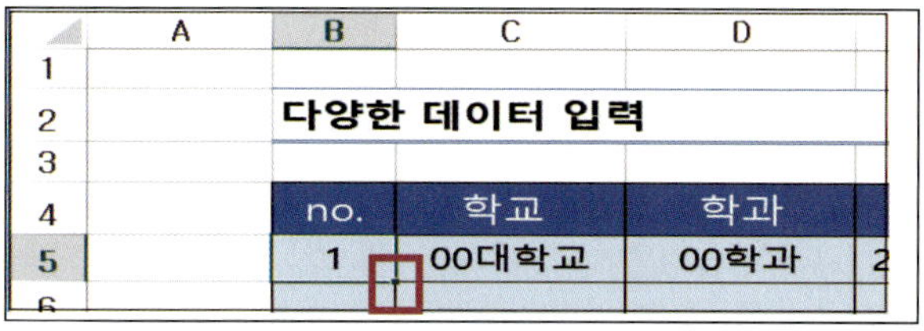

기억하세요
범위를 선택할 때 하는 **드래그**가 아닙니다!!!

2. 마우스 포인터 모양이 변경되면 B13 셀까지 채우기 핸들 하여 셀을 복사합니다. 오른쪽 아래 '자동 채우기 옵션' 버튼( )을 클릭하여 '연속 데이터 채우기' 로 옵션을 변경합니다. 복사된 숫자가 연속된 숫자로 변경되는 것을 확인할 수 있습니다.

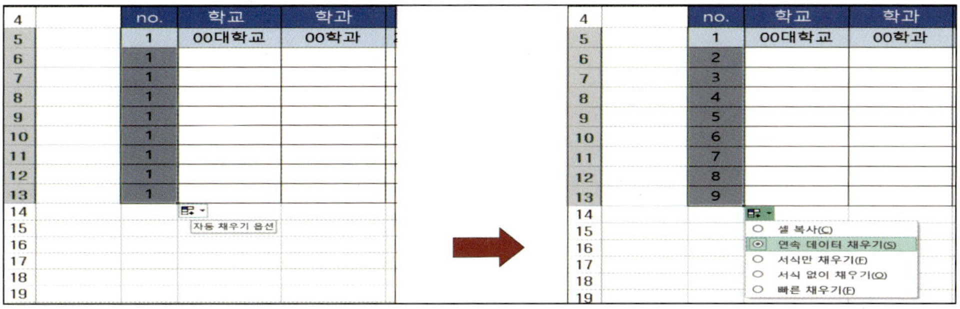

Tip Excel 옵션에서 사용자가 원하는 내용을 임의로 직접 설정할 수 있습니다.

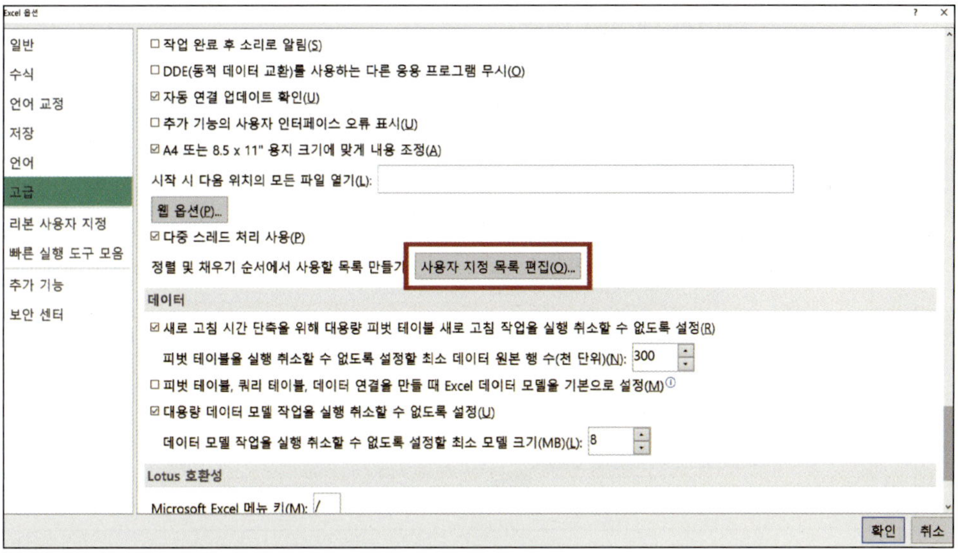

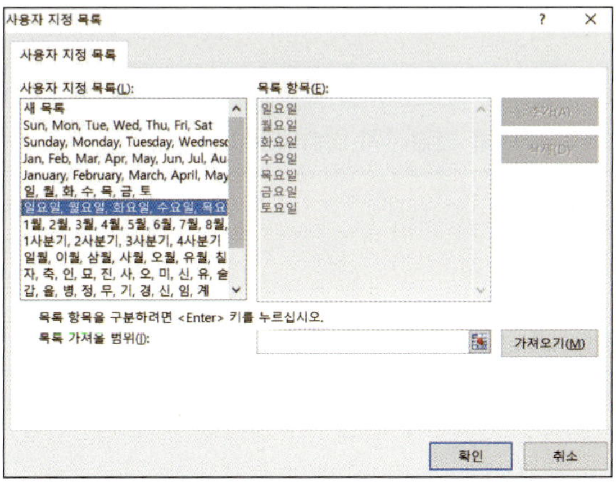

2-2 셀 복사하기

따라해 보세요 – 셀 복사하기

자동 채우기 옵션을 이용하여 셀을 복사하세요.

*시트명 : 채우기 핸들

1. C5 셀을 클릭하고 채우기 핸들을 이용하여 학교명을 자동 채우기 합니다.

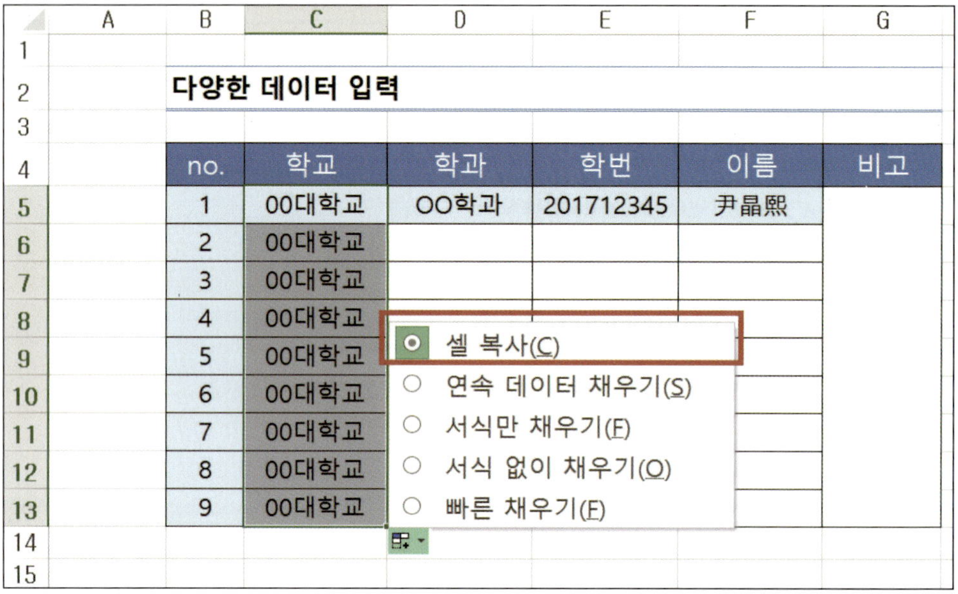

Tip 학교명은 동일하게 입력해야 함으로 자동 채우기 옵션 버튼을 클릭하여 '셀 복사' 가 선택된 그대로 변경하지 않습니다.

2. 위와 동일하게 채우기 핸들을 이용하여 학과는 '서식만 채우기', 학번은 '연속 데이터 채우기', 이름은 '서식 없이 채우기'로 자동 채우기 합니다.

	A	B	C	D	E	F	G	H
1								
2		다양한 데이터 입력						
3								
4		no.	학교	학과	학번	이름	비고	
5		1	00대학교	OO학과	201712345	尹晶熙		
6		2	00대학교		201712346	尹晶熙		
7		3	00대학교		201712347	尹晶熙		
8		4	00대학교		201712348	尹晶熙		
9		5	00대학교		201712349	尹晶熙		
10		6	00대학교		201712350	尹晶熙		
11		7	00대학교		201712351	尹晶熙		
12		8	00대학교		201712352	尹晶熙		
13		9	00대학교		201712353	尹晶熙		
14								

설명

붙여넣기 옵션

- 셀 복사 : 동일한 데이터가 한 번에 복사됩니다.
- 서식만 채우기 : 텍스트를 제외한 셀에 적용된 서식(글꼴, 색 등)만 복사됩니다.
- 서식 없이 채우기 : 서식을 제외한 텍스트만 복사됩니다.
- 빠른 채우기 : 2013버전에 새롭게 추가된 기능으로 일정한 패턴이 있는 데이터들이 입력된 경우 각각의 패턴이 있는 데이터를 쉽게 분리해줍니다.

따라해 보세요 – 빠른 채우기

J5:J9 셀에 I 열의 주소 중 '동'만 입력하세요.

*시트명 : 채우기 핸들

1. J5 셀에 '성내동' 을 입력하고 Enter 키를 누릅니다.

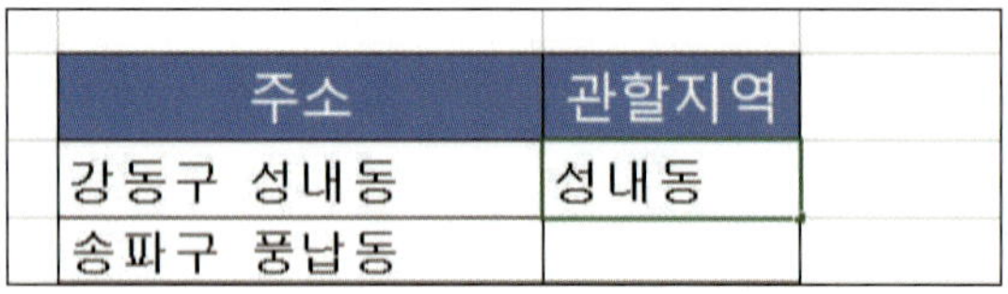

2. 채우기 핸들을 이용하여 J9 셀까지 셀 복사합니다. '자동 채우기 옵션' 버튼을 클릭하고 '빠른 채우기' 로 변경합니다.

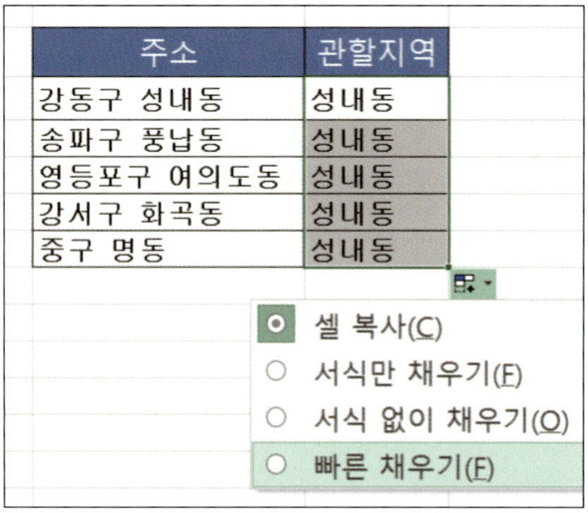

3. J5 셀에 입력한 것과 동일하게 주소 중 '00동' 에 해당하는 내용만 채워지는 것을 확인할 수 있습니다.

03

셀 / 행 / 열 / 창 / 시트

셀, 행, 열, 창, 워크시트에 대한 설정을 변경 할 수 있다.

예제파일 : 1장예제.xlsx

3-1 셀 편집하기

따라해 보세요 – 셀 삽입하기

C3 셀에 빈 셀을 삽입합니다.

*시트명 : 셀

1. C3 셀을 선택한 후 [마우스를 오른쪽 클릭 – 삽입 – 오른쪽으로 밀기]로 변경하고 확인 버튼을 클릭합니다. C3셀이 삽입되고 3행의 머리글이 오른쪽으로 이동하는 것을 확인할 수 있습니다.

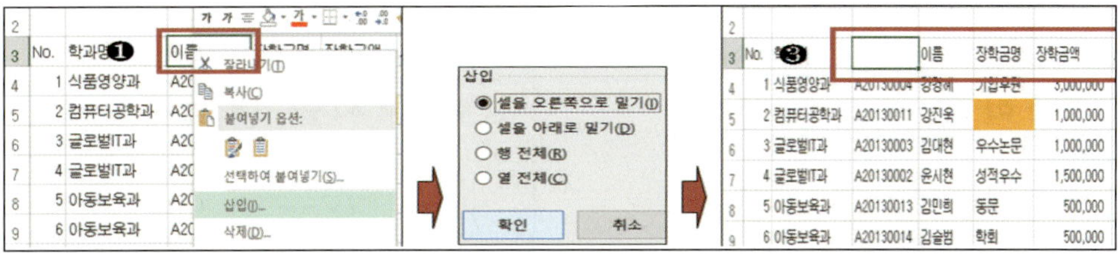

설명

삽입 옵션

- 셀을 오른쪽으로 밀기 : 선택된 셀을 기준으로 셀 내용이 오른쪽으로 한 칸씩 이동합니다.
- 셀을 아래로 밀기 : 선택된 셀을 기준으로 셀 내용이 아래쪽으로 한 줄씩 이동합니다.
- 행 전체 : 선택된 셀을 기준으로 하나의 행(가로) 전체가 삽입됩니다.
- 열 전체 : 선택된 셀을 기준으로 하나의 열(세로) 전체가 삽입됩니나.

2. C3 셀에 '학번' 이라고 입력합니다.

따라해 보세요 – 셀 복사하기

E4 셀을 노란 영역의 셀에 동시에 복사하여 붙여넣기 합니다.

*시트명 : 셀

1. E4 셀을 선택한 후 [마우스를 오른쪽 클릭 – 복사]를 클릭합니다. '기업후원' 텍스트가 복사됩니다. (Ctrl + c)

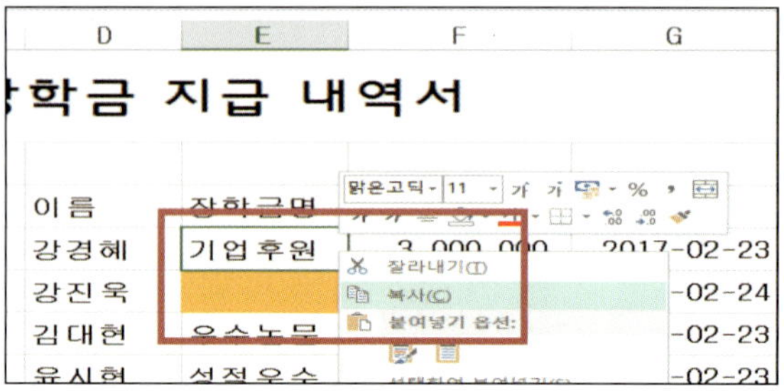

2. E5 셀을 클릭한 후 'Ctrl' 키를 누른 채 차례로 E14, E22, E27 셀 클릭합니다. 선택된 영역 위에서 [마우스를 오른쪽 클릭 – 붙여넣기 옵션 중 붙여넣기]를 클릭합니다. '기업후원' 텍스트가 선택된 여러 셀에 동시에 붙여넣기 되는 것을 확인할 수 있습니다. (Ctrl + v)

Tip E3 셀을 클릭하고 'Ctrl' 키를 누른 채 마우스를 셀 테두리 위로 올리면 '+' 기호가 추가된 마우스 포인터로 변경됩니다. 그 상태로 원하는 셀로 드래그 해주면 셀의 내용이 복사됩니다.

따라해 보세요 – 셀 이동하기

H15 셀의 '지급예정' 내용을 G15 셀로 이동합니다.

*시트명 : 셀

1. H15 셀을 선택한 후 [마우스를 오른쪽 클릭 – 잘라내기]를 클릭합니다. 셀 내용 전체가 잘라내기 됩니다.

2. G15 셀을 선택한 후 [마우스를 오른쪽 클릭 – 붙여넣기 옵션 중 붙여넣기]를 클릭합니다. 잘려진 셀 내용 전체가 붙여넣기 되는 것을 확인할 수 있습니다.

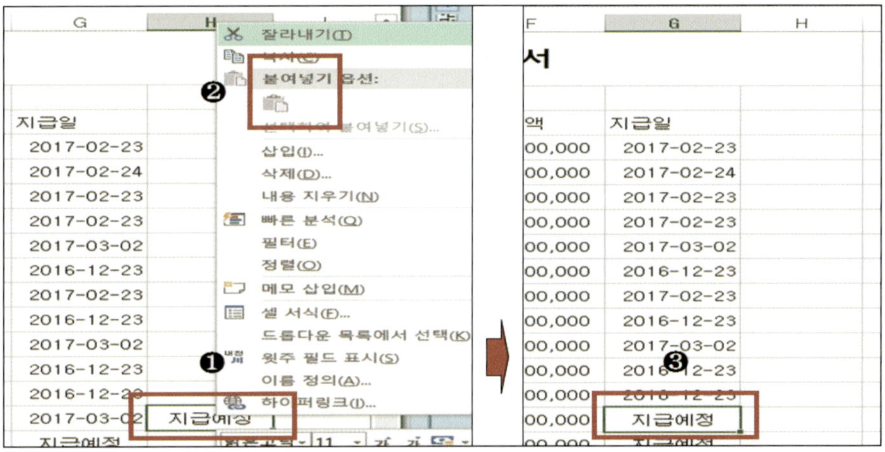

Tip H15 셀을 클릭하고 마우스를 셀 테두리 위로 올리면 사방표시의 마우스 포인터로 변경됩니다. 그 상태로 원하는 셀로 드래그 해주면 셀의 내용이 이동됩니다.

따라해 보세요 – 찾기 및 바꾸기

B열 중에서 '컴퓨터공학과'를 찾아서 '인터넷정보통신과'로 변경하세요.

*시트명 : 셀

1. 열 머리글 'B' 를 클릭하여 B열 전체를 선택한 후 [홈 탭 – 편집 그룹 – 찾기 및 선택 – 바꾸기] 클릭합니다.

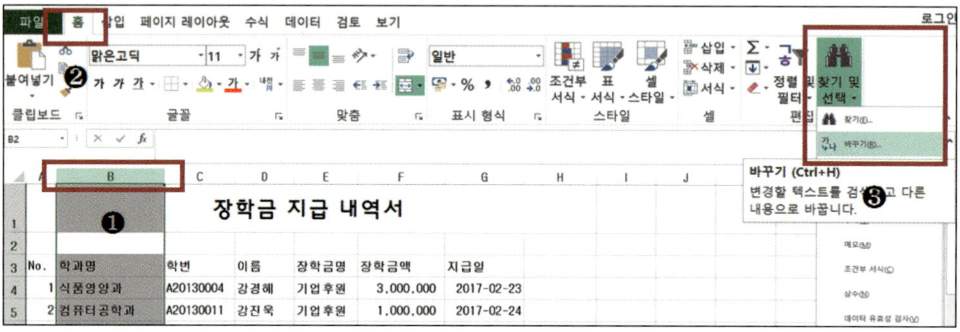

2. 찾기 및 바꾸기 대화상자가 나타나면 [찾을 내용 : 컴퓨터공학과, 바꿀 내용 : 인터넷정보통신과]를 입력한 후 모두 바꾸기 버튼을 클릭합니다.

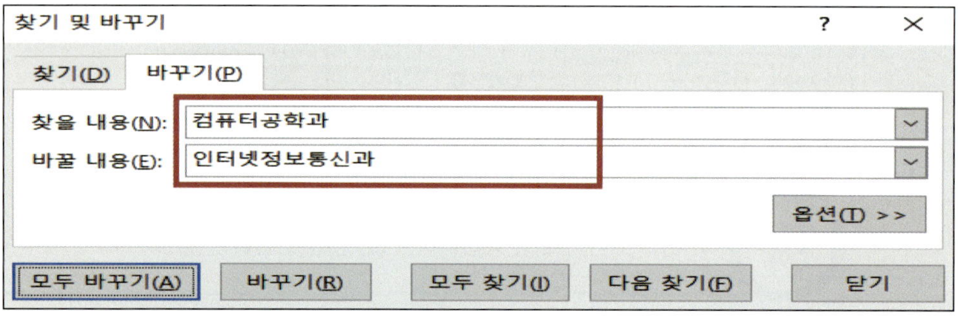

3. 총 4개의 항목이 변경되는 것을 확인할 수 있습니다. 확인 버튼을 클릭하고 더 이상 변경할 내용이 없는 경우 찾기 및 바꾸기 대화상자도 닫기 버튼을 클릭합니다.

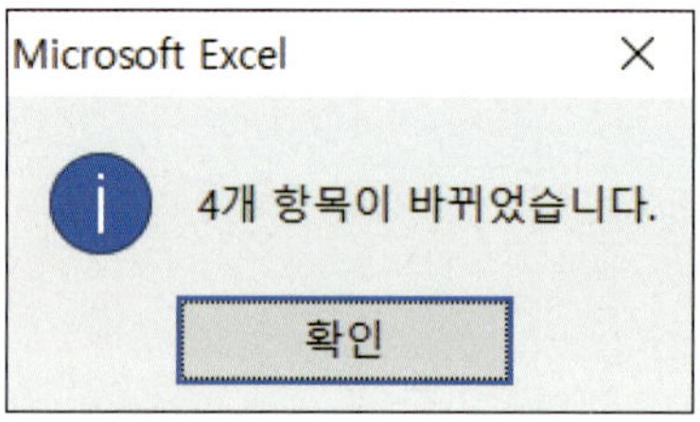

4. ‘컴퓨터공학과’ 셀의 내용이 모두 ‘인터넷정보통신과’로 변경되는 것을 확인할 수 있습니다.

	A	B	C	D	E	F	G	H
1	장학금 지급 내역서							
2								
3	No.	학과명	학번	이름	장학금명	장학금액	지급일	
4	1	식품영양과	A20130004	강경혜	기업후원	3,000,000	2017-02-23	
5	2	인터넷정보통신과	A20130011	강진욱	기업후원	1,000,000	2017-02-24	
6	3		A20130003	김대현	우수논문	1,000,000	2017-02-23	
7	4		A20130002	윤시현	성적우수	1,500,000	2017-02-23	
8	5	아동보육과	A20130013	김민희	동문	500,000	2017-03-02	
9	6	아동보육과	A20130014	김슬범	학회	500,000	2016-12-23	
10	7	식품영양과	A20130005	김완준	연구	500,000	2017-02-23	
11	8	치위생과	A20130016	윤은결	성적우수	1,500,000	2016-12-23	
12	9	인터넷정보통신과	A20130009	나세린	성적우수	1,500,000	2017-03-02	
13	10	치위생과	A20130017	노지환	우수논문	1,000,000	2016-12-23	
14	11	치위생과	A20130018	문희연	기업후원	1,000,000	2016-12-23	
15	12	인터넷정보통신과	A20130008	박주영	성적우수	3,000,000	2017-03-02	지급예정
16	13		A20130019	손다빈	연구	500,000	지급예정	
17	14	물리치료과	A20130020	신종준	동문	500,000	지급예정	

따라해 보세요 – 비어있는 셀에 텍스트 입력하기

학과명 열 중에서 빈 셀을 찾아 ‘글로벌IT비즈니스과’ 텍스트를 동시에 입력하세요.

*시트명 : 셀

1. B3:B31 범위를 선택한 후 [홈 탭 – 편집 그룹 – 찾기 및 선택 – 이동 옵션] 클릭합니다.

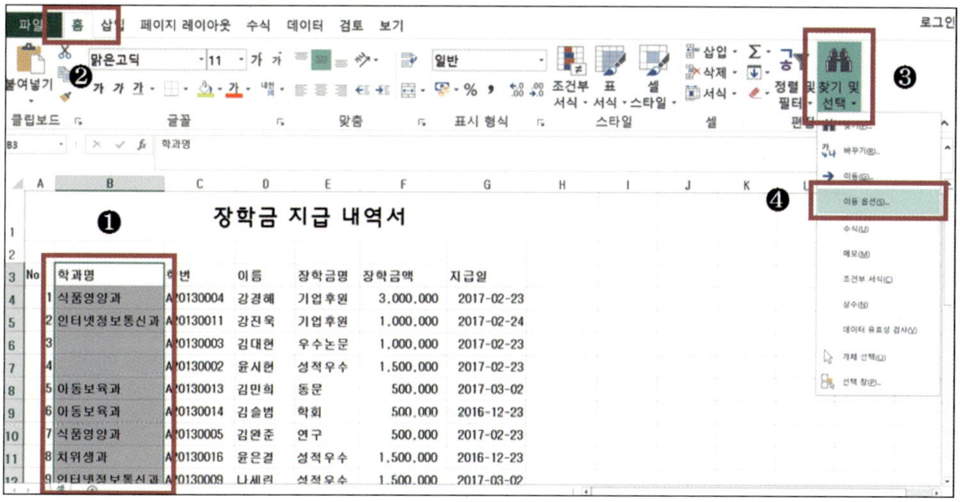

2. 이동 옵션 대화상자가 나타나면 '빈 셀'을 선택하고 확인 버튼을 클릭합니다.

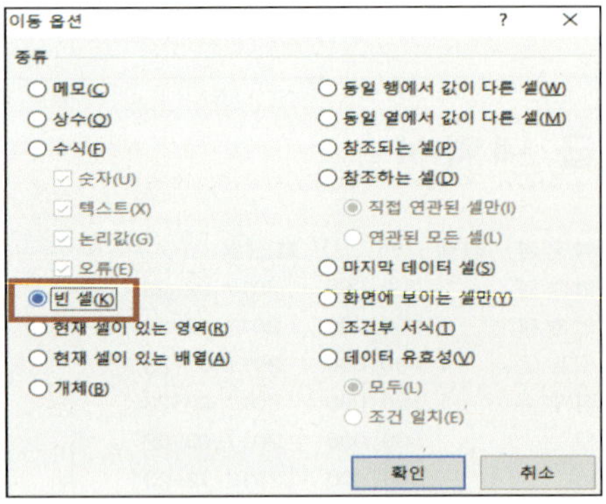

3. B3:B31 범위 중 비어있는 셀만 동시에 선택됩니다.

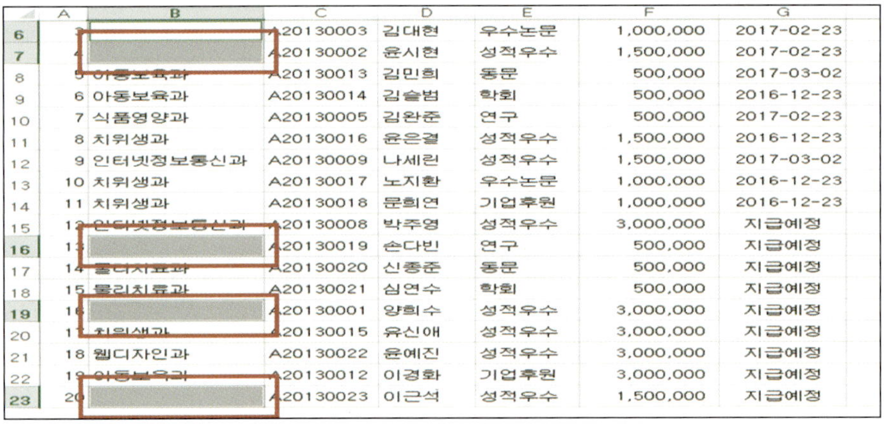

4. 여러 개의 셀이 선택된 상태로 하나의 셀에 '글로벌IT비즈니스과'를 입력하고 'Ctrl + Enter' 키를 동시에 누르면 비어있는 셀에 모두 '글로벌IT비즈니스과' 텍스트가 동시에 입력되는 것을 확인할 수 있습니다.

따라해 보세요 – 셀 병합하기

지급예정인 셀을 하나의 셀로 병합하세요.

*시트명 : 셀

1. G15:G31 범위를 선택한 후 [홈 탭 – 맞춤 그룹 – 병합하고 가운데 맞춤] 클릭합니다.

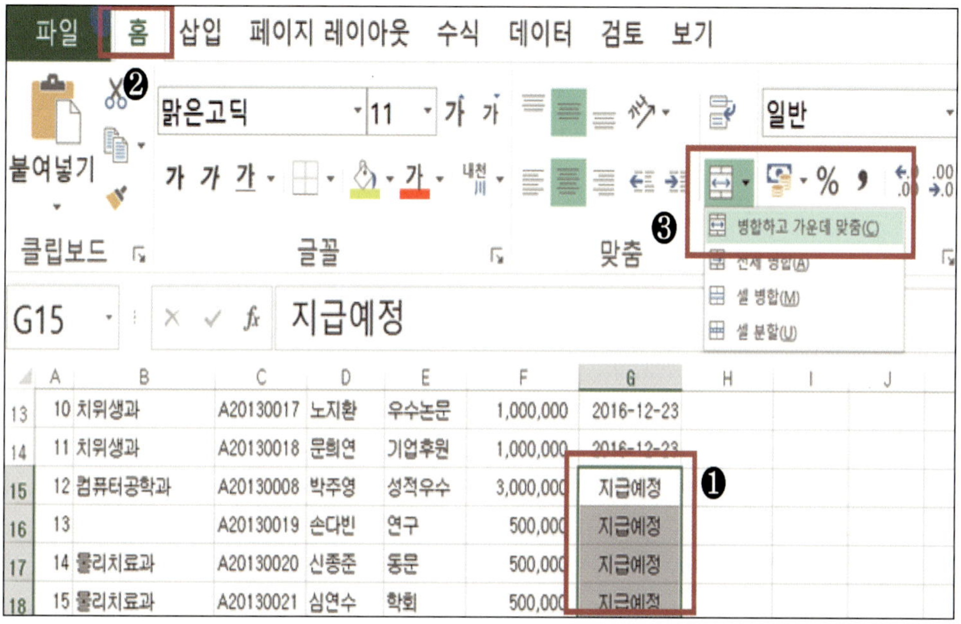

2. 여러 개의 셀 안에 모두 텍스트가 들어있는 경우 맨 위 또는 맨 왼쪽 셀의 내용만 남기고 나머지 텍스트는 삭제된다는 경고창이 나타납니다. 확인 버튼을 클릭합니다.

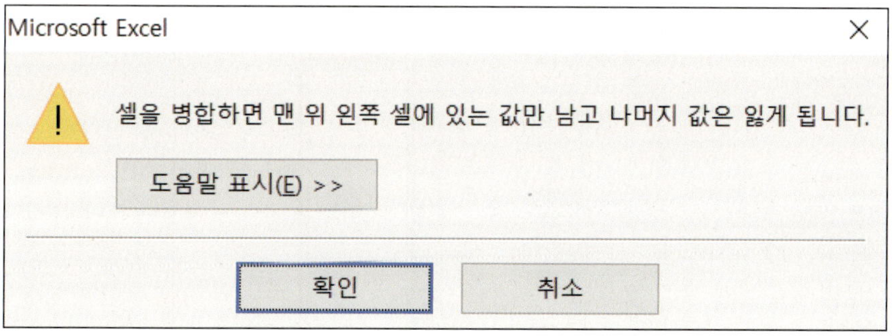

3. 17개의 셀이 하나의 셀로 병합되고 텍스트는 정가운데 맞춤되어 표시되는 것을 확인할 수 있습니다.

	A	B	C	D	E	F	G
12	9	인터넷정보통신과	A20130009	나세린	성적우수	1,500,000	2017-03-02
13	10	치위생과	A20130017	노지환	우수논문	1,000,000	2016-12-23
14	11	치위생과	A20130018	문희연	기업후원	1,000,000	[illegible]
15	12	인터넷정보통신과	A20130008	박주영	성적우수	3,000,000	지급예정
16	13	글로벌IT비즈니스과	A20130019	손다빈	연구	500,000	
17	14	물리치료과	A20130020	신종준	동문	500,000	
18	15	물리치료과	A20130021	심연수	학회	500,000	
19	16	글로벌IT비즈니스과	A20130001	양희수	성적우수	3,000,000	
20	17	치위생과	A20130015	유신애	성적우수	3,000,000	
21	18	웹디자인과	A20130022	윤예진	성적우수	3,000,000	
22	19	아동보육과	A20130012	이경화	기업후원	3,000,000	
23	20	글로벌IT비즈니스과	A20130023	이근석	성적우수	1,500,000	
24	21	인터넷정보통신과	A20130010	이샛별	우수논문	1,000,000	
25	22	웹디자인과	A20130024	이해성	우수논문	1,000,000	
26	23	식품영양과	A20130006	임근영	동문	500,000	
27	24	외식산업과	A20130025	장동진	기업후원	1,000,000	
28	25	외식산업과	A20130026	전주홍	연구	500,000	
29	26	식품영양과	A20130007	진보현	학회	500,000	
30	27	외식산업과	A20130027	최수현	동문	500,000	
31	28	외식산업과	A20130028	홍연주	학회	500,000	
32							

Tip 병합된 셀의 이름은 행과 열의 맨 앞 범위의 이름을 적용하여 'G15'로 정의됩니다.

따라해 보세요 – 셀 분할하기

G15 셀을 2개의 셀로 분할하세요.

*시트명 : 셀

1. G15 셀을 선택한 후 [홈 탭 – 맞춤 그룹 – 병합하고 가운데 맞춤 – 셀 분할]을 클릭합니다.

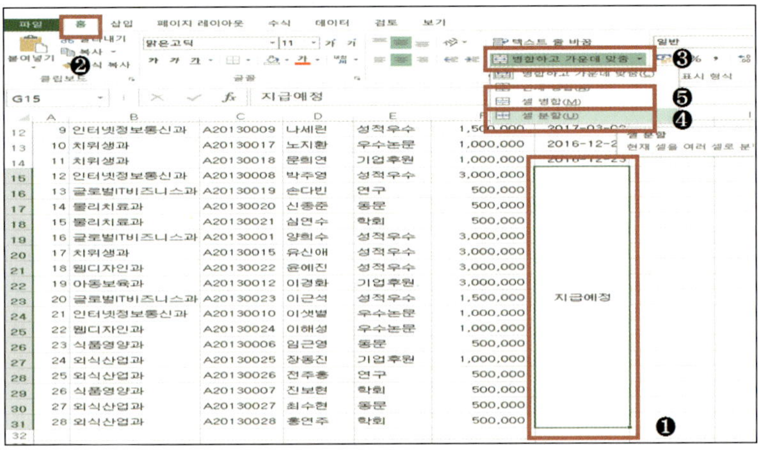

> **Tip**
> 엑셀에서의 셀 분할 및 병합은 파워포인트나 워드와 달리 병합된 상태에서 다시 재 분할이 불가능합니다. 셀을 원래 상태로 되돌린 후 다시 원하는 만큼의 셀을 병합하여야 합니다.

2. 17개의 셀로 분할되면 G15:G27 범위 선택한 후 [홈 탭 – 맞춤 그룹 – 병합하고 가운데 맞춤]을 클릭합니다. 셀이 병합되고 '지급예정' 텍스트가 정 가운데 맞춤 되는 것을 확인할 수 있습니다.

3. G28:G31 범위 선택한 후 [홈 탭 – 맞춤 그룹 – 병합하고 가운데 맞춤]을 클릭합니다. 셀이 병합되고 '계좌이체'를 입력하면 텍스트가 정 가운데 맞춤 되는 것을 확인할 수 있습니다.

	A	B	C	D	E	F	G	H
12	9	인터넷정보통신과	A20130009	나세린	성적우수	1,500,000	2017-03-02	
13	10	치위생과	A20130017	노지환	우수논문	1,000,000	2016-12-23	
14	11	치위생과	A20130018	문희연	기업후원	1,000,000	2016-12-23	
15	12	인터넷정보통신과	A20130008	박주영	성적우수	3,000,000		
16	13	글로벌IT비즈니스과	A20130019	손다빈	연구	500,000		
17	14	물리치료과	A20130020	신종준	동문	500,000		
18	15	물리치료과	A20130021	심연수	학회	500,000		
19	16	글로벌IT비즈니스과	A20130001	양희수	성적우수	3,000,000		
20	17	치위생과	A20130015	유신애	성적우수	3,000,000		
21	18	웹디자인과	A20130022	윤예진	성적우수	3,000,000	지급예정	
22	19	아동보육과	A20130012	이경화	기업후원	3,000,000		
23	20	글로벌IT비즈니스과	A20130023	이근석	성적우수	1,500,000		
24	21	인터넷정보통신과	A20130010	이샛별	우수논문	1,000,000		
25	22	웹디자인과	A20130024	이해성	우수논문	1,000,000		
26	23	식품영양과	A20130006	임근영	동문	500,000		
27	24	외식산업과	A20130025	장동진	기업후원	1,000,000		
28	25	외식산업과	A20130026	전주홍	연구	500,000		
29	26	식품영양과	A20130007	진보현	학회	500,000	계좌이체	
30	27	외식산업과	A20130027	최수현	동문	500,000		
31	28	외식산업과	A20130028	홍연주	학회	500,000		
32								

3-2 행 / 열 편집하기

따라해 보세요 – 행 높이 및 열 너비 설정하기

2 행의 높이를 '20'으로 변경하고, 셀 중 데이터가 제대로 표시되지 않는 셀의 열 너비를 데이터 길이에 맞게 조절하세요.

*시트명 : 행 열 창 시트

1. 왼쪽 행 머리글 중 '2' 위에서 [마우스를 오른쪽 클릭 – 행 높이]를 클릭합니다.

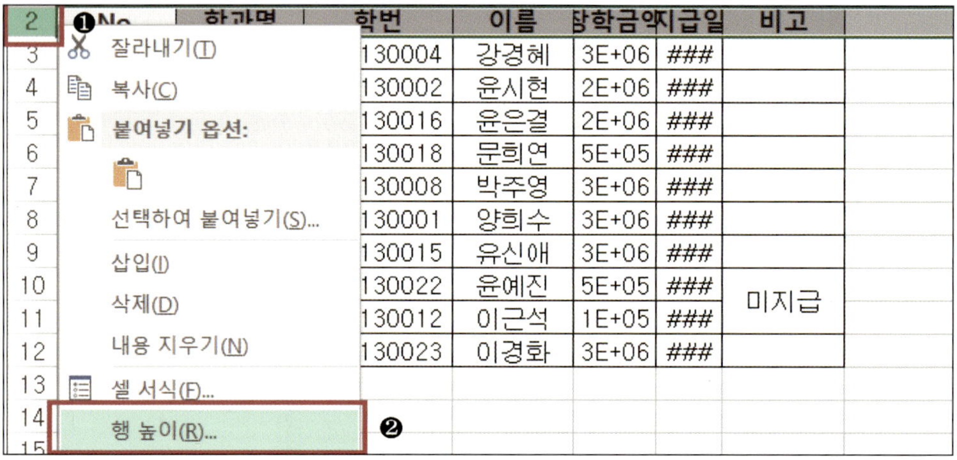

Tip 데이터 길이보다 셀의 너비가 좁기 때문에 텍스트는 글자가 가려지게 되고 숫자의 경우 '3E+06' 과 같은 표현이나 '#######' 으로 표기됩니다.

2. 행 높이 대화상자가 나타나면 값은 '20' 을 입력하고 확인 버튼을 클릭합니다.

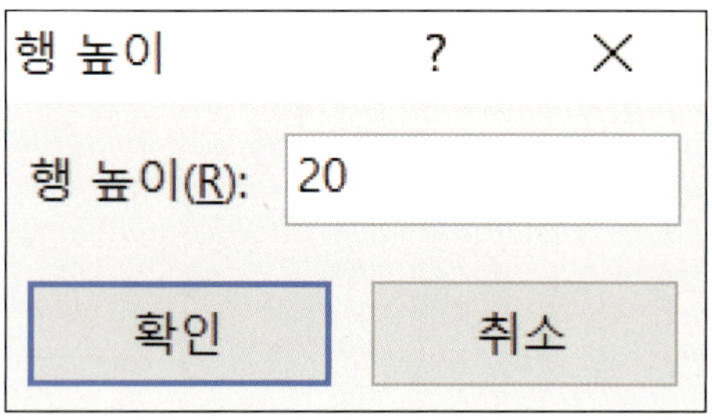

3. 2 행의 높이만 높아진 것을 확인할 수 있다.

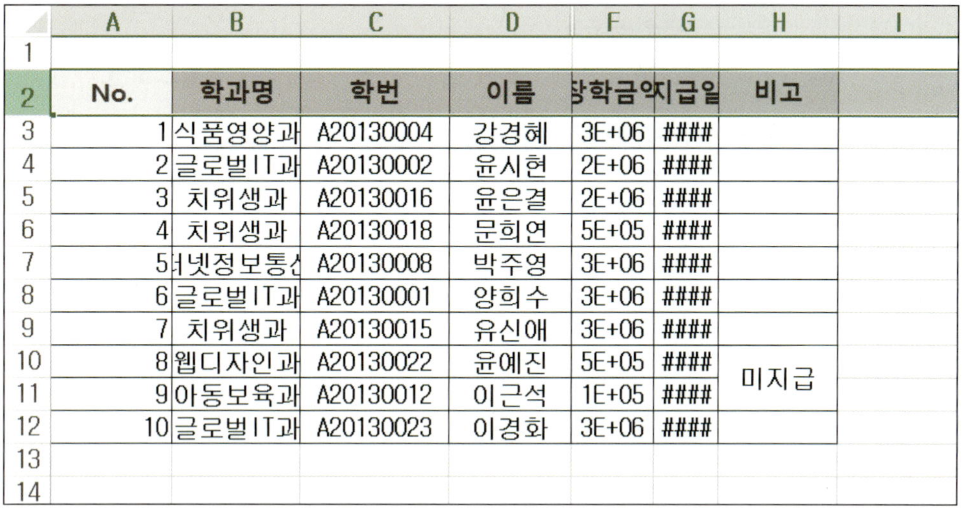

4. 열 머리글 중 'B' 위에서 [마우스를 오른쪽 클릭 – 열 너비]를 클릭합니다.

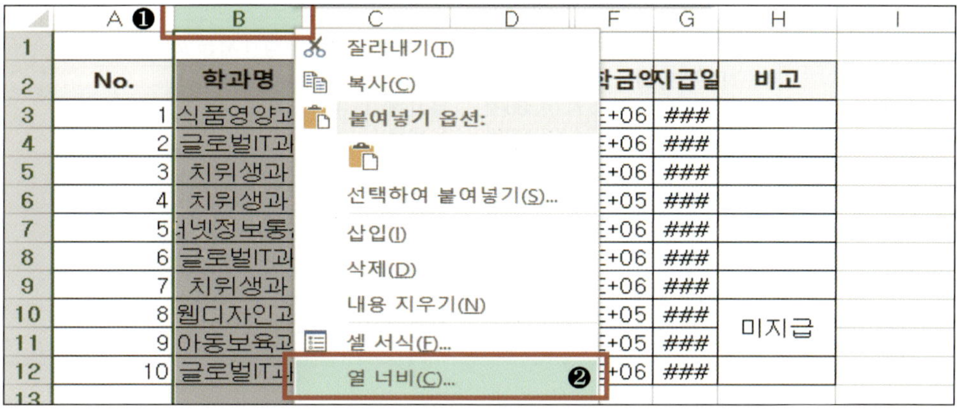

5. 열 너비 대화상자가 나타나면 열 너비 값은 '15' 를 입력하고 확인 버튼을 클릭합니다.

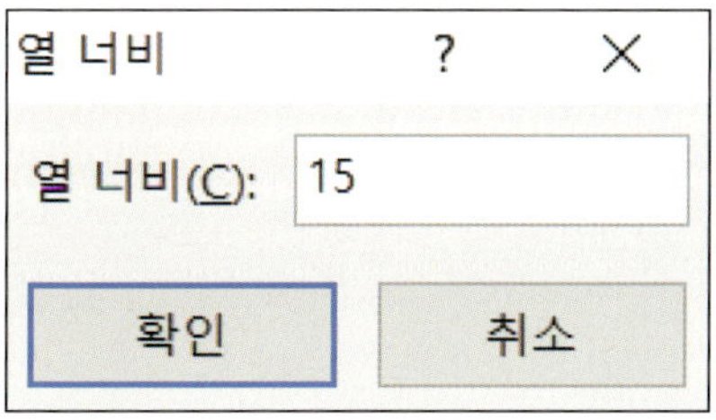

6. B 열의 너비가 넓어진 것을 확인할 수 있습니다.

	A	B	C	D	F	G	H	I
1								
2	No.	학과명	학번	이름	장학금액	지급일	비고	
3	1	식품영양과	A20130004	강경혜	3E+06	####		
4	2	글로벌IT과	A20130002	윤시현	2E+06	####		
5	3	치위생과	A20130016	윤은결	2E+06	####		
6	4	치위생과	A20130018	문희연	5E+05	####		
7	5	인터넷정보통신과	A20130008	박주영	3E+06	#### (42727)		
8	6	글로벌IT과	A20130001	양희수	3E+06	####		
9	7	치위생과	A20130015	유신애	3E+06	####		
10	8	웹디자인과	A20130022	윤예진	5E+05	####	미지급	
11	9	아동보육과	A20130012	이근석	1E+05	####		
12	10	글로벌IT과	A20130023	이경화	3E+06	####		
13								
14								

7. 위와 같은 방법으로 F 열, G 열의 너비를 변경할 수 있습니다.

	A	B	C	D	F	G	H	I
1								
2	No.	학과명	학번	이름	장학금액	지급일	비고	
3	1	식품영양과	A20130004	강경혜	3000000	42789		
4	2	글로벌IT과	A20130002	윤시현	1500000	42789		
5	3	치위생과	A20130016	윤은결	1500000	42727		
6	4	치위생과	A20130018	문희연	500000	42727		
7	5	인터넷정보통신과	A20130008	박주영	3000000	42789		
8	6	글로벌IT과	A20130001	양희수	3000000	42789		
9	7	치위생과	A20130015	유신애	3000000	42727		
10	8	웹디자인과	A20130022	윤예진	500000	42727	미지급	
11	9	아동보육과	A20130012	이근석	100000	42789		
12	10	글로벌IT과	A20130023	이경화	3000000	42789		
13								

Tip

행 머리글(1, 2, 3...)이나 열 머리글(A, B, C...) 사이의 경계선에서 마우스를 '더블 클릭' 하면 데이터의 길이에 맞게 높이나 너비가 자동으로 변경됩니다. 또는 [홈 탭 – 셀 그룹 – 서식] 메뉴에서 행 높이와 열 너비를 변경할 수 있습니다.

따라해 보세요 – 행 삽입하기 및 삭제하기

'3'행 뒤에 행 하나를 추가하고, '윤시현' 학생의 행을 삭제하세요.

*시트명 : 행 열 창 시트

1. '4' 행 머리글에서 [마우스를 오른쪽 클릭 – 삽입]을 클릭합니다.

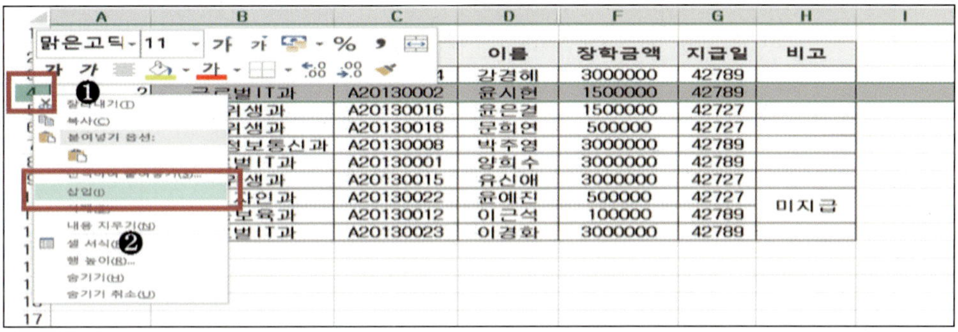

Tip 행이나 열은 선택한 행이나 열 앞에 삽입되므로 행이나 열을 삽입하기 위해서는 원하는 위치의 다음 행이나 열을 선택하고 삽입해야 합니다.

2. '3' 행과 '4' 행 사이에 빈 행 한 줄이 추가되는 것을 확인할 수 있습니다.

	A	B	C	D	F	G	H	I
1								
2	No.	학과명	학번	이름	장학금액	지급일	비고	
3	1	식품영양과	A20130004	강경혜	3000000	42789		
4								
5	2	글로벌IT과	A20130002	윤시현	1500000	42789		
6	3	치위생과	A20130016	윤은결	1500000	42727		
7	4	치위생과	A20130018	문희연	500000	42727		
8	5	인터넷정보통신과	A20130008	박주영	3000000	42789		
9	6	글로벌IT과	A20130001	양희수	3000000	42789		
10	7	치위생과	A20130015	유신애	3000000	42727		
11	8	웹디자인과	A20130022	윤예진	500000	42727	미지급	
12	9	아동보육과	A20130012	이근석	100000	42789		
13	10	글로벌IT과	A20130023	이경화	3000000	42789		
14								

3. '윤시현' 학생의 행을 삭제하기 위하여 '5' 행 머리글에서 [마우스를 오른쪽 클릭 – 삭제]를 클릭합니다.

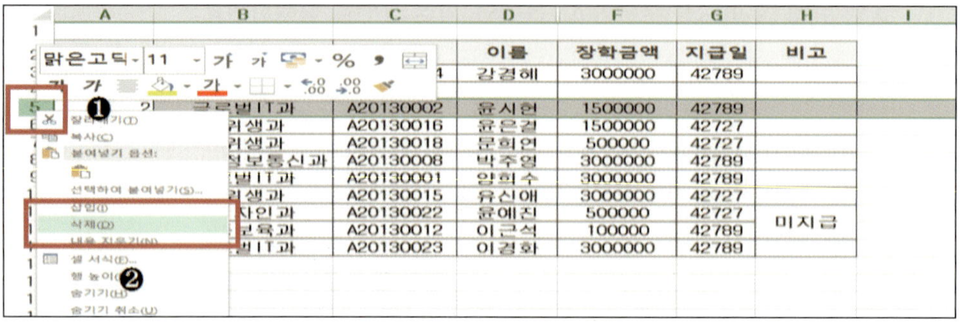

4. '윤시현' 학생의 행 전체가 삭제되는 것을 확인할 수 있습니다.

	A	B	C	D	F	G	H
1							
2	No.	학과명	학번	이름	장학금액	지급일	비고
3	1	식품영양과	A20130004	강경혜	3000000	42789	
4							
5	3	치위생과	A20130016	윤은결	1500000	42727	
6	4	치위생과	A20130018	문희연	500000	42727	
7	5	인터넷정보통신과	A20130008	박주영	3000000	42789	
8	6	글로벌IT과	A20130001	양희수	3000000	42789	
9	7	치위생과	A20130015	유신애	3000000	42727	
10	8	웹디자인과	A20130022	윤예진	500000	42727	미지급
11	9	아동보육과	A20130012	이근석	100000	42789	
12	10	글로벌IT과	A20130023	이경화	3000000	42789	

따라해 보세요 – 열 삽입하기 및 삭제하기

'G'열과 'H'열 사이에 열 하나를 삽입하고 '학번' 열을 삭제하세요.

*시트명 : 행 열 창 시트

1. 'H' 열 머리글에서 [마우스를 오른쪽 클릭 – 삽입]을 클릭합니다.

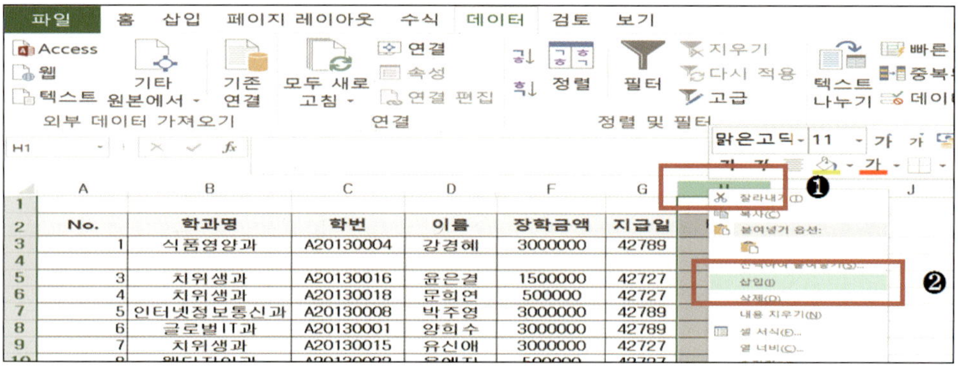

2. '지급일' 열과 '비고' 열 사이에 열 하나가 추가되는 것을 확인할 수 있습니다.

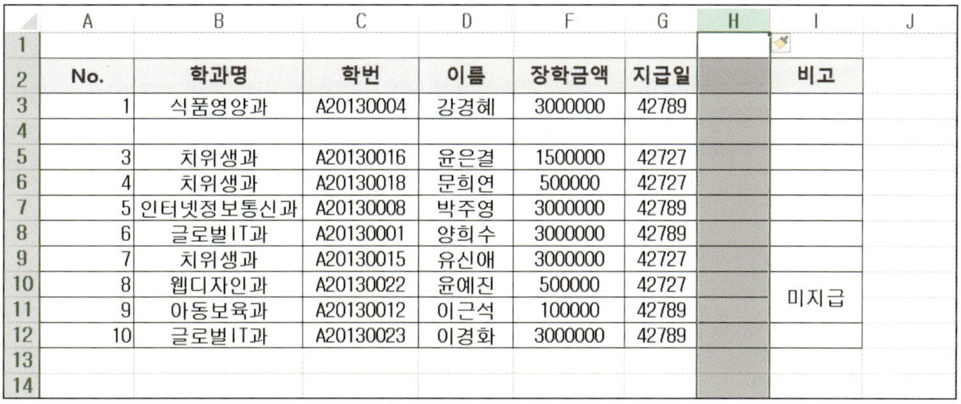

	A	B	C	D	F	G	H	I	J
1									
2	No.	학과명	학번	이름	장학금액	지급일		비고	
3	1	식품영양과	A20130004	강경혜	3000000	42789			
4									
5	3	치위생과	A20130016	윤은결	1500000	42727			
6	4	치위생과	A20130018	문희연	500000	42727			
7	5	인터넷정보통신과	A20130008	박주영	3000000	42789			
8	6	글로벌IT과	A20130001	양희수	3000000	42789			
9	7	치위생과	A20130015	유신애	3000000	42727			
10	8	웹디자인과	A20130022	윤예진	500000	42727		미지급	
11	9	아동보육과	A20130012	이근석	100000	42789			
12	10	글로벌IT과	A20130023	이경화	3000000	42789			
13									
14									

3. '학번' 열을 삭제하기 위하여 C열 머리글에서 [마우스를 오른쪽 클릭 - 삭제]를 클릭합니다.

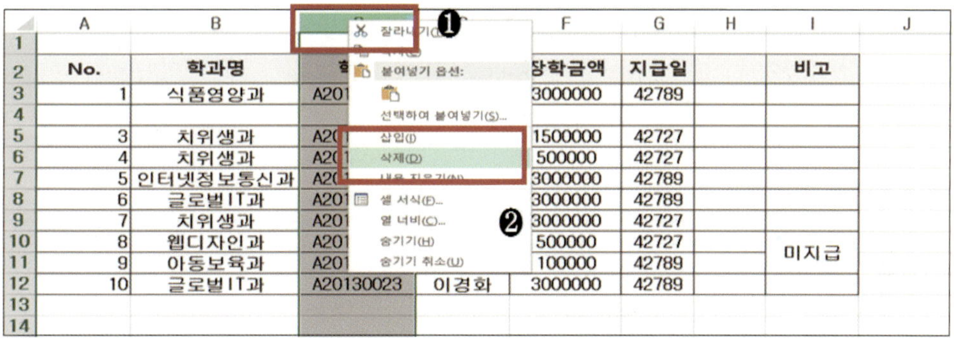

4. '학번' 열이 삭제되는 것을 확인할 수 있습니다.

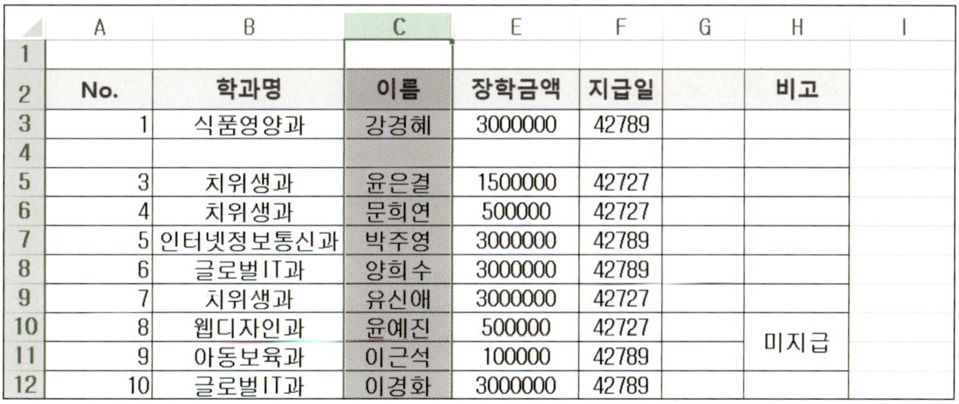

	A	B	C	E	F	G	H	I
1								
2	No.	학과명	이름	장학금액	지급일		비고	
3	1	식품영양과	강경혜	3000000	42789			
4								
5	3	치위생과	윤은결	1500000	42727			
6	4	치위생과	문희연	500000	42727			
7	5	인터넷정보통신과	박주영	3000000	42789			
8	6	글로벌IT과	양희수	3000000	42789			
9	7	치위생과	유신애	3000000	42727			
10	8	웹디자인과	윤예진	500000	42727		미지급	
11	9	아동보육과	이근석	100000	42789			
12	10	글로벌IT과	이경화	3000000	42789			

따라해 보세요 – 행 / 열 숨기기 및 숨기기 취소하기

'윤은결' 학생과 '양희수' 학생 행을 숨기세요.

*시트명 : 행 열 창 시트

1. Ctrl 키를 이용하여 '5' 행 머리글과 '8' 행 머리글을 동시에 선택합니다. 행 머리글 위에서 [마우스를 오른쪽 클릭 – 숨기기]를 클릭합니다.

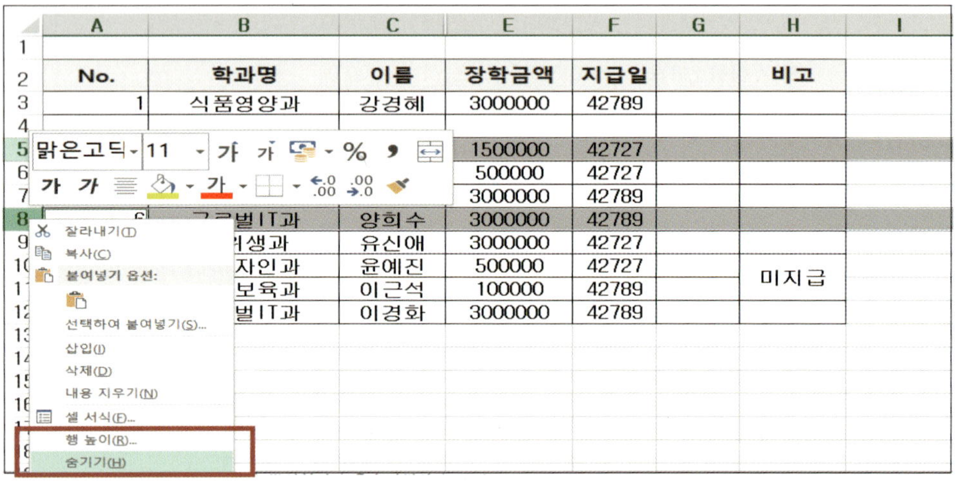

Tip

여러 범위를 동시에 선택하는 경우 'Ctrl' 키 또는 'Shift' 키를 이용하여 선택합니다.

- Ctrl : 불연속적인 데이터를 동시에 선택합니다.(5행과 8행만 선택)
- Shift : 연속적인 데이터를 동시에 선택합니다.(5행부터 8행까지 모두 선택)

2. '5' 행과 '8' 행이 숨겨지게 되고 행 머리글의 경계선이 '이중' 으로 변경되는 것을 확인할 수 있습니다.

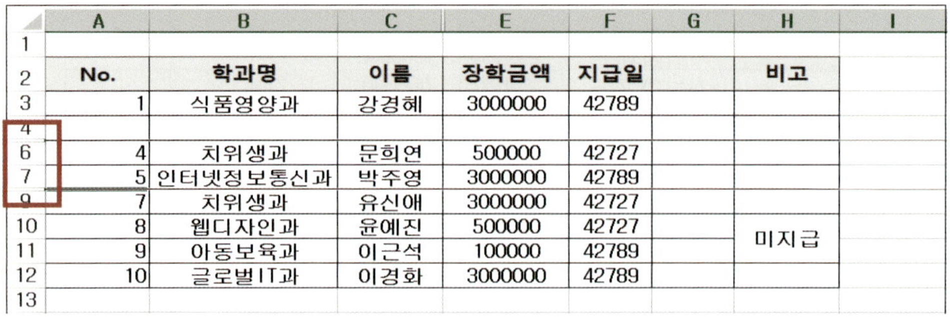

3. '윤은결' 학생의 행을 '숨기기 취소' 를 하기 위해서 '4' 행 머리글과 '6' 행 머리글을 드래그하여 선택한 후 [마우스를 오른쪽 클릭 – 숨기기 취소]를 클릭합니다.

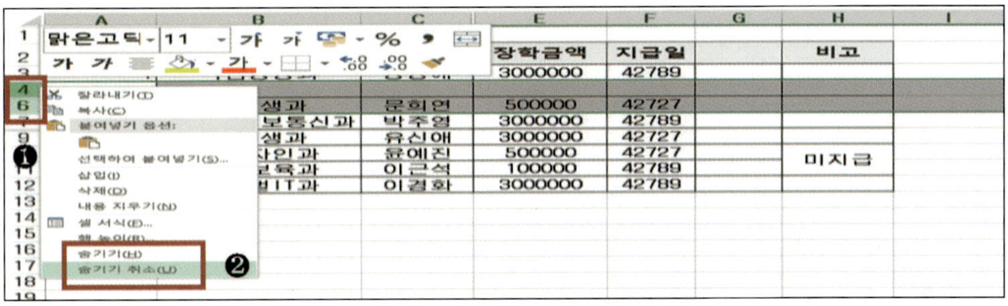

4. '윤은결' 학생의 행만 나타나는 것을 확인할 수 있습니다.

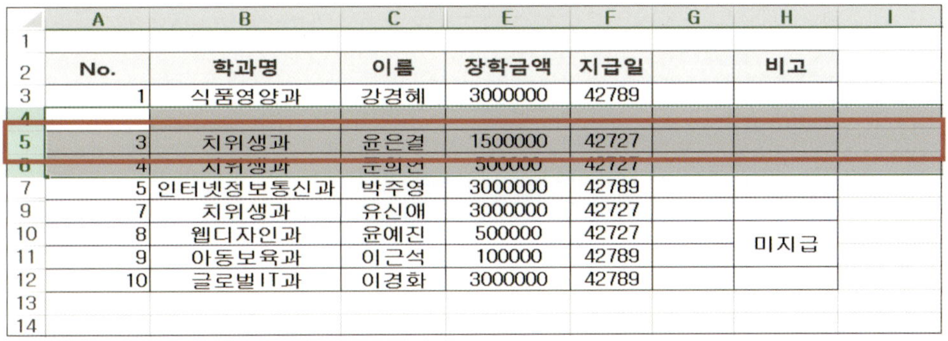

Tip 열 숨기기/숨기기 취소도 위와 동일한 방법을 변경이 가능합니다.

3-3 창 나누기

따라해 보세요 – 가로로 창 나누기

9행 표 머리글 아래로 창이 개별적으로 스크롤되는 창이 되도록 설정하세요.

*시트명 : 창나누기

1. 9행과 10행 사이에 창 나누기를 설정하기 위하여 10행 머리글을 선택하고 [보기 탭 – 창 그룹 – 나누기]를 클릭합니다.

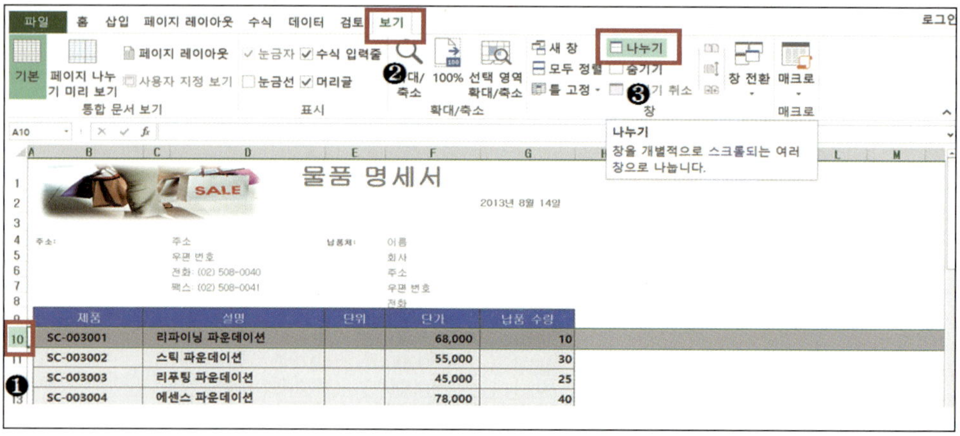

2. 9행과 10행 사이에 창이 2개로 개별 분할되는 것을 확인할 수 있습니다.

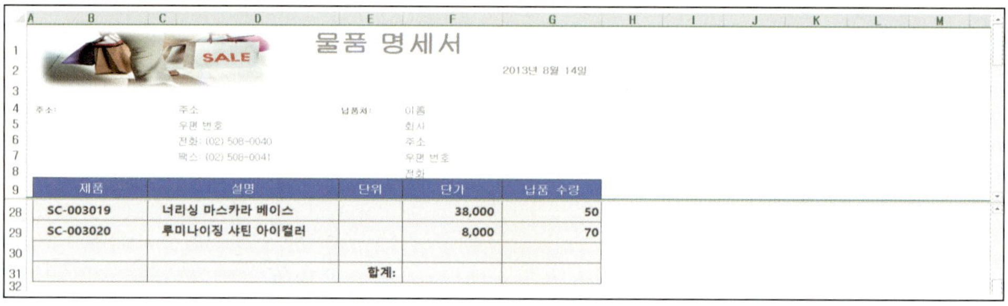

설명

창 나누기 기준

- 창을 상/하로 나누려면 반드시 행 머리글을 선택해야 합니다.
- 창을 좌/우로 나누려면 반드시 열 머리글을 선택해야 합니다.
- 창을 4분할로 나누려면 반드시 시트 안의 셀을 선택해야 합니다.

3-4 워크시트 편집하기

따라해 보세요 – 워크시트 삽입하기

'다양한 데이터 입력' 시트와 '채우기핸들' 시트 사이에 새 시트를 삽입하세요. 시트 이름은 '삽입'으로 변경하세요.

*시트명 : 채우기핸들

1. '채우기핸들' 시트를 선택한 후 탭 위에서 [마우스를 오른쪽 클릭 – 삽입]을 클릭합니다.

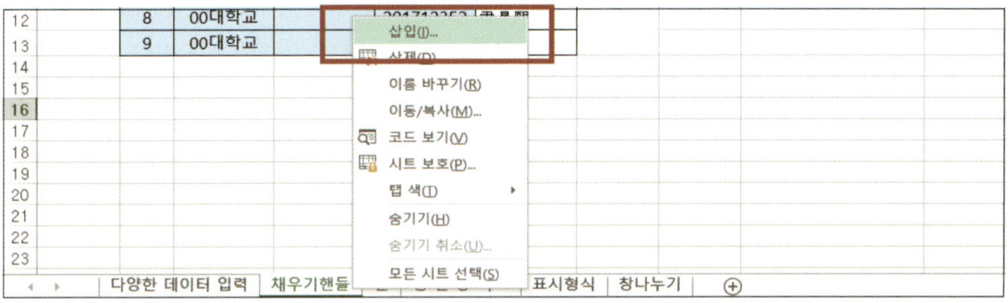

Tip 새로운 워크시트는 현재 선택된 워크시트의 앞에 삽입됩니다.

2. 삽입 대화상자가 나타나면 워크시트를 선택한 후 확인 버튼을 클릭합니다.

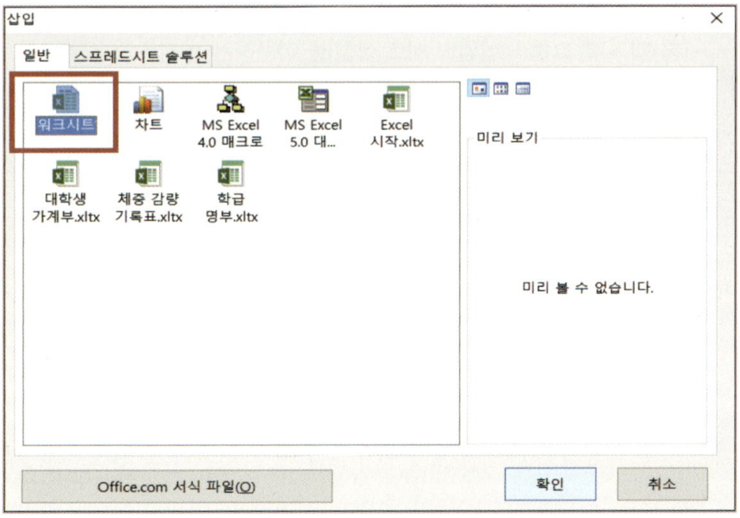

3. ‘Sheet1’ 이름의 시트가 생성되는 것을 확인할 수 있습니다. 시트 탭 위에서 [마우스를 오른쪽 클릭 – 이름 바꾸기]를 클릭합니다.

4. ‘sheet1’ 시트명이 선택되고 ‘삽입’ 으로 변경 할 수 있습니다.

5. 시트명 위에서 마우스를 오른쪽 클릭하여 삽입 시트를 삭제합니다.

Tip

· [홈 탭 – 셀 그룹 – 삽입 – 시트 삽입]을 이용하거나, 시트 탭 오른쪽에 있는 ‘ + ’ 버튼을 클릭하여 워크시트를 삽입할 수 있습니다.
· [홈 탭 – 셀 그룹 – 삭제 – 시트 삭제]를 클릭하여 워크시트를 삭제 할 수 있습니다.

따라해 보세요 – 워크시트 이동 / 복사하기

'셀' 시트를 '다양한 데이터 입력' 시트와 '채우기핸들' 시트 사이로 이동하세요.

*시트명 : 셀

1. '셀' 시트 탭 위에서 [마우스를 오른쪽 클릭 – 이동 / 복사]를 클릭합니다.

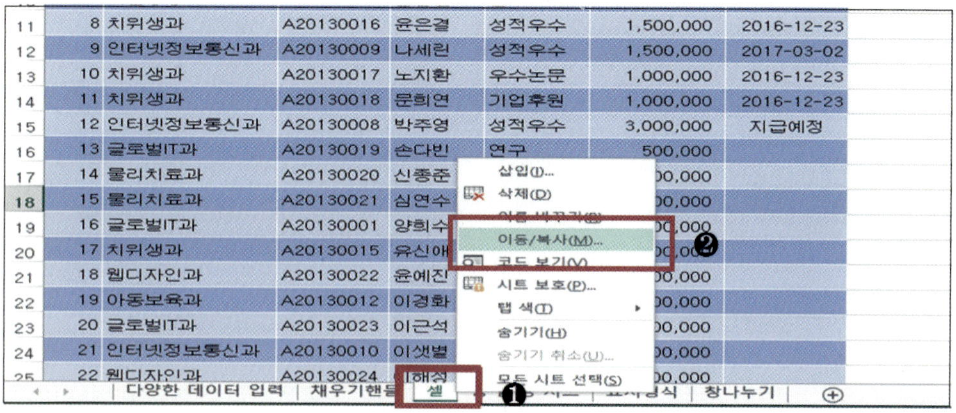

2. [대상 통합 문서 : 1장예제.xlsx, 다음 시트 앞에 : 채우기 핸들]을 선택한 후 확인 버튼을 클릭합니다.

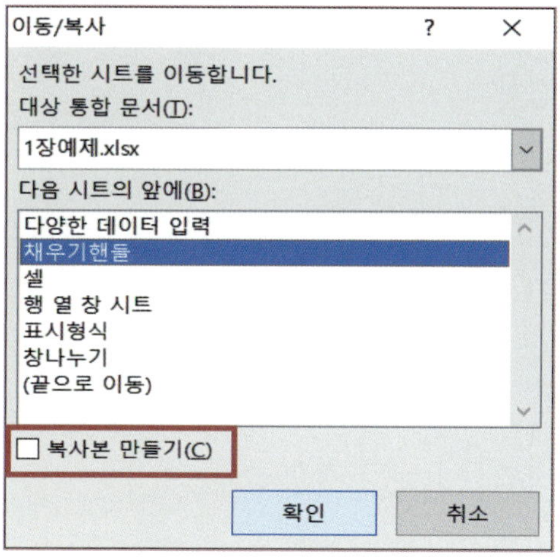

Tip 대화상자에서 '복사본 만들기'를 체크하면 사본을 복사할 수 있습니다.

3. ‘다양한 데이터 입력’ 시트와 ‘채우기핸들’ 시트 사이로 ‘셀’ 시트가 이동된 것을 확인할 수 있습니다.

장학금 지급 내역서

No.	학과명	학번	이름	장학금명	장학금액	지급일
1	식품영양과	A20130004	강경혜	기업후원	3,000,000	2017-02-23
2	인터넷정보통신과	A20130011	강진욱	기업후원	1,000,000	2017-02-24
3	글로벌IT과	A20130003	김대현	우수논문	1,000,000	2017-02-23
4	글로벌IT과	A20130002	윤시현	성적우수	1,500,000	2017-02-23
5	아동보육과	A20130013	김민희	동문	500,000	2017-03-02
6	아동보육과	A20130014	김슬범	학회	500,000	2016-12-23
7	식품영양과	A20130005	김완준	연구	500,000	2017-02-23
8	치위생과	A20130016	윤은결	성적우수	1,500,000	2016-12-23
9	인터넷정보통신과	A20130009	나세린	성적우수	1,500,000	2017-03-02
10	치위생과	A20130017	노지환	우수논문	1,000,000	2016-12-23
11	치위생과	A20130018	문희연	기업후원	1,000,000	2016-12-23
12	인터넷정보통신과	A20130008	박주영	성적우수	3,000,000	지급예정
13	글로벌IT과	A20130019	손다빈	연구	500,000	
14	물리치료과	A20130020	신종준	동문	500,000	

Tip 시트 탭을 드래그하여 원하는 위치로 이동할 수 있습니다.

따라해 보세요 – 워크시트 확대 / 축소하기

'다양한 데이터 입력' 워크시트 화면을 150%로 확대하세요. 또 '채우기 핸들' 워크시트 화면을 70%로 축소하세요.

※시트명 : 다양한 데이터 입력, 채우기 핸들

1. '다양한 데이터 입력' 시트 탭을 클릭합니다. 시트가 이동되면 [보기 탭 – 확대 / 축소 그룹 – 확대 / 축소]를 클릭합니다.

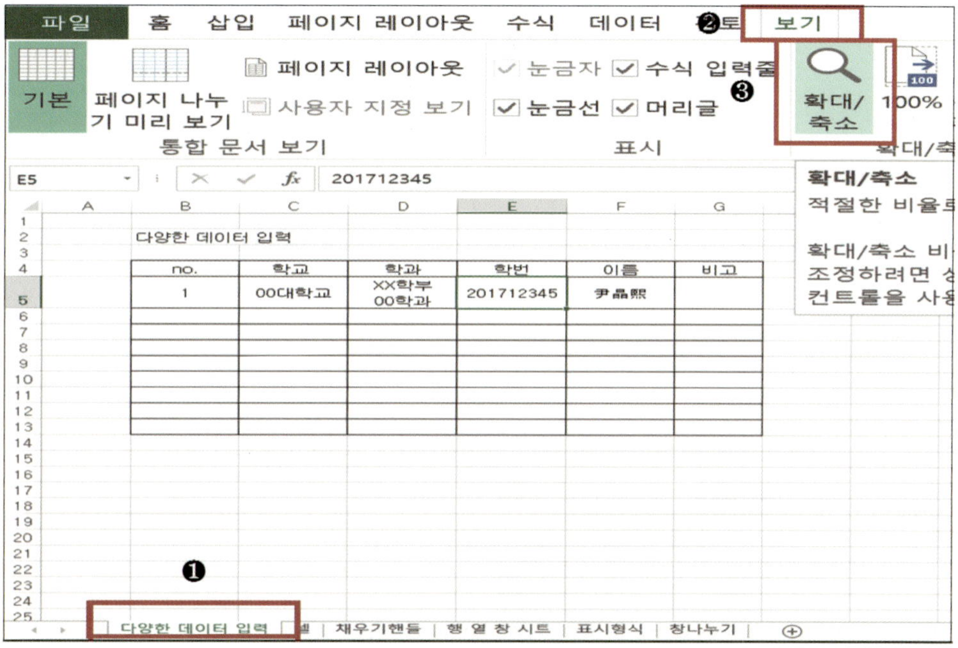

2. 확대/축소 대화상자가 나타나면 [사용자 지정 : 150]으로 입력한 후 확인 버튼을 클릭합니다.

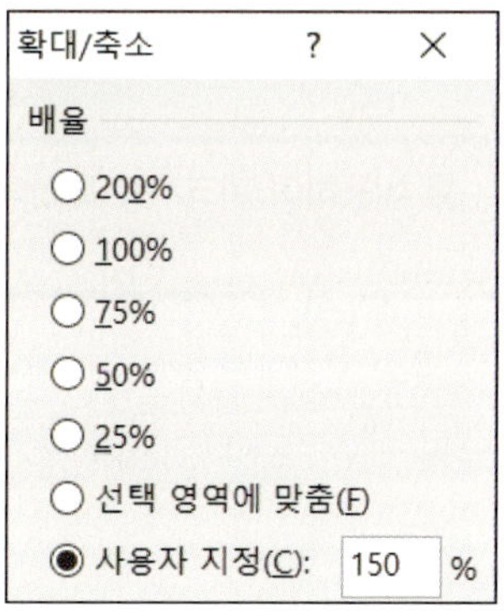

3. 시트 화면이 확대되는 것을 확인할 수 있습니다.

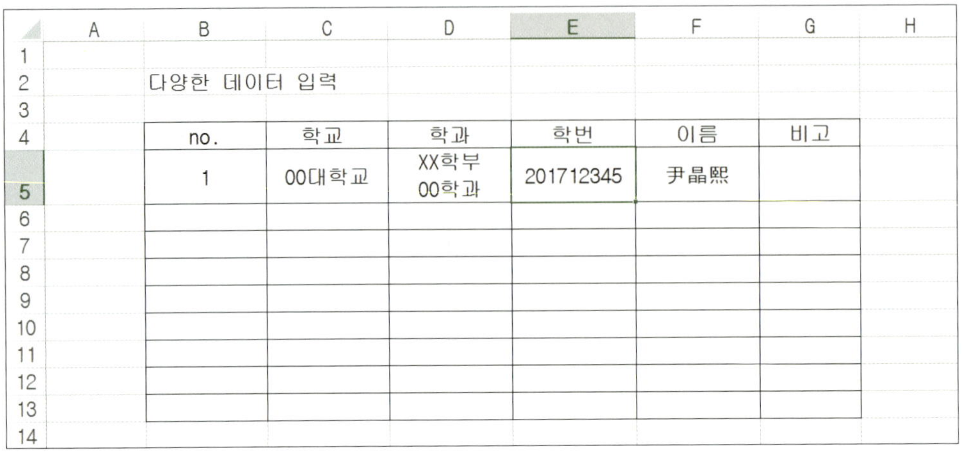

4. 위와 동일한 방법으로 '채우기 핸들' 시트의 화면을 선택하고 '70%' 로 설정합니다.

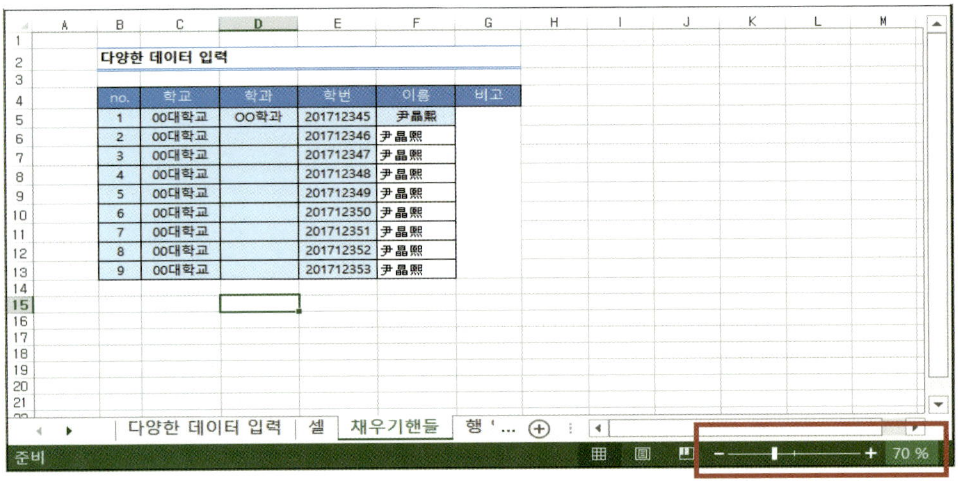

Tip 상태표시줄 오른쪽에 있는 '확대 / 축소 바' 를 이용하여 워크시트 화면의 크기를 변경할 수 있습니다.

04

표시 형식

표시형식을 이용하여 셀에 회계형식, 쉼표 스타일, 날짜형식, 소수점 등을 표시할 수 있다. 또한 사용자가 원하는 형식을 설정하여 표시형식을 설정할 수 있다.

예제파일 : 1장예제.xlsx

4-1 스타일별 표시형식 설정하기

따라해 보세요 – 표시형식 설정하기

F열에 표시형식 중 '회계'형식을 설정하세요. 또한 G열에는 '간단한 날짜'형식을 설정하세요.

*시트명 : 표시형식

1. F3:F12 범위를 선택한 후 [홈 탭 – 표시 형식 그룹 – 목록 화살표 – 회계] 클릭합니다.

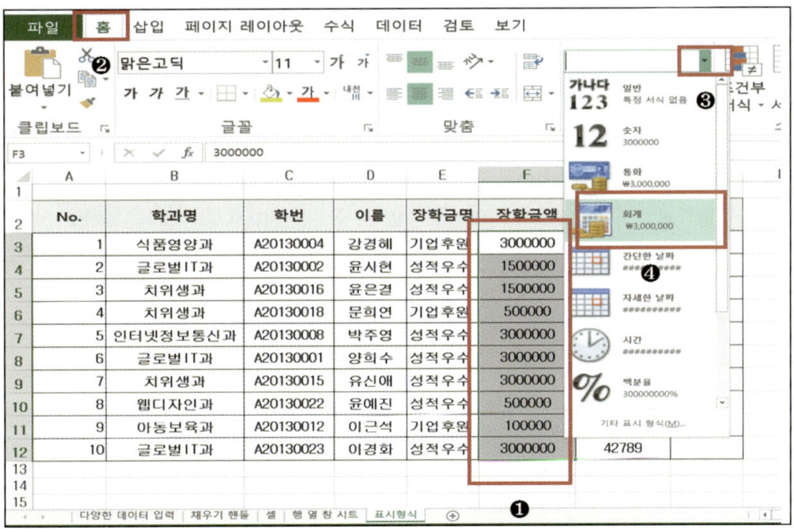

2. F 열에 회계 형식으로 변경되는 것을 확인할 수 있습니다.

	A	B	C	D	E	F	G	H
1								
2	No.	학과명	학번	이름	장학금명	장학금액	지급일	비고
3	1	식품영양과	A20130004	강경혜	기업후원	₩ 3,000,000	42789	
4	2	글로벌IT과	A20130002	윤시현	성적우수	₩ 1,500,000	42789	
5	3	치위생과	A20130016	윤은결	성적우수	₩ 1,500,000	42727	
6	4	치위생과	A20130018	문희연	기업후원	₩ 500,000	42727	
7	5	인터넷정보통신과	A20130008	박주영	성적우수	₩ 3,000,000	42789	
8	6	글로벌IT과	A20130001	양희수	성적우수	₩ 3,000,000	42789	
9	7	치위생과	A20130015	유신애	성적우수	₩ 3,000,000	42727	
10	8	웹디자인과	A20130022	윤예진	성적우수	₩ 500,000	42727	미지급
11	9	아동보육과	A20130012	이근석	기업후원	₩ 100,000	42789	
12	10	글로벌IT과	A20130023	이경화	성적우수	₩ 3,000,000	42789	

3. 위와 동일한 방법으로 G3:G12 범위를 선택한 후 [홈 탭 – 표시 형식 그룹 – 목록 화살표 – 간단한 날짜]를 클릭합니다. 숫자가 날짜 형식으로 변경되는 것을 확인할 수 있습니다.

	A	B	C	D	E	F	G	H
1								
2	No.	학과명	학번	이름	장학금명	장학금액	지급일	비고
3	1	식품영양과	A20130004	강경혜	기업후원	₩ 3,000,000	2017-02-23	
4	2	글로벌IT과	A20130002	윤시현	성적우수	₩ 1,500,000	2017-02-23	
5	3	치위생과	A20130016	윤은결	성적우수	₩ 1,500,000	2016-12-23	
6	4	치위생과	A20130018	문희연	기업후원	₩ 500,000	2016-12-23	
7	5	인터넷정보통신과	A20130008	박주영	성적우수	₩ 3,000,000	2017-02-23	
8	6	글로벌IT과	A20130001	양희수	성적우수	₩ 3,000,000	2017-02-23	
9	7	치위생과	A20130015	유신애	성적우수	₩ 3,000,000	2016-12-23	
10	8	웹디자인과	A20130022	윤예진	성적우수	₩ 500,000	2016-12-23	미지급
11	9	아동보육과	A20130012	이근석	기업후원	₩ 100,000	2017-02-23	
12	10	글로벌IT과	A20130023	이경화	성적우수	₩ 3,000,000	2017-02-23	
13								

4-2 사용자 정의를 이용하여 설정하기

따라해 보세요 – 사용자 정의를 이용하여 표시형식 설정하기

A 열에는 숫자 앞에 'No. '텍스트가 자동으로 표시되도록 설정하세요. 또한 E 열에는 문자 뒤에 ' 장학금'텍스트가 자동으로 표시되도록 설정하세요.

*시트명 : 표시형식

1. A3:A12 범위를 선택한 후 [홈 탭 – 표시 형식 그룹 – 창 버튼]을 클릭합니다.

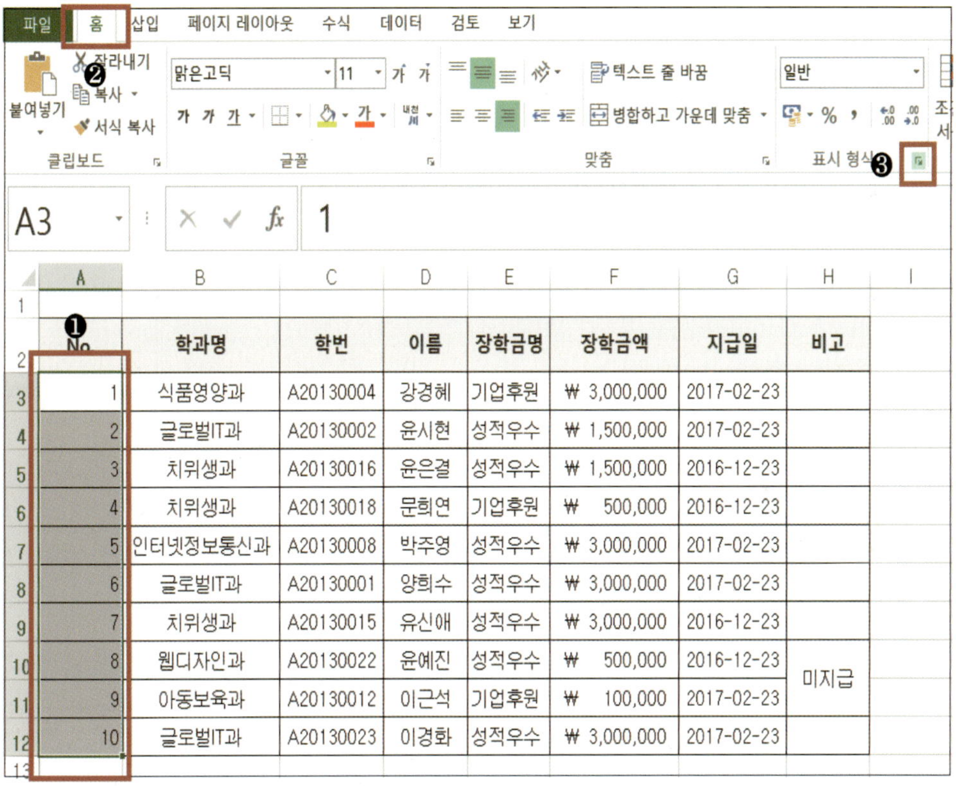

2. 셀 서식 대화상자가 나타나면 [범주 : 사용자 지정, 형식 : "No. " #]을 입력한 후 확인 버튼을 클릭합니다.

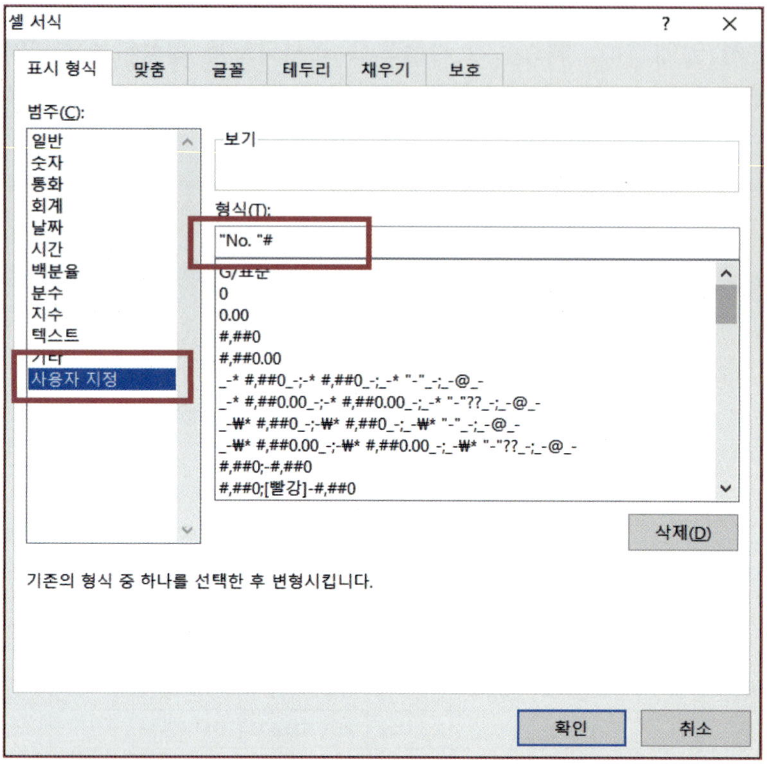

3. 숫자 자릿수에 상관없이 숫자 앞에 'No. ' 이 자동으로 표시되는 것을 확인할 수 있습니다.

	A	B	C	D	E	F	G	H
1								
2	No.	학과명	학번	이름	장학금명	장학금액	지급일	비고
3	No. 1	식품영양과	A20130004	강경혜	기업후원	₩ 3,000,000	2017-02-23	
4	No. 2	글로벌IT과	A20130002	윤시현	성적우수	₩ 1,500,000	2017-02-23	
5	No. 3	치위생과	A20130016	윤은결	성적우수	₩ 1,500,000	2016-12-23	
6	No. 4	치위생과	A20130018	문희연	기업후원	₩ 500,000	2016-12-23	
7	No. 5	인터넷정보통신과	A20130008	박주영	성적우수	₩ 3,000,000	2017-02-23	
8	No. 6	글로벌IT과	A20130001	양희수	성적우수	₩ 3,000,000	2017-02-23	
9	No. 7	치위생과	A20130015	유신애	성적우수	₩ 3,000,000	2016-12-23	
10	No. 8	웹디자인과	A20130022	윤예진	성적우수	₩ 500,000	2016-12-23	미지급
11	No. 9	아동보육과	A20130012	이근석	기업후원	₩ 100,000	2017-02-23	
12	No. 10	글로벌IT과	A20130023	이경화	성적우수	₩ 3,000,000	2017-02-23	
13								

4. E3:E12 범위 선택한 후 [홈 탭 – 표시 형식 그룹 – 창 버튼]을 클릭합니다.

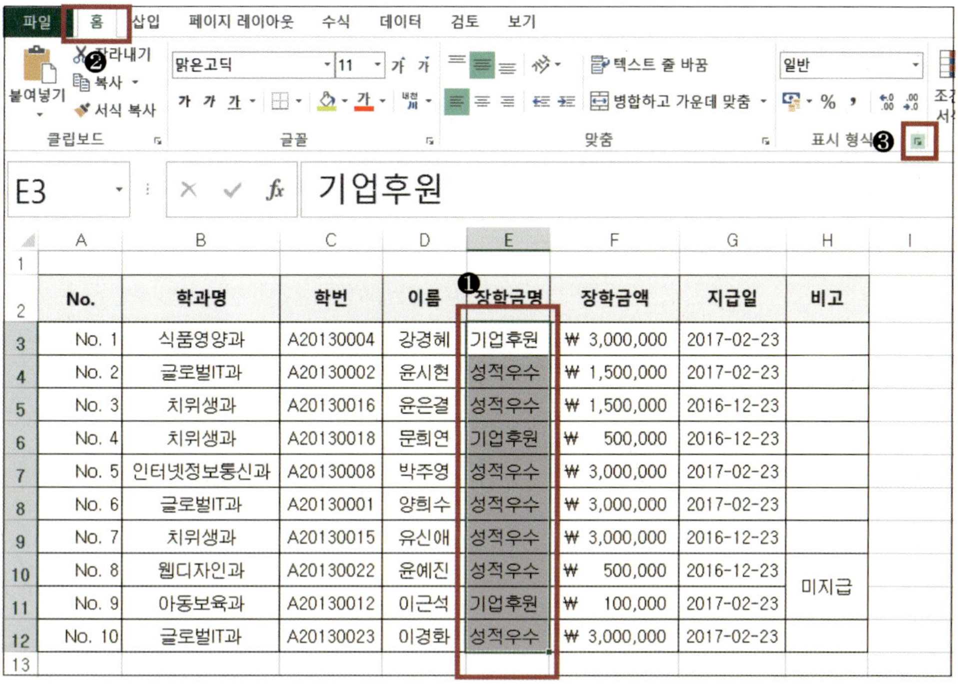

5. 셀 서식 대화상자가 나타나면 [범주 : 사용자 지정, 형식 : @ " 장학금"]을 입력한 후 확인 버튼을 클릭합니다.

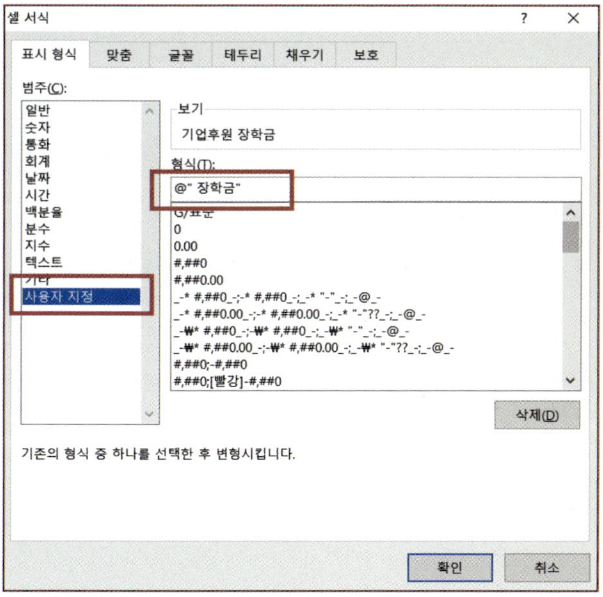

6. 텍스트 뒤에 '장학금' 이 자동으로 표시되는 것을 확인할 수 있습니다.

No.	학과명	학번	이름	장학금명	장학금액	지급일	비고
No. 1	식품영양과	A20130004	강경혜	기업후원 장학금	₩ 3,000,000	2017-02-23	
No. 2	글로벌IT과	A20130002	윤시현	성적우수 장학금	₩ 1,500,000	2017-02-23	
No. 3	치위생과	A20130016	윤은결	성적우수 장학금	₩ 1,500,000	2016-12-23	
No. 4	치위생과	A20130018	문희연	기업후원 장학금	₩ 500,000	2016-12-23	
No. 5	인터넷정보통신과	A20130008	박주영	성적우수 장학금	₩ 3,000,000	2017-02-23	
No. 6	글로벌IT과	A20130001	양희수	성적우수 장학금	₩ 3,000,000	2017-02-23	
No. 7	치위생과	A20130015	유신애	성적우수 장학금	₩ 3,000,000	2016-12-23	
No. 8	웹디자인과	A20130022	윤예진	성적우수 장학금	₩ 500,000	2016-12-23	미지급
No. 9	아동보육과	A20130012	이근석	기업후원 장학금	₩ 100,000	2017-02-23	
No. 10	글로벌IT과	A20130023	이경화	성적우수 장학금	₩ 3,000,000	2017-02-23	

1장 실전예제만들기

워크시트를 이용하여 이력서를 만들어 보세요.

이 력 서

(사진첨부)	성명	(한글)		휴대폰	- -
		(한자)		E-MAIL	
		(영문)			
	주소				

학력	출신학교	학과명	취득년월일	최종학위
	고등학교		. .	졸업/재학
	대학교		. .	졸업/재학
			. .	졸업/재학

경력사항	근무처명	근무기간	담당업무	비고
		. . . ~ . . .		
		. . . ~ . . .		
		. . . ~ . . .		

자격증	종별	시행청	취득년월일	비고
			. .	
			. .	
			. .	

◈ 상기 내용이 사실임이 분명합니다.

· 작성일 :
· 작성자 :

조건

(1) 새 통합문서에서 새로 만들기 하십시오.
(2) A열은 비워 두십시오.(너비 : 1.2)
(3) 제목은 '셀 병합, 가운데 정렬, 제목 글꼴 : HY견고딕, 크기 : 30pt, 진하게'로 설정하십시오.
(4) 셀 테두리를 이용하여 제목 아래 '이중선'을 추가하십시오.
(5) '본문 글꼴 : 맑은고딕, 크기 : 12pt,' 로 설정하십시오.
(6) 행 높이는 '30'으로 설정하십시오.
(7) 7행, 12행, 17행 높이는 '5'로 설정하십시오.
(8) 셀 테두리를 이용하여 화면과 동일하게 표를 완성하십시오.

1. 엑셀 2013을 실행하여 '새 통합문서' 를 클릭하여 새로운 통합문서를 만듭니다.

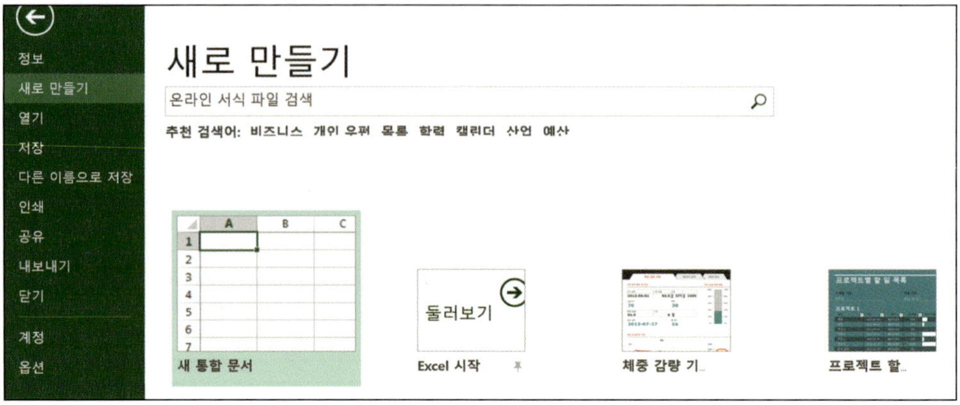

2. A열 머리글에서 마우스를 오른쪽 클릭하여 열 너비를 '1.2' 로 설정한 후 확인 버튼을 클릭합니다.

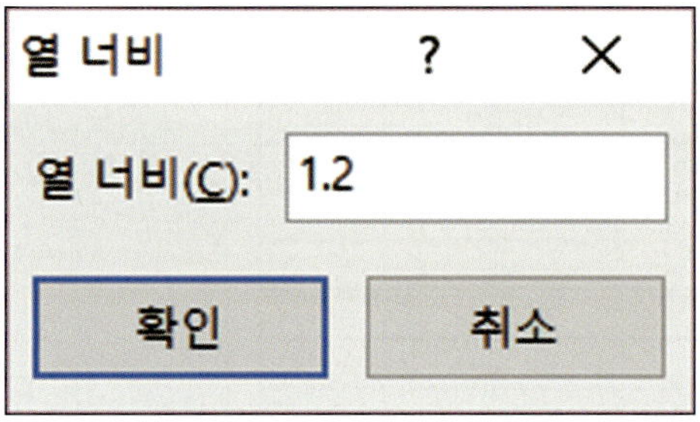

3. B1 셀에 '이력서' 를 입력합니다. B1:J1 범위를 선택한 후 [홈 탭 - 맞춤 그룹 - 병합하고 가운데 맞춤]을 선택하여 제목 셀을 병합합니다.

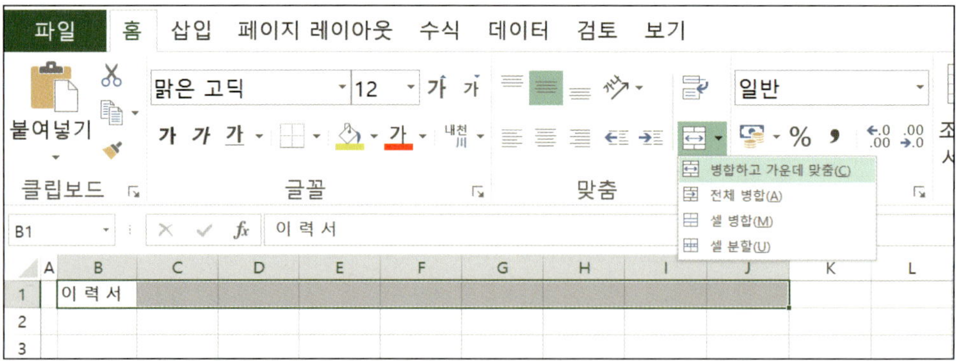

4. [홈 탭 – 글꼴 그룹]의 리본 메뉴를 이용하여 제목 글꼴은 'HY견고딕', 크기는 '30', '진하게'를 설정합니다. [홈 탭 – 글꼴 그룹 – 테두리 – 아래쪽 이중 테두리]를 선택하여 제목 글꼴 셀 아래 이중테두리를 추가합니다.

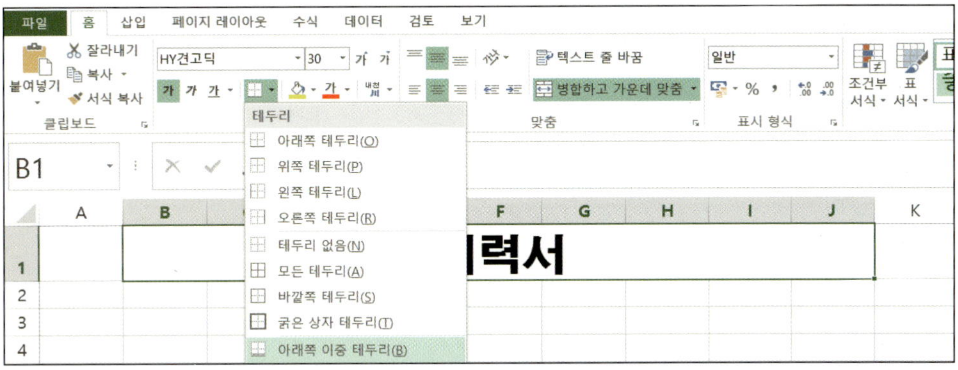

5. B3 셀에 '(사진첨부)'를 입력합니다. D3 셀에 '성'을 입력하고 Alt+Enter 키를 동시에 눌러 셀 안에서 줄 바꿈을 실행 한 후 '명'을 입력하고 Enter 키를 누릅니다.

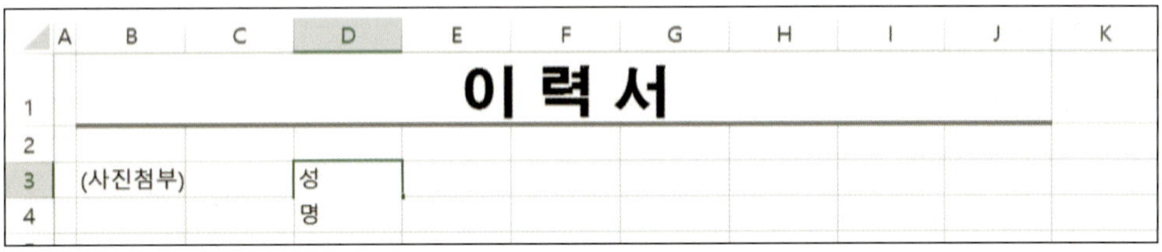

6. D6 셀부터 차례로 '주소, (한글), (한자), (영문), 휴대폰, E-MAIL'을 입력합니다.

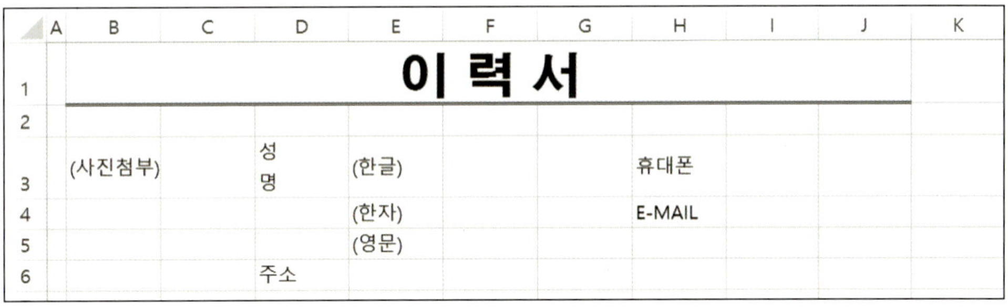

7. Ctrl 키를 이용하여 B 열과 D 열을 동시에 선택한 후 열 머리글 위에서 마우스를 오른쪽 클릭하여 열 너비를 클릭합니다.

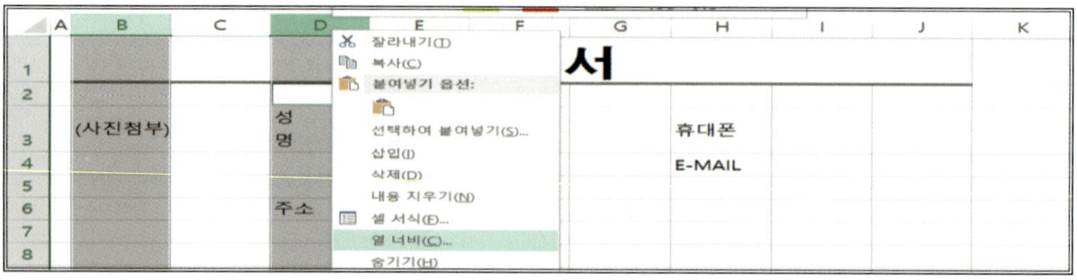

8. 열 너비를 '3' 으로 입력하고 확인 버튼을 클릭합니다.

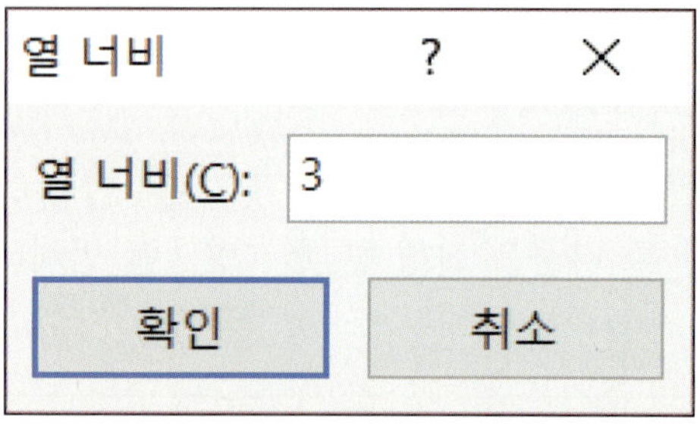

9. B3:C6 범위를 선택한 후 [홈 탭 – 맞춤 그룹 – 병합하고 가운데 맞춤]을 선택합니다. 마찬가지로 나머지 범위 'D3:D5, D6:E6, F3:G3, F4:G4, F5:G5, I3:J3, I4:J4, H5:J5, F6:J6' 범위를 동시에 선택한 후 [홈 탭 – 맞춤 그룹 – 병합하고 가운데 맞춤]을 선택하여 셀을 병합하고 가운데로 정렬합니다.

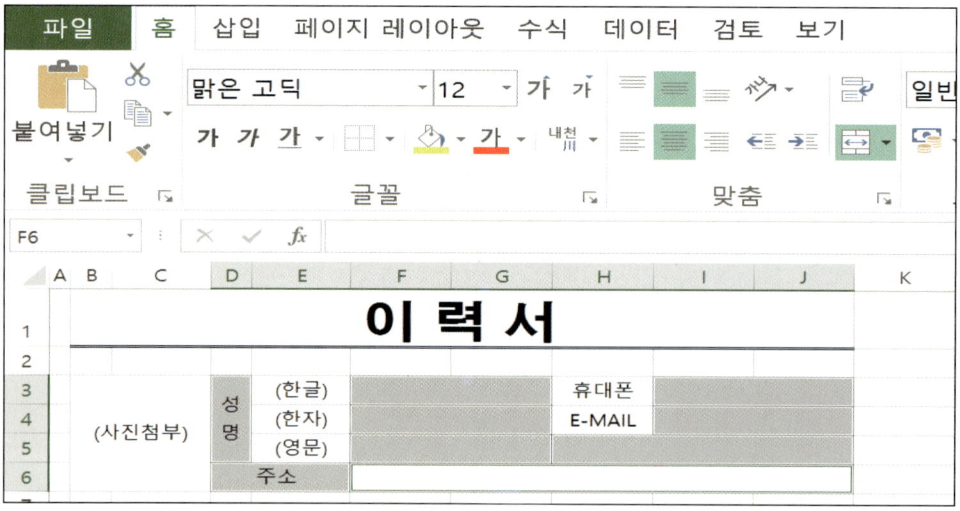

10. B3:J6 범위를 선택한 후 [홈 탭 - 맞춤 그룹 - 가운데 맞춤]을 선택하여 나머지 텍스트를 가운데로 정렬합니다.

11. [홈 탭 - 맞춤 그룹 - 테두리 - 모든 테두리]를 선택하여 셀에 모든 테두리를 그려준 후 [홈 탭 - 맞춤 그룹 - 테두리 - 굵은 상자 테두리]를 선택하여 표의 제일 바깥 부분의 테두리만 진하게 그려줍니다.

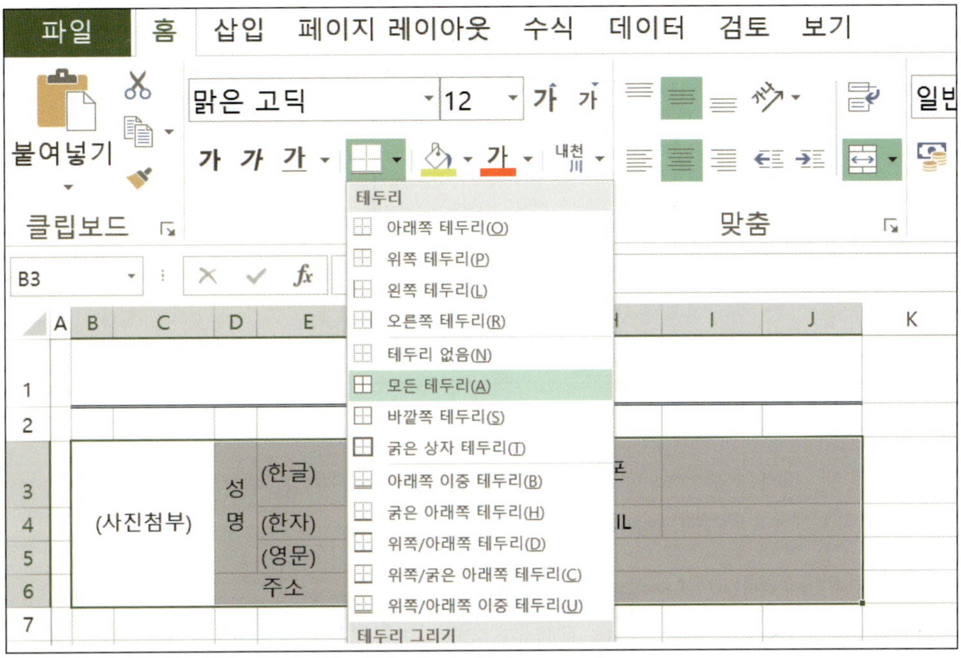

12. H5 셀을 선택한 후 마우스를 오른쪽 클릭하여 '셀 서식' 을 클릭합니다.

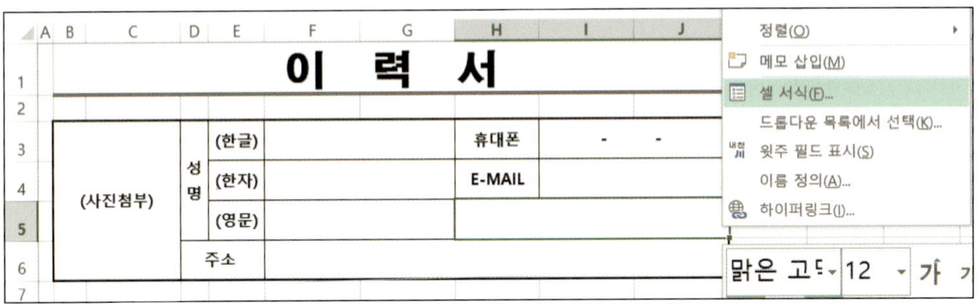

13. 테두리 탭을 선택하고 대각선 모양의 버튼을 클릭한 후 확인 버튼을 클릭하여 병합된 셀 안에 대각선을 이용하여 'X' 선을 그려줍니다.

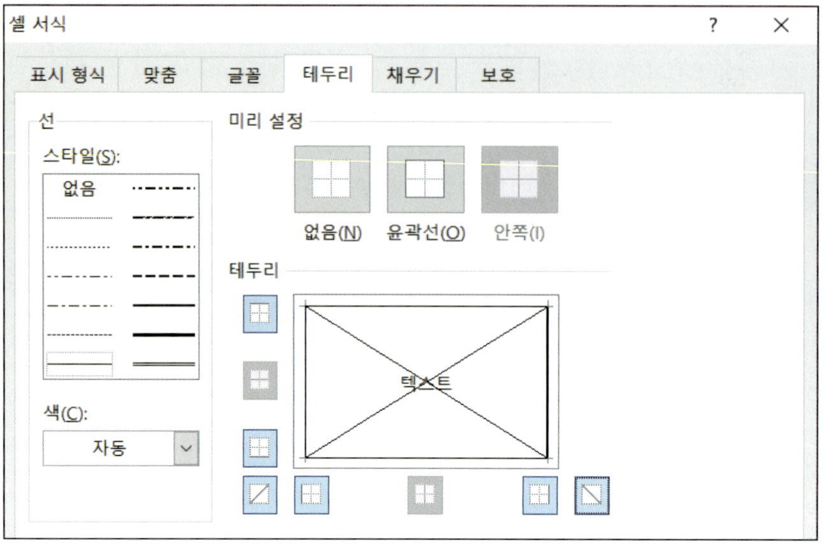

14. 3 행 머리글에서 6 행 머리글을 드래그하여 범위를 선택합니다. 행 머리글 위에서 마우스를 오른쪽 클릭하여 행 높이를 클릭합니다.

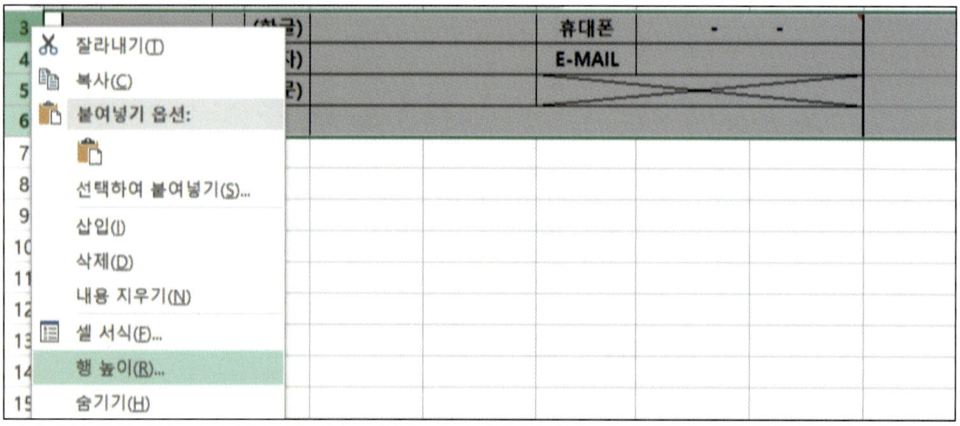

15. 행 높이는 '30' 으로 입력하고 확인 버튼을 클릭합니다.

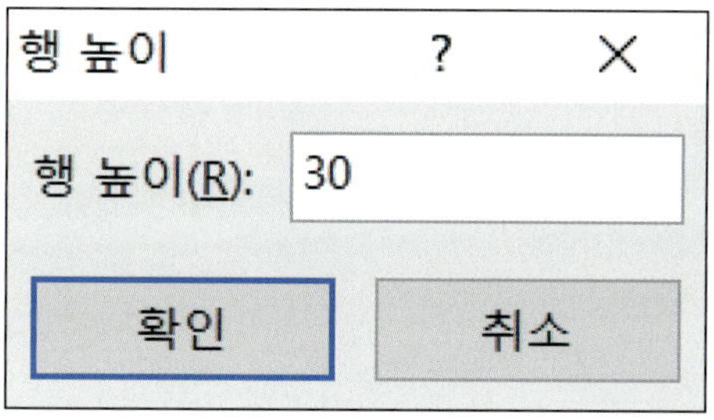

16. 1 행부터 6 행까지 완성되는 것을 확인할 수 있습니다.

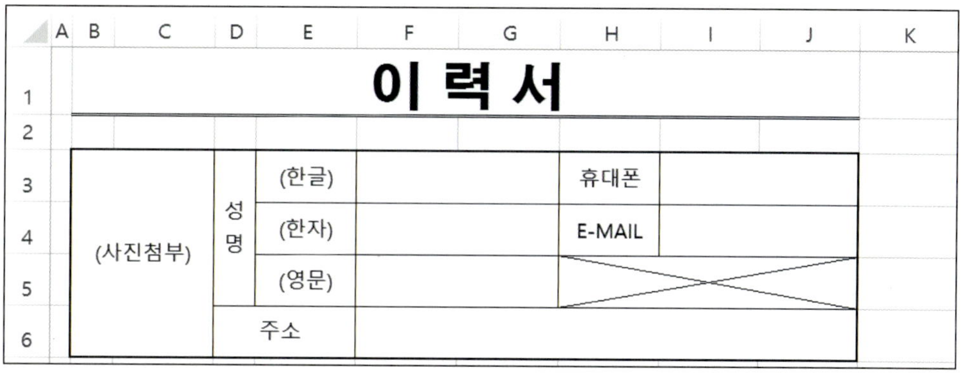

17. B8셀에 커서를 이동하여 '학' 을 입력하고 Alt + Enter 키를 동시에 눌러 줄 바꿈을 실행한 후 '력' 을 입력하고 Enter 키를 누릅니다. 마찬가지로 Alt + Enter 키를 이용하여 B13 셀에 '경력사항' , B18 셀에 '자격증' 을 입력합니다. 나머지 텍스트는 아래와 같이 입력합니다.

18. Ctrl 키를 이용하여 'B8:B11, B13:B16, B18:B21' 범위를 동시에 선택하고 [홈 탭 – 맞춤 그룹 – 병합하고 가운데 맞춤]을 선택합니다. 마찬가지로 나머지 범위를 선택한 후 [홈 탭 – 맞춤 그룹 – 병합하고 가운데 맞춤]을 선택하여 아래와 같이 셀을 병합하고 가운데로 정렬합니다.

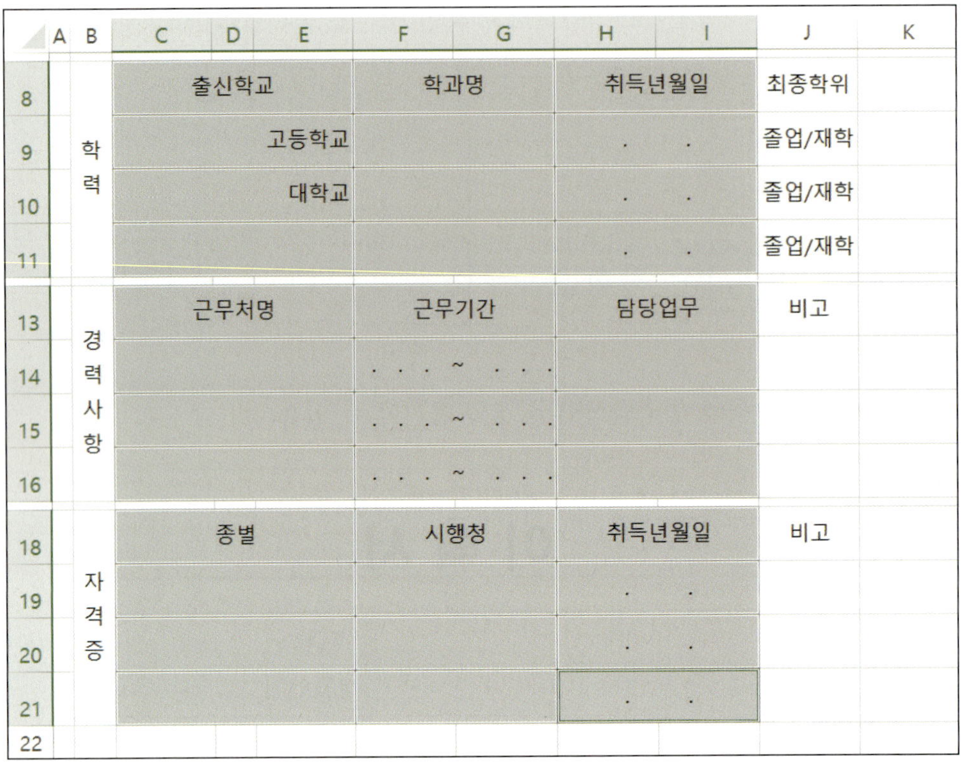

19. C8:J21 범위를 선택한 후 [홈 탭 – 맞춤 그룹 – 가운데 맞춤]을 클릭하여 나머지 텍스트를 가운데로 정렬합니다. C9:C11 범위를 선택한 후 [홈 탭 – 맞춤 그룹 – 오른쪽 맞춤]을 클릭하여 학교에 해당하는 텍스트를 오른쪽으로 정렬합니다.

20. Ctrl 키를 이용하여 'B8:J11, B13:J16, B18:J21' 범위를 동시에 선택합니다. [홈 탭 - 맞춤 그룹 - 테두리 - 모든 테두리]를 선택하여 셀에 모든 테두리를 그려줍니다.

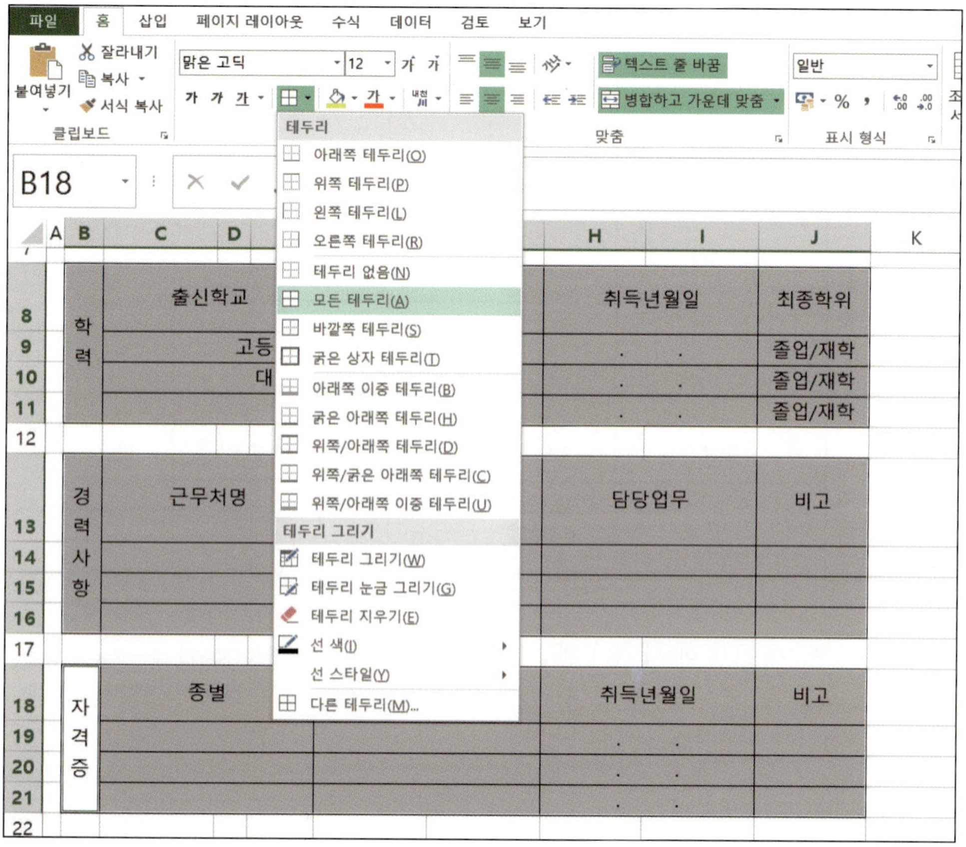

21. [홈 탭 – 맞춤 그룹 – 테두리 – 굵은 상자 테두리]를 이용하여 아래 화면과 같이 테두리를 진하게 그려줍니다.

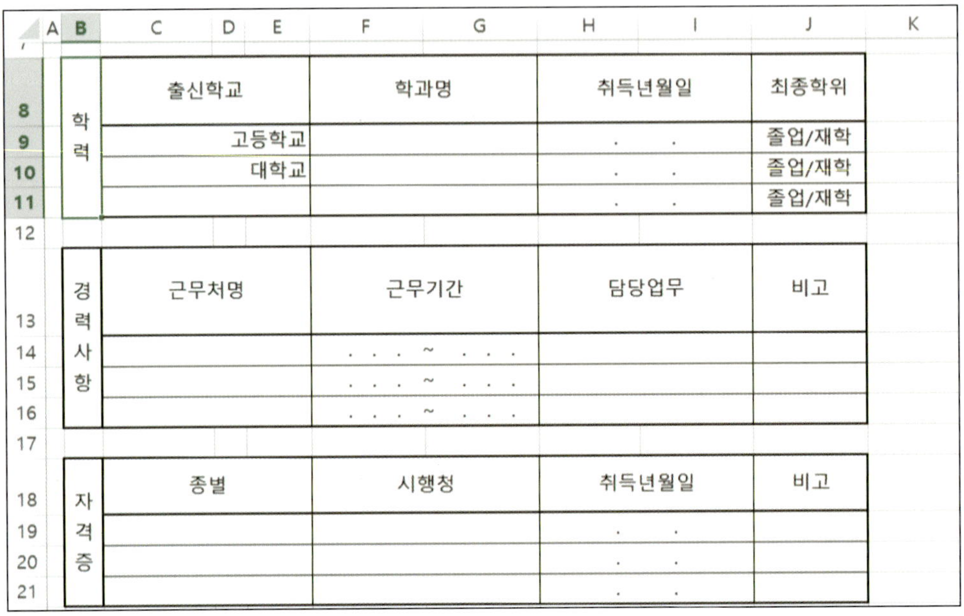

22. 8행 머리글에서 21행 머리글을 드래그하여 범위를 선택합니다. 행 머리글 위에서 마우스를 오른쪽 클릭하여 행 높이를 클릭합니다.

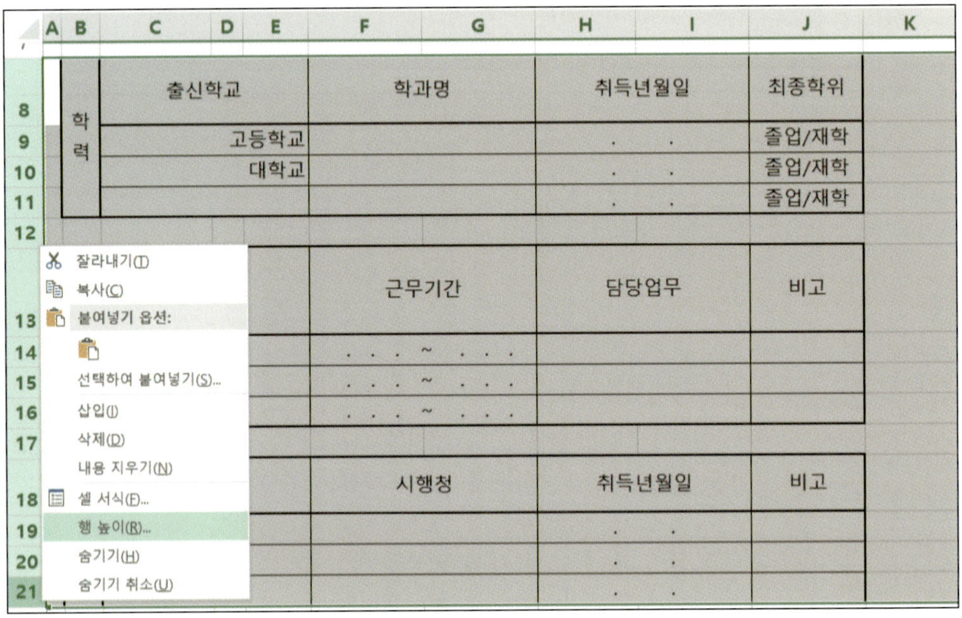

23. 행 높이는 '30' 으로 입력하고 확인 버튼을 클릭합니다.

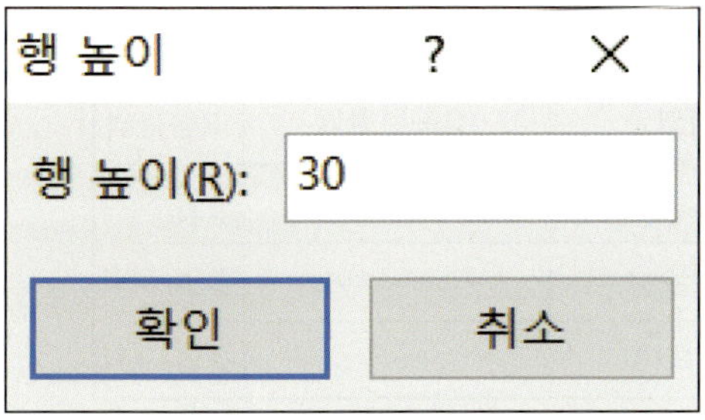

24. Ctrl 키를 이용하여 7행, 12행, 17행 머리글을 클릭하여 동시에 범위를 선택합니다. 행 머리글 위에서 마우스를 오른쪽 클릭하여 행 높이를 클릭합니다.

25. 행 높이는 '5' 로 입력하고 확인 버튼을 클릭합니다.

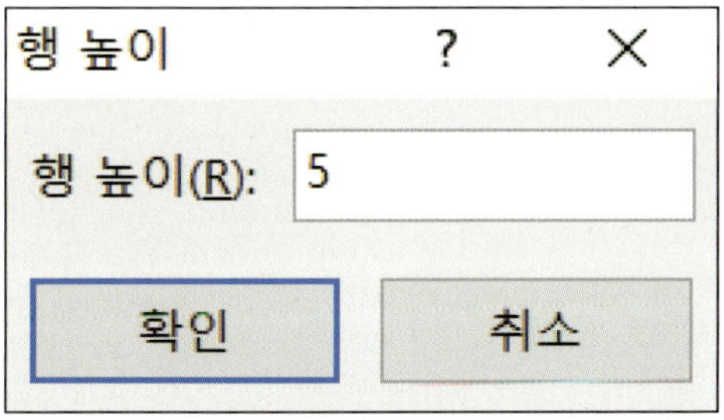

26. 8행부터 21행까지 완성되는 것을 확인할 수 있습니다.

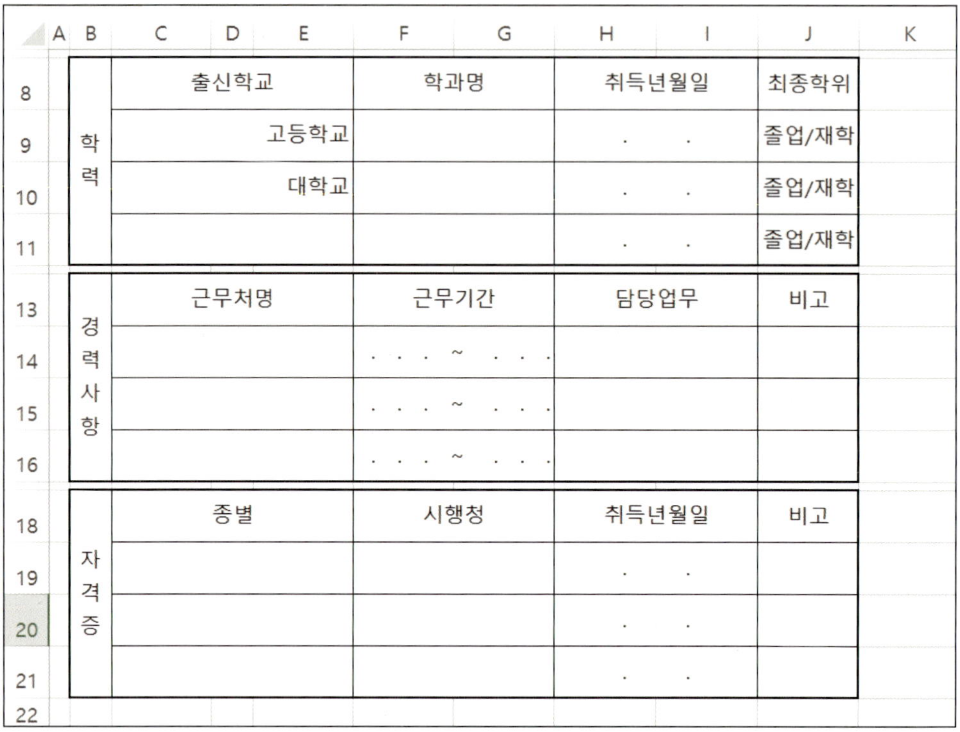

27. B23 셀로 커서를 이동한 후 [삽입 탭 – 기호 그룹 – 기호]를 클릭합니다.

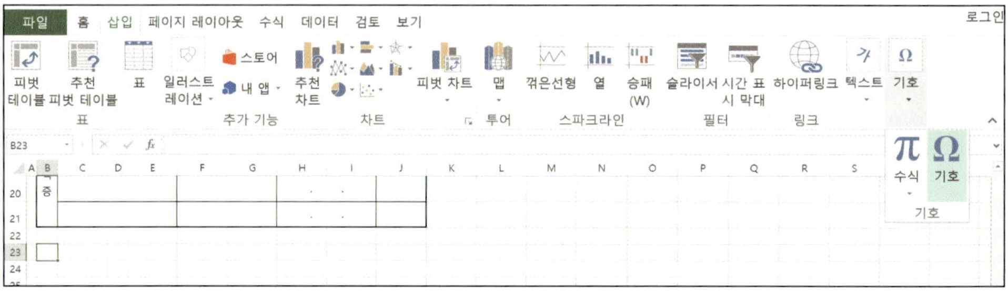

28. 기호 대화상자가 나타나면 하위 집합 중 '도형 기호'를 선택합니다. '◈' 도형을 선택한 후 삽입 버튼을 클릭하고 닫기 버튼을 클릭하여 '◈' 도형을 삽입합니다. 도형 뒤에 커서를 두고 '상기 내용이 사실임이 분명합니다.' 텍스트를 추가합니다.

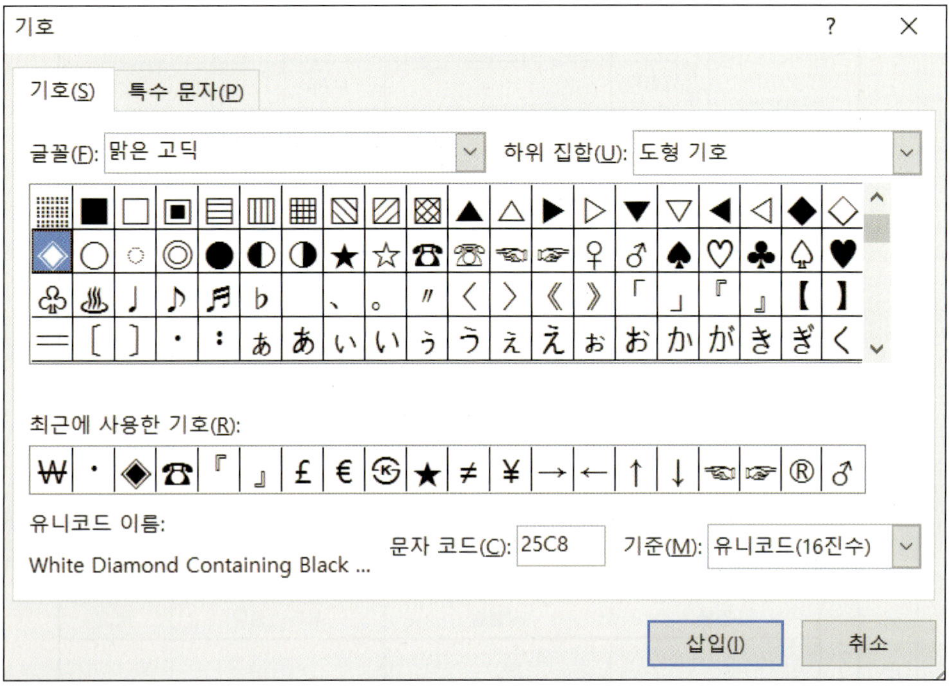

29. 마찬가지로 H25 셀과 H26 셀에는 기호 대화상자에서 하위 집합 중 '수학 연산자'를 선택합니다. '·' 기호를 선택한 후 삽입 버튼을 클릭합니다. 기호 뒤에 커서를 두고 '작성일 :' 텍스트와 '작성자 :' 텍스트를 추가합니다.

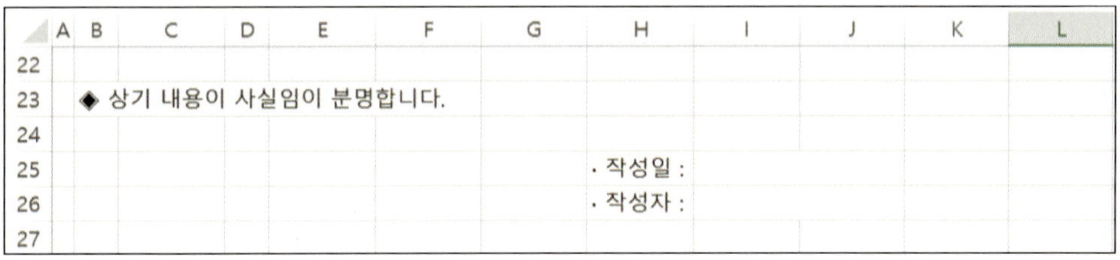

30. 다음과 같이 이력서 문서가 완성되었습니다.

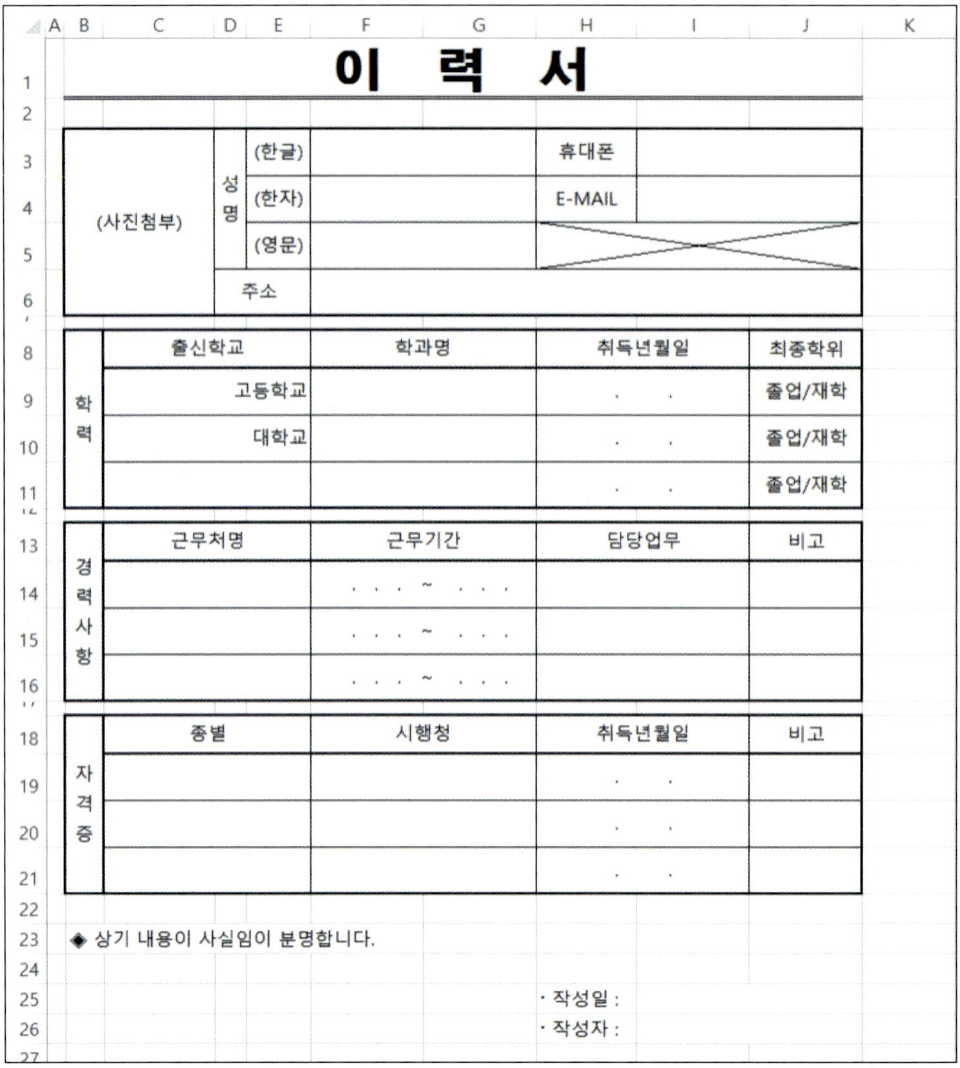

Chapter 2

데이터 시각화 작업

01

서식 설정

조건부 서식을 이용하여 조건에 만족하는 값에 셀 서식을 적용할 수 있고, 다양한 셀 서식과 표 서식을 이용하여 데이터 표를 시각화 할 수 있다.

예제파일 : 2장예제.xlsx

1-1 조건부 서식 설정하기

따라해 보세요 – 셀 강조 규칙 설정하기

단가가 3,000원 초과인 경우 단가 열에 '진한 노랑 텍스트가 있는 노랑 채우기' 셀 서식을 설정하세요.

*시트명 : 스타일

1. E5:E34 범위를 선택하고 [홈 탭 – 스타일 그룹 – 조건부 서식 – 셀 강조 규칙 – 보다 큼]을 클릭합니다.

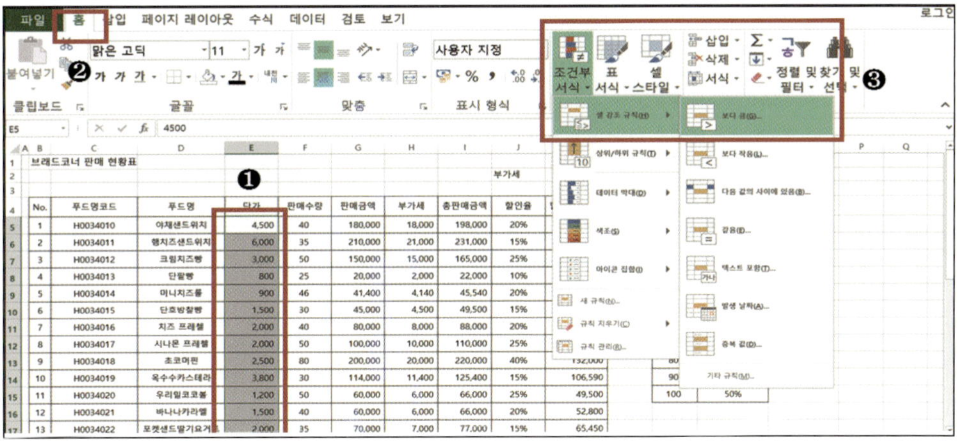

Tip 범위를 선택할 때 범위 시작 셀에 커서를 두고 [Ctrl + Shift + 방향키(↓)]를 이용하면 쉽게 범위를 선택할 수 있습니다.

2. 대화상자가 나타나면 [다음 값보다 큰 셀의 서식 지정 : 3000, 적용할 서식 : 진한 노랑 텍스트가 있는 노랑 채우기]를 선택하고 확인 버튼을 클릭합니다.

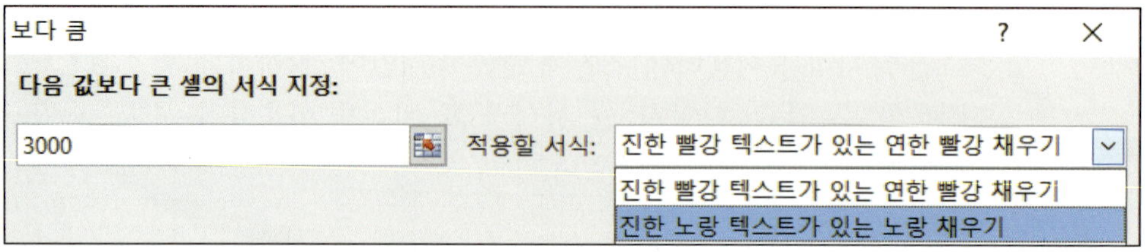

3. 단가 열에 3,000원 초과인 금액에 노랑 서식이 적용되는 것을 확인할 수 있습니다.

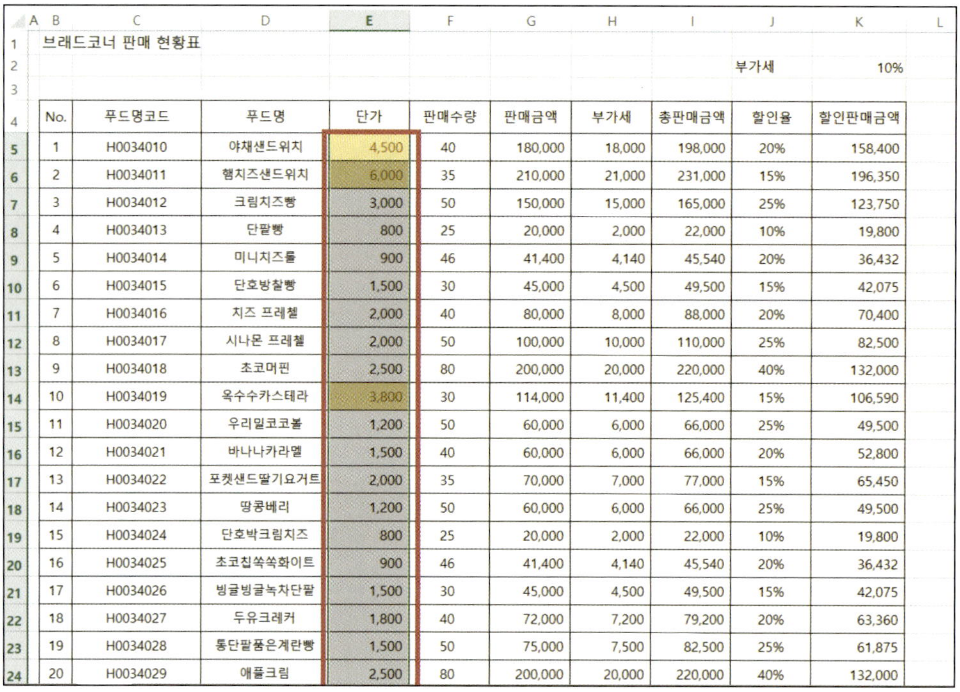

브래드코너 판매 현황표

부가세 10%

No.	푸드명코드	푸드명	단가	판매수량	판매금액	부가세	총판매금액	할인율	할인판매금액
1	H0034010	야채샌드위치	4,500	40	180,000	18,000	198,000	20%	158,400
2	H0034011	햄치즈샌드위치	6,000	35	210,000	21,000	231,000	15%	196,350
3	H0034012	크림치즈빵	3,000	50	150,000	15,000	165,000	25%	123,750
4	H0034013	단팥빵	800	25	20,000	2,000	22,000	10%	19,800
5	H0034014	미니치즈롤	900	46	41,400	4,140	45,540	20%	36,432
6	H0034015	단호방찰빵	1,500	30	45,000	4,500	49,500	15%	42,075
7	H0034016	치즈 프레첼	2,000	40	80,000	8,000	88,000	20%	70,400
8	H0034017	시나몬 프레첼	2,000	50	100,000	10,000	110,000	25%	82,500
9	H0034018	초코머핀	2,500	80	200,000	20,000	220,000	40%	132,000
10	H0034019	옥수수카스테라	3,800	30	114,000	11,400	125,400	15%	106,590
11	H0034020	우리밀코코볼	1,200	50	60,000	6,000	66,000	25%	49,500
12	H0034021	바나나카라멜	1,500	40	60,000	6,000	66,000	20%	52,800
13	H0034022	포켓샌드딸기요거트	2,000	35	70,000	7,000	77,000	15%	65,450
14	H0034023	땅콩베리	1,200	50	60,000	6,000	66,000	25%	49,500
15	H0034024	단호박크림치즈	800	25	20,000	2,000	22,000	10%	19,800
16	H0034025	초코칩쏙쏙화이트	900	46	41,400	4,140	45,540	20%	36,432
17	H0034026	빙글빙글녹차단팥	1,500	30	45,000	4,500	49,500	15%	42,075
18	H0034027	두유크레커	1,800	40	72,000	7,200	79,200	20%	63,360
19	H0034028	통단팥품은계란빵	1,500	50	75,000	7,500	82,500	25%	61,875
20	H0034029	애플크림	2,500	80	200,000	20,000	220,000	40%	132,000

따라해 보세요 – 상위/하위 규칙 설정하기

판매수량이 하위 20%인 경우 판매수량 열에 '진한 빨강 텍스트가 있는 빨강 채우기' 셀 서식을 설정하세요.

*시트명 : 스타일

1. F5:F34 범위를 선택하고 [홈 탭 – 스타일 그룹 – 조건부 서식 – 상위 / 하위 규칙 – 하위 10%]를 클릭합니다.

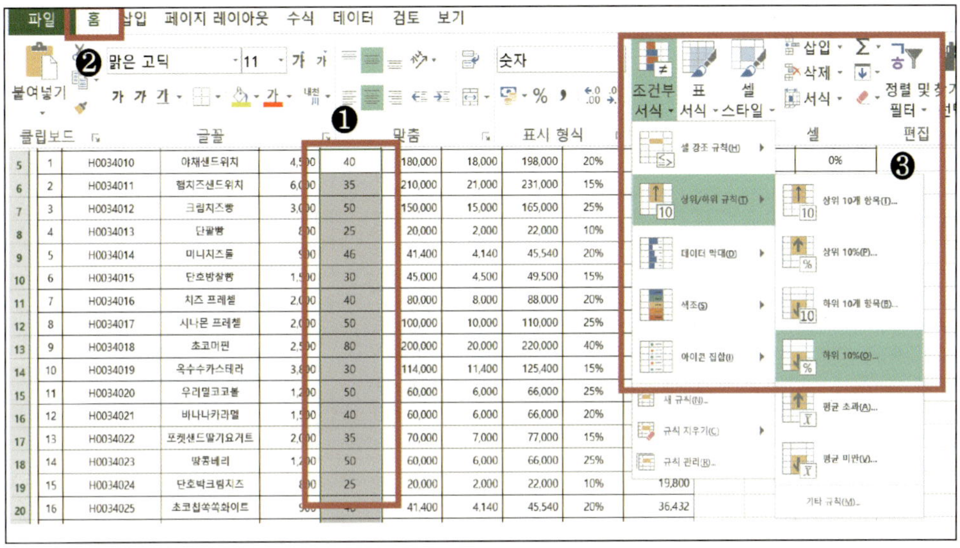

2. 하위 10% 대화상자가 나타나면 [다음 하위 순위에 속하는 셀의 서식 지정 : 20, 적용할 서식 : 진한 빨강 텍스트가 있는 연한 빨강 채우기]를 선택하고 확인 버튼을 클릭합니다.

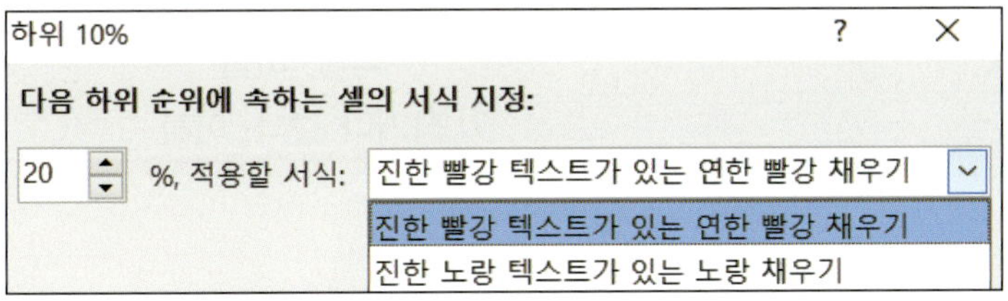

3. 판매수량 열에 하위 20%에 해당되는 수량에 빨강 서식이 적용되는 것을 확인할 수 있습니다.

	A	B	C	D	E	F	G	H	I	J	K
1		브래드코너 판매 현황표									
2										부가세	10%
3											
4		No.	푸드명코드	푸드명	단가	판매수량	판매금액	부가세	총판매금액	할인율	할인판매금액
5		1	H0034010	야채샌드위치	4,500	40	180,000	18,000	198,000	20%	158,400
6		2	H0034011	햄치즈샌드위치	6,000	35	210,000	21,000	231,000	15%	196,350
7		3	H0034012	크림치즈빵	3,000	50	150,000	15,000	165,000	25%	123,750
8		4	H0034013	단팥빵	800	25	20,000	2,000	22,000	10%	19,800
9		5	H0034014	미니치즈롤	900	46	41,400	4,140	45,540	20%	36,432
10		6	H0034015	단호박찰빵	1,500	30	45,000	4,500	49,500	15%	42,075
11		7	H0034016	치즈 프레첼	2,000	40	80,000	8,000	88,000	20%	70,400
12		8	H0034017	시나몬 프레첼	2,000	50	100,000	10,000	110,000	25%	82,500
13		9	H0034018	초코머핀	2,500	80	200,000	20,000	220,000	40%	132,000
14		10	H0034019	옥수수카스테라	3,800	30	114,000	11,400	125,400	15%	106,590
15		11	H0034020	우리밀코코볼	1,200	50	60,000	6,000	66,000	25%	49,500
16		12	H0034021	바나나카라멜	1,500	40	60,000	6,000	66,000	20%	52,800
17		13	H0034022	포켓샌드딸기요거트	2,000	35	70,000	7,000	77,000	15%	65,450
18		14	H0034023	땅콩베리	1,200	50	60,000	6,000	66,000	25%	49,500
19		15	H0034024	단호박크림치즈	800	25	20,000	2,000	22,000	10%	19,800
20		16	H0034025	초코칩쑥쑥화이트	900	46	41,400	4,140	45,540	20%	36,432
21		17	H0034026	빙글빙글녹차단팥	1,500	30	45,000	4,500	49,500	15%	42,075
22		18	H0034027	두유크레커	1,800	40	72,000	7,200	79,200	20%	63,360

비교 연산자

연산자	의미
=	같다
<>	같지 않다
>	크다, 초과
>=	크거나 같다, 이상
<	작다, 미만
<=	작거나 같다, 이하

1-2 셀 서식 설정하기

따라해 보세요 – 셀 서식 설정하기

셀 스타일을 이용하여 표의 제목과 셀의 스타일을 디자인 하세요.

*시트명 : 스타일

1. B1:K1 범위를 선택하고 [홈 탭 – 맞춤 그룹 – 목록 화살표 – 병합하고 가운데 맞춤]을 클릭합니다. 표의 제목 셀이 병합되는 것을 확인할 수 있습니다.

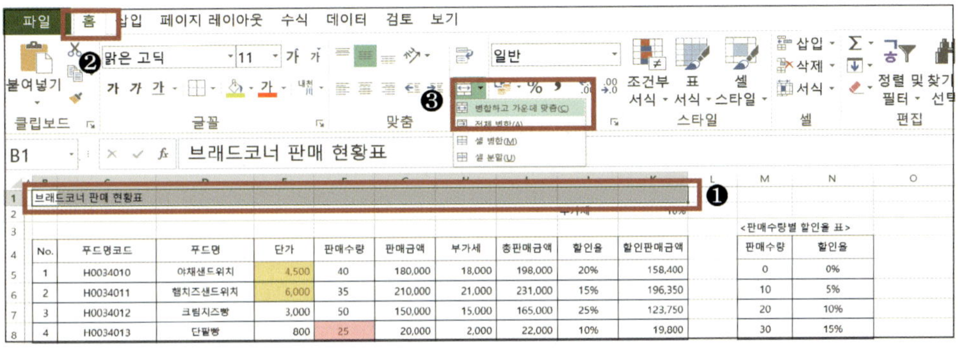

2. [홈 탭 – 스타일 그룹 – 셀 스타일 – 제목 1] 스타일을 클릭합니다. 표 제목 스타일이 변경되는 것을 확인할 수 있습니다.

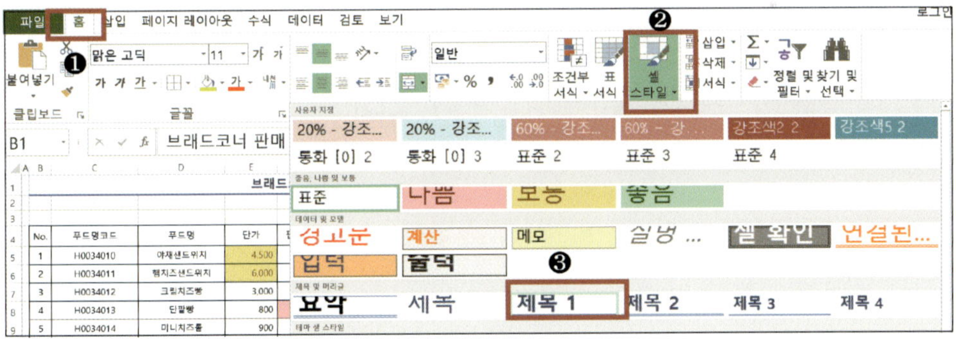

3. B4:K4 범위를 선택하고 [홈 탭 - 스타일 그룹 - 셀 스타일 - 강조색2 2] 스타일을 클릭합니다.

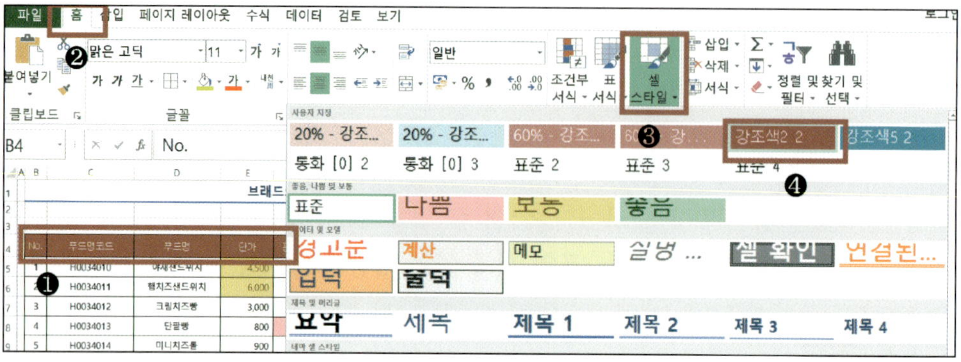

4. 표의 첫 머리글 스타일이 변경되는 것을 확인할 수 있습니다. 이와 같이 각각의 셀에 셀 스타일을 적용하여 디자인을 변경할 수 있습니다.

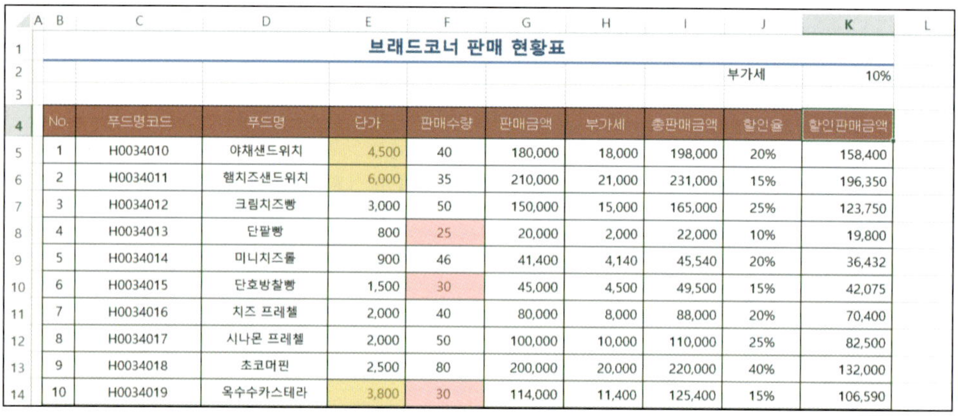

브래드코너 판매 현황표

								부가세	10%
No.	푸드명코드	푸드명	단가	판매수량	판매금액	부가세	총판매금액	할인율	할인판매금액
1	H0034010	야채샌드위치	4,500	40	180,000	18,000	198,000	20%	158,400
2	H0034011	햄치즈샌드위치	6,000	35	210,000	21,000	231,000	15%	196,350
3	H0034012	크림치즈빵	3,000	50	150,000	15,000	165,000	25%	123,750
4	H0034013	단팥빵	800	25	20,000	2,000	22,000	10%	19,800
5	H0034014	미니치즈롤	900	46	41,400	4,140	45,540	20%	36,432
6	H0034015	단호박찰빵	1,500	30	45,000	4,500	49,500	15%	42,075
7	H0034016	치즈 프레첼	2,000	40	80,000	8,000	88,000	20%	70,400
8	H0034017	시나몬 프레첼	2,000	50	100,000	10,000	110,000	25%	82,500
9	H0034018	초코머핀	2,500	80	200,000	20,000	220,000	40%	132,000
10	H0034019	옥수수카스테라	3,800	30	114,000	11,400	125,400	15%	106,590

1-3 표 서식 설정하기

따라해 보세요 – 표 서식 설정하기

표 스타일을 이용하여 판매수량별 할인율 표를 디자인 하세요.

*시트명 : 스타일

1. 판매수량별 할인율 표 위의 셀에 커서를 이동하고 [홈 탭 – 스타일 그룹 – 표 서식 – 표 스타일 보통 18]을 클릭합니다.

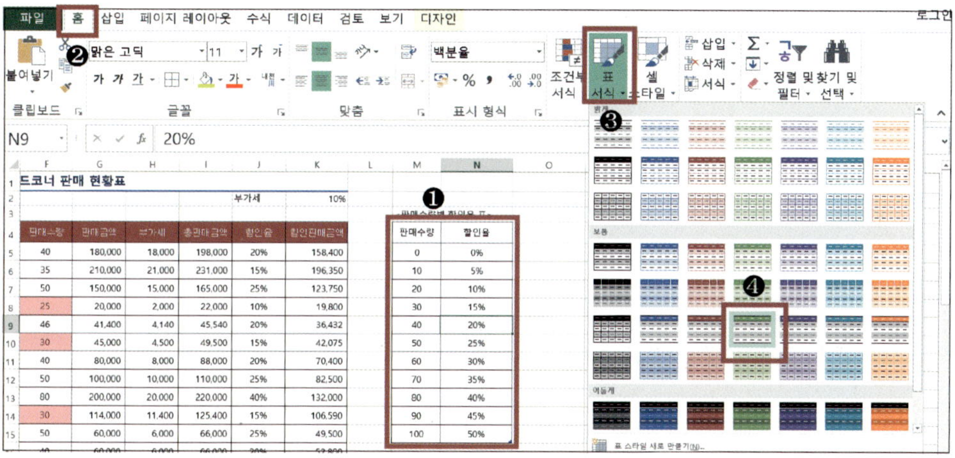

2. 대화상자가 나타나면 표에 사용할 데이터 범위를 지정하고 확인 버튼을 클릭합니다.

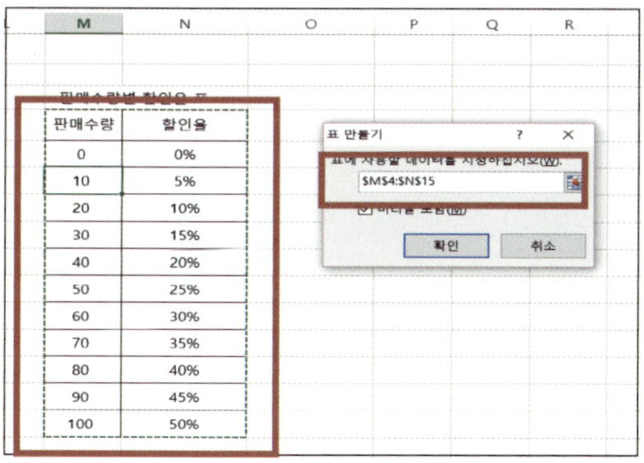

Tip 셀 포인터를 판매수량별 할인율 표 위로 이동한 후 스타일을 적용하였기 때문에 범위는 자동으로 판매수량별 할인율 표가 설정됩니다. 원하는 범위와 다른 경우 표의 범위를 삭제한 후 다시 재설정하면 됩니다.

3. 판매수량별 할인율 표에 표 스타일이 적용되는 것을 확인할 수 있습니다.

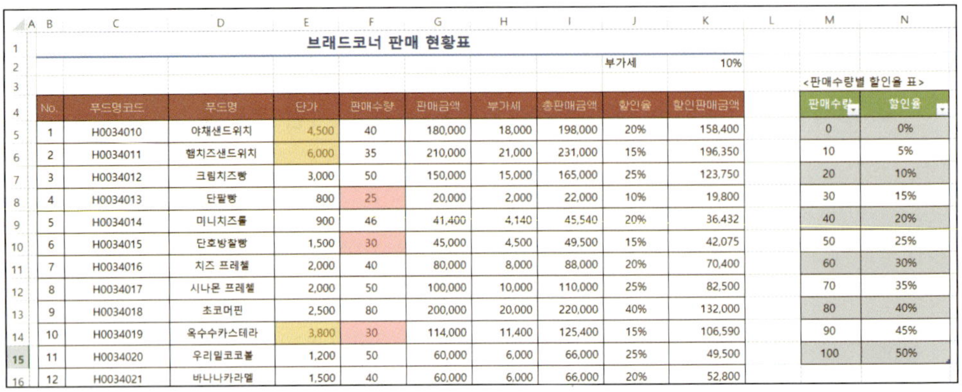

브래드코너 판매 현황표

부가세 10%

No.	푸드명코드	푸드명	단가	판매수량	판매금액	부가세	총판매금액	할인율	할인판매금액
1	H0034010	야채샌드위치	4,500	40	180,000	18,000	198,000	20%	158,400
2	H0034011	햄치즈샌드위치	6,000	35	210,000	21,000	231,000	15%	196,350
3	H0034012	크림치즈빵	3,000	50	150,000	15,000	165,000	25%	123,750
4	H0034013	단팥빵	800	25	20,000	2,000	22,000	10%	19,800
5	H0034014	미니치즈롤	900	46	41,400	4,140	45,540	20%	36,432
6	H0034015	단호방찰빵	1,500	30	45,000	4,500	49,500	15%	42,075
7	H0034016	치즈 프레첼	2,000	40	80,000	8,000	88,000	20%	70,400
8	H0034017	시나몬 프레첼	2,000	50	100,000	10,000	110,000	25%	82,500
9	H0034018	초코머핀	2,500	80	200,000	20,000	220,000	40%	132,000
10	H0034019	옥수수카스테라	3,800	30	114,000	11,400	125,400	15%	106,590
11	H0034020	우리밀코코볼	1,200	50	60,000	6,000	66,000	25%	49,500
12	H0034021	바나나카라멜	1,500	40	60,000	6,000	66,000	20%	52,800

<판매수량별 할인율 표>

판매수량	할인율
0	0%
10	5%
20	10%
30	15%
40	20%
50	25%
60	30%
70	35%
80	40%
90	45%
100	50%

02

개체 삽입

표, 차트 그리고 스파크라인 개체를 삽입하여 데이터 값의 흐름을 좀 더 쉽게 파악할 수 있다.

예제파일 : 2장예제.xlsx

2-1 표 삽입하기

식품단속일지 - 일반 데이터 표

일자	담당자	검사지역	유통기한 위반	가격표시 위반	기타
2017-01-20	고소영	서울지역	8	0	9
2017-01-20	김대영	전북지역	7	5	3
2017-01-22	이진아	경북지역	2	7	6
2017-01-23	김대영	전북지역	6	7	4
2017-01-23	한석봉	충북지역	9	7	3
2017-01-23	고소영	서울지역	2	3	3
2017-01-23	한석봉	충북지역	8	6	3
2017-01-27	김대영	전북지역	3	8	10
2017-02-12	고소영	서울지역	9	4	2
2017-02-13	이진아	경북지역	6	8	2
2017-02-14	한석봉	충북지역	4	8	6

〈일반 데이터 표〉

식품단속일지 - 엑셀 표

일자	담당자	검사지역	유통기한 위반	가격표시 위반	기타
2017-01-20	고소영	서울지역	8	0	9
2017-01-20	김대영	전북지역	7	5	3
2017-01-22	이진아	경북지역	2	7	6
2017-01-23	김대영	전북지역	6	7	4
2017-01-23	한석봉	충북지역	9	7	3
2017-01-23	고소영	서울지역	2	3	3
2017-01-23	한석봉	충북지역	8	6	3
2017-01-27	김대영	전북지역	3	8	10
2017-02-12	고소영	서울지역	9	4	2
2017-02-13	이진아	경북지역	6	8	2
2017-02-14	한석봉	충북지역	4	8	6

〈엑셀 표〉

일반 데이터 표

왼쪽과 같은 표가 가장 기본적인 데이터 표입니다. 데이터를 입력하고 표 테두리를 이용하여 표를 간단하게 작성할 수 있습니다.

엑셀 표

오른쪽과 같은 표가 엑셀 표입니다. 데이터 표를 엑셀 표로 변환할 경우 기본 표 스타일이 적용되고, 자동으로 필터가 적용됩니다.

따라해 보세요 – 표 삽입하기

왼쪽 일반 데이터 표를 엑셀 표로 변경하세요. 또한 오른쪽 엑셀 표를 데이터 표로 변경하세요.

*시트명 : 표

1. 왼쪽 일반 데이터 표 안에 임의의 셀에 커서를 이동합니다. [삽입 탭 – 표 그룹 – 표]를 클릭합니다.

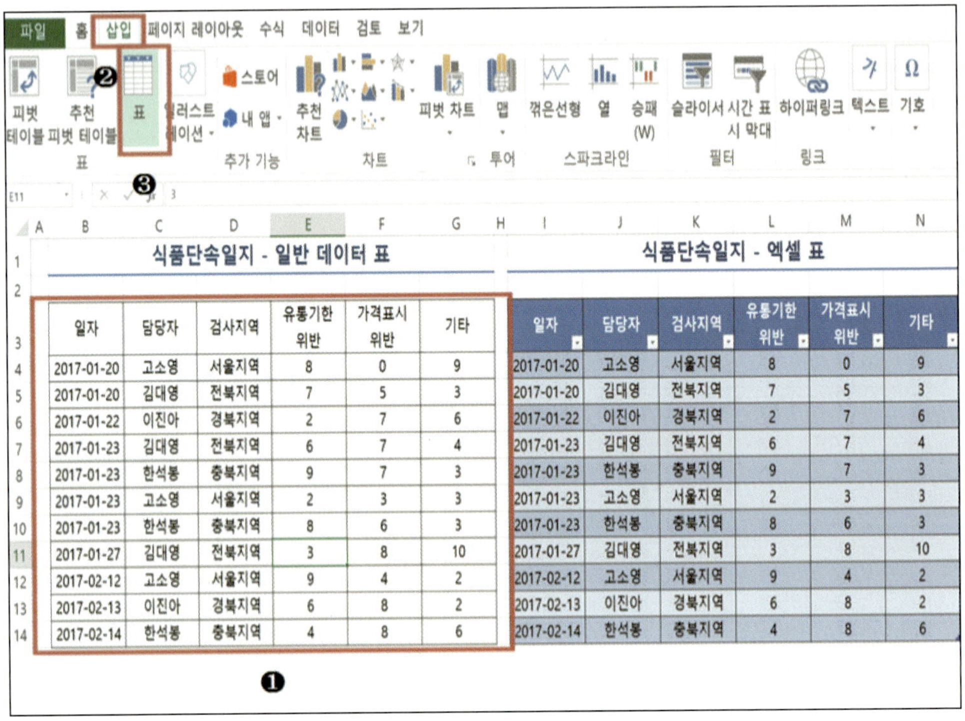

2. 대화상자가 나타나면서 자동으로 범위가 설정됩니다. 범위가 맞는지 확인하고 확인버튼을 클릭합니다.

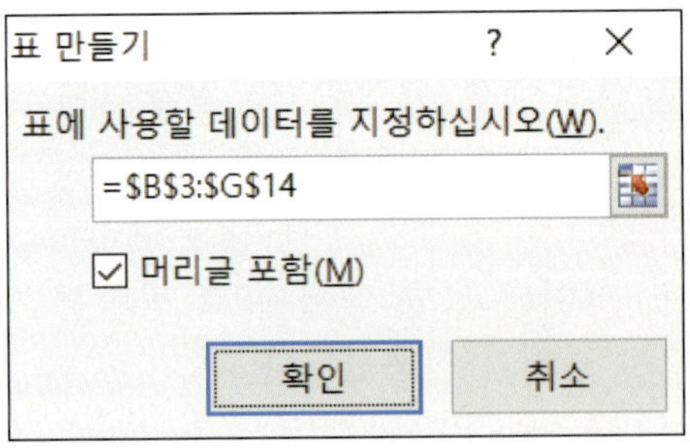

3. 기본 스타일의 '엑셀 표'가 적용되는 것을 확인할 수 있습니다.

	A	B	C	D	E	F	G
2							
3		일자	담당자	검사지역	유통기한 위반	가격표시 위반	기타
4		2017-01-20	고소영	서울지역	8	0	9
5		2017-01-20	김대영	전북지역	7	5	3
6		2017-01-22	이진아	경북지역	2	7	6
7		2017-01-23	김대영	전북지역	6	7	4
8		2017-01-23	한석봉	충북지역	9	7	3
9		2017-01-23	고소영	서울지역	2	3	3

Tip 엑셀 표에서는 '표 도구' 리본메뉴가 생성되며, 디자인 탭에서 표에 대한 세부 설정을 변경할 수 있습니다.

4. 오른쪽 엑셀 표 안에 임의의 셀에 커서를 이동합니다. [표 도구 – 디자인 탭 – 도구 그룹 – 범위로 변환]을 클릭합니다.

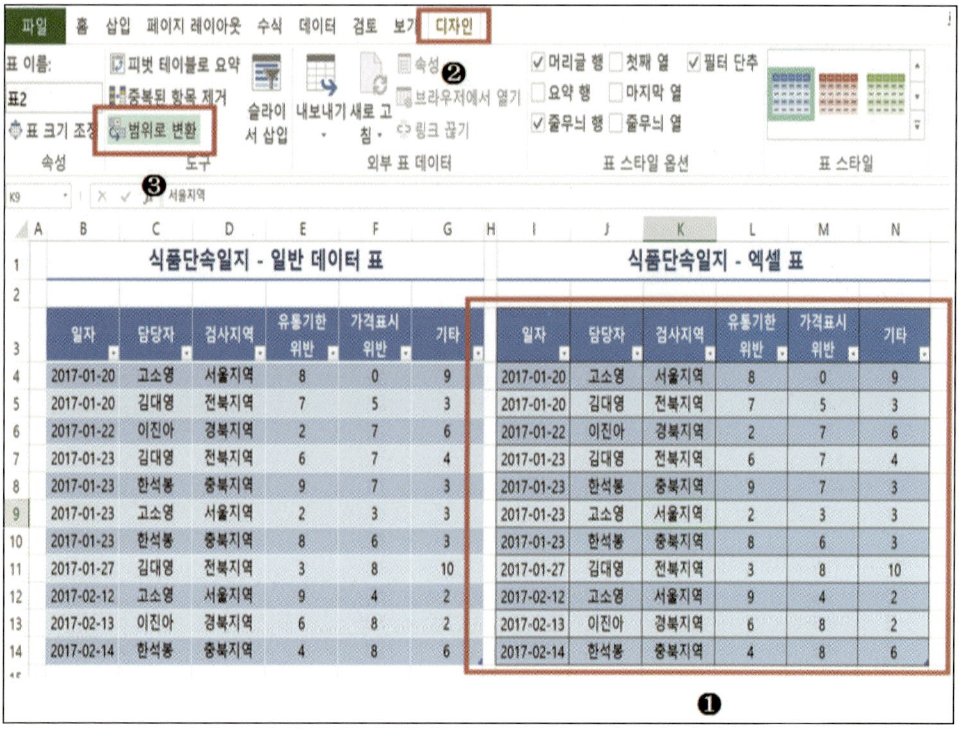

5. '표를 정상 범위로 변환하시겠습니까?' 라는 메시지가 나타나면 '예' 버튼을 클릭합니다.

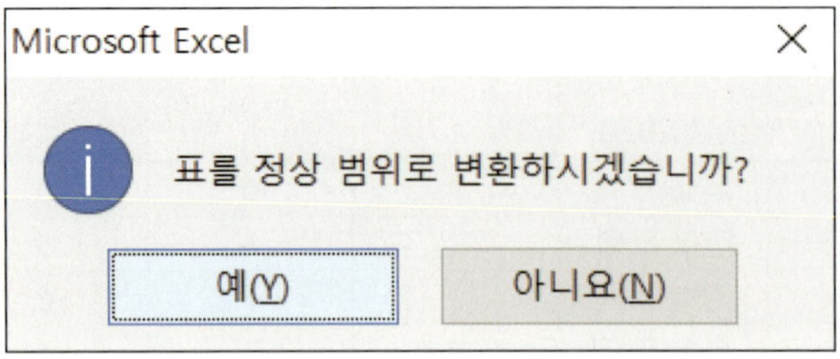

6. 기존에 적용된 서식은 그대로 '데이터 표' 로 변경되는 것을 확인할 수 있습니다.

I	J	K	L	M	N
식품단속일지 - 엑셀 표					
일자	담당자	검사지역	유통기한 위반	가격표시 위반	기타
2017-01-20	고소영	서울지역	8	0	9
2017-01-20	김대영	전북지역	7	5	3
2017-01-22	이진아	경북지역	2	7	6
2017-01-23	김대영	전북지역	6	7	4
2017-01-23	한석봉	충북지역	9	7	3
2017-01-23	고소영	서울지역	2	3	3
2017-01-23	한석봉	충북지역	8	6	3
2017-01-27	김대영	전북지역	3	8	10
2017-02-12	고소영	서울지역	9	4	2
2017-02-13	이진아	경북지역	6	8	2
2017-02-14	한석봉	충북지역	4	8	6

2-2 차트 삽입하기

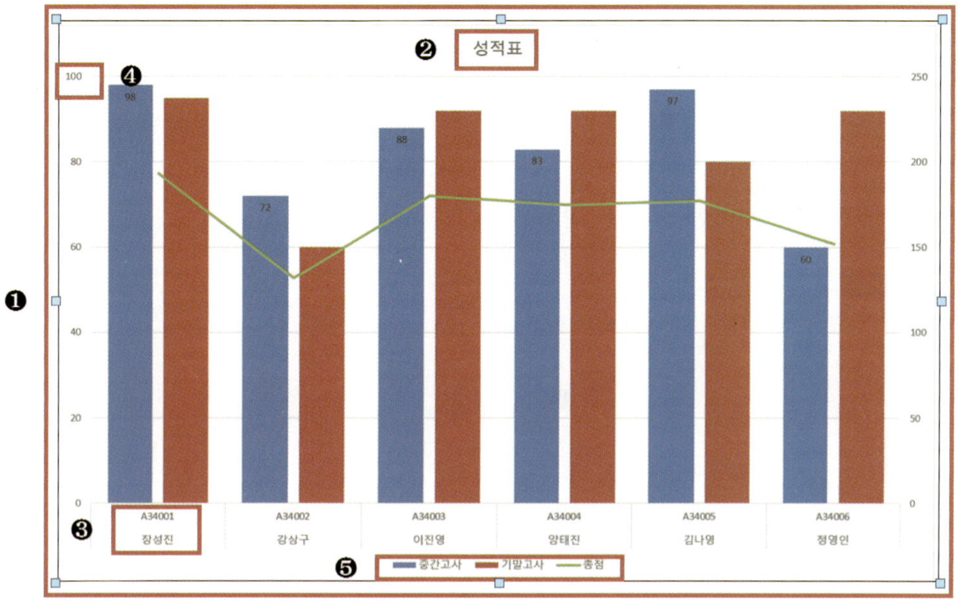

설명

차트 구성 요소

① 차트 영역 : 차트 전체를 의미합니다.

② 차트 제목 : 차트의 제목을 의미합니다.

③ 가로축 레이블 : 가로축에 표시되는 텍스트를 의미합니다.
(A34001 장성진, A34002 강상구...)

④ 세로축 레이블 : 세로축에 표시되는 텍스트를 의미합니다.(0, 20, 40...)

⑤ 범례 : 그림 영역에 표시된 데이터 계열을 의미합니다.

⑥ 그림 영역 : 그래프가 표시되는 곳으로 가로축, 세로축, 그림으로 구성됩니다.

- 가로축 : X축으로 보통 항목이 표시됩니다.
- 세로축 : Y축으로 보통 숫자 값이 표시됩니다.
- 데이터 계열 : 데이터 값이 그래프에 표시된 개체를 의미합니다. 일반적으로 같은 계열의 개체는 같은 색으로 표시됩니다.
- 데이터 레이블 : 데이터 계열에 표시되는 값을 의미합니다.

따라해 보세요 – 차트 삽입하기

성적 평가표의 이름과 중간고사 성적을 이용하여 세로 막대형 차트를 삽입하세요. 가로축에는 기말고사 항목을 추가하세요.

*시트명 : 차트

1. Ctrl 키를 이용하여 B3:B9 범위와 D3:D9 범위를 동시에 드래그 합니다.

2. [삽입 탭 – 차트 그룹 – 묶은 세로 막대형]을 클릭합니다.
   중간고사에 대한 차트가 삽입되는 것을 확인할 수 있습니다.

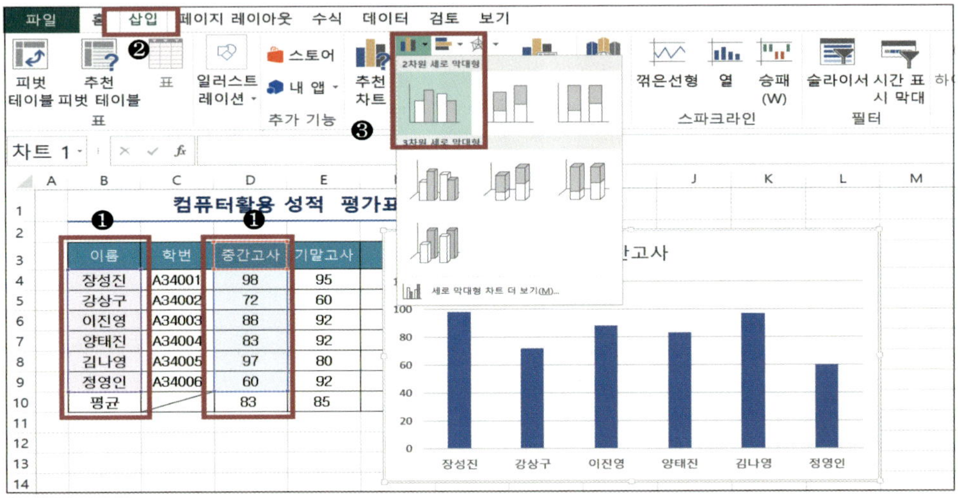

3. 차트에 기말고사 항목을 추가하기 위하여 차트 영역을 클릭 한 후 [차트 도구 – 디자인 탭 – 데이터 그룹 – 데이터 선택]을 클릭합니다.

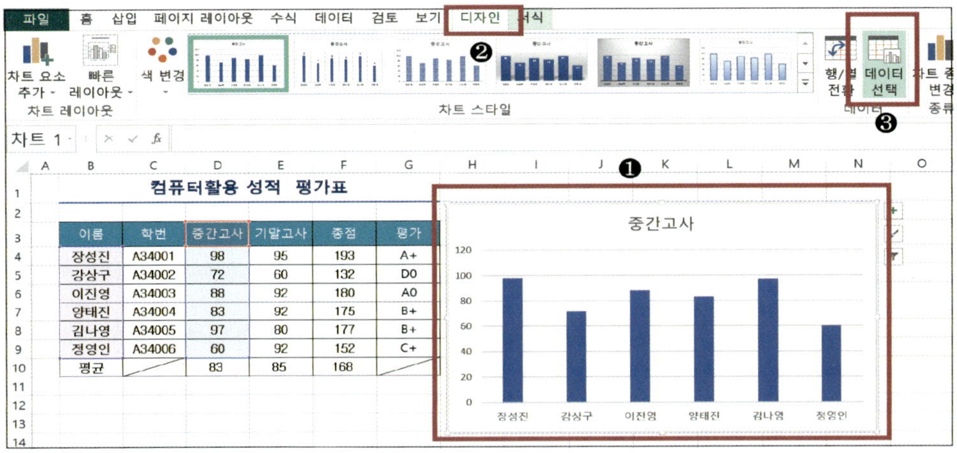

4. 데이터 원본 선택 대화상자가 나타나면 왼쪽 범례 항목의 추가 버튼을 클릭합니다.

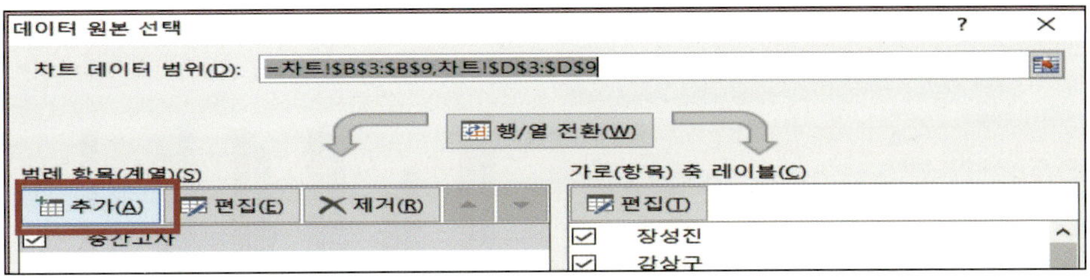

5. 계열 편집 대화상자가 나타나면 계열 이름은 '=E3', 계열 값은 '=E4:E9'를 입력한 후 확인 버튼을 클릭합니다.

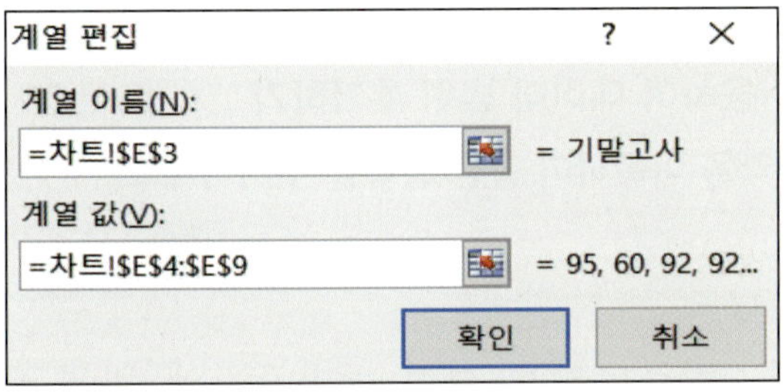

Tip 계열 이름에 '기말고사' 텍스트를 입력해도 차트가 삽입됩니다. 단, 계열 이름을 주소로 참조 받지 않은 경우 차트에 대한 영역이 데이터 표에 표시되지 않습니다.

6. 데이터 원본 선택 대화상자에 기말고사 항목이 추가되는 것을 확인할 수 있습니다. 확인 버튼을 클릭합니다.

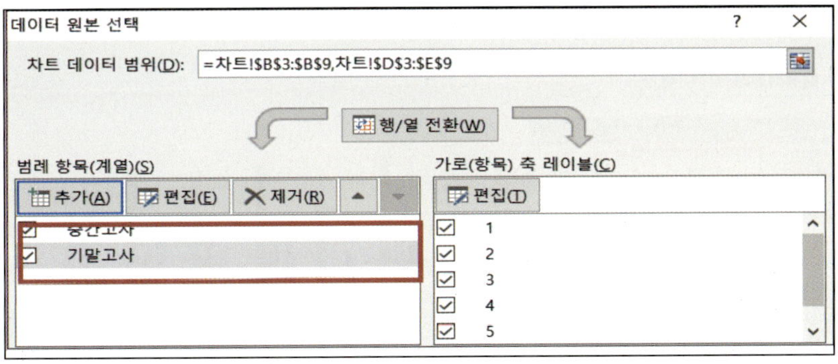

7. 차트에 기말고사 항목이 추가되는 것을 확인할 수 있습니다.

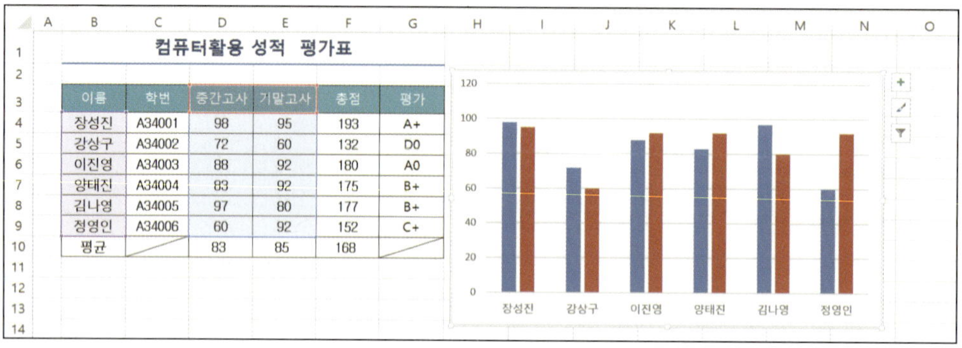

따라해 보세요 – 데이터 표를 이용하여 데이터 범위 추가하기

컴퓨터활용 성적 평가표 범위 영역을 이용하여 총점 항목을 추가하세요.

*시트명 : 차트

1. 차트를 클릭합니다. 왼쪽에 '컴퓨터활용 성적 평가표' 에 범위 영역 표시가 나타나면 데이터 범위 영역을 오른쪽 방향으로 드래그하여 총점 항목까지 영역을 늘려줍니다.

2. 왼쪽 표에서 데이터 범위 영역이 늘어나면 오른쪽의 차트 항목도 자동으로 추가되는 것을 확인할 수 있습니다.

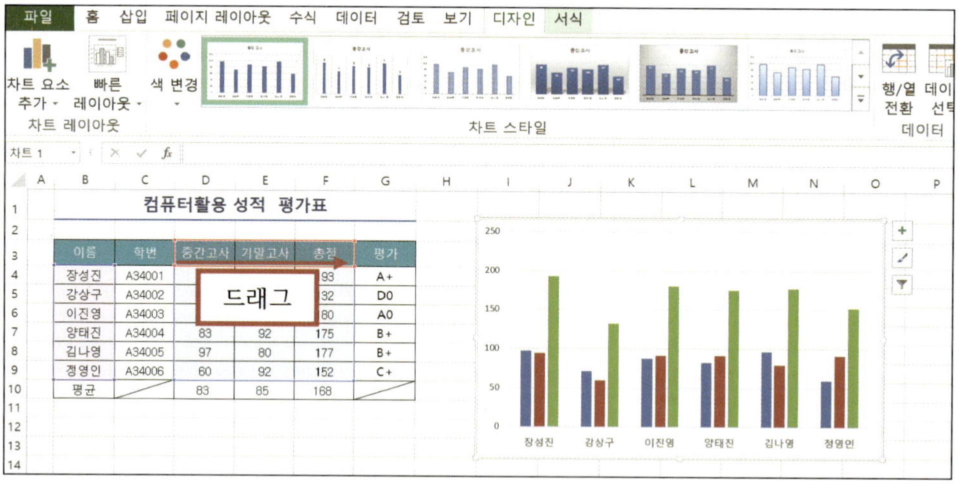

따라해 보세요 – 가로축 레이블 추가하기

가로축에 학번 레이블을 추가하세요.

*시트명 : 차트

1. 차트 영역을 클릭 한 후 [차트 도구 – 디자인 탭 – 데이터 그룹 – 데이터 선택]을 클릭합니다.

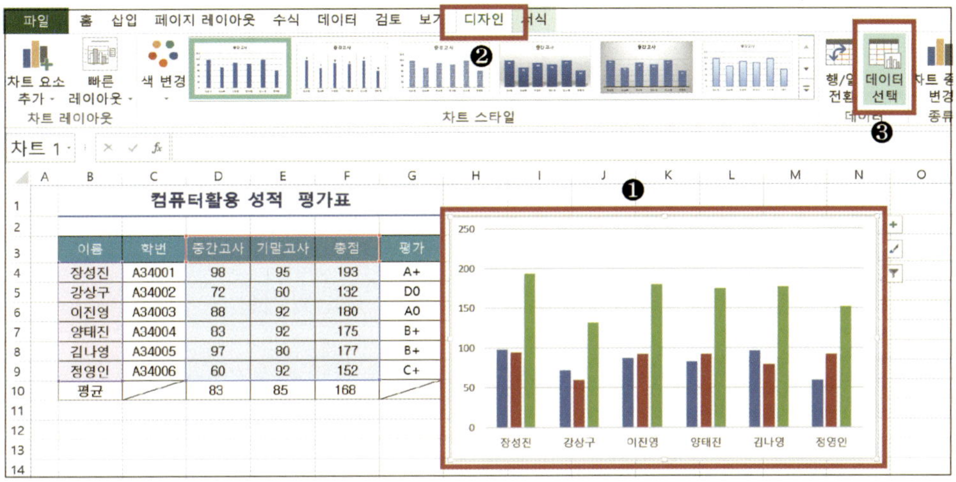

2. 데이터 원본 선택 대화상자가 나타나면 가로 축 레이블의 편집 버튼을 클릭합니다.

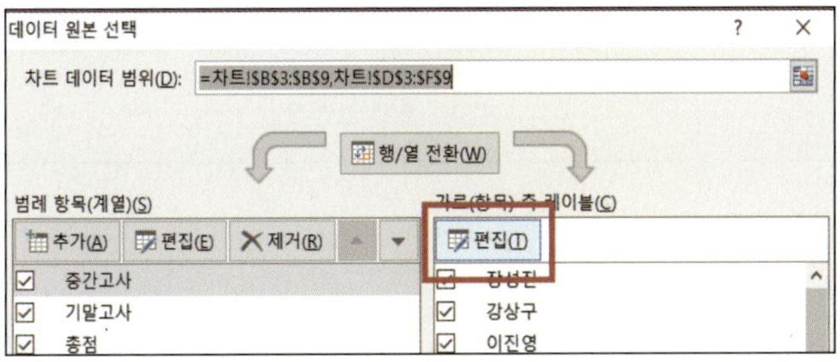

3. 축 레이블 대화상자가 나타나면 축 레이블 범위를 삭제하고 [축 레이블 범위 : =$B$4:$C$9] 를 입력한 후 확인 버튼을 클릭합니다.

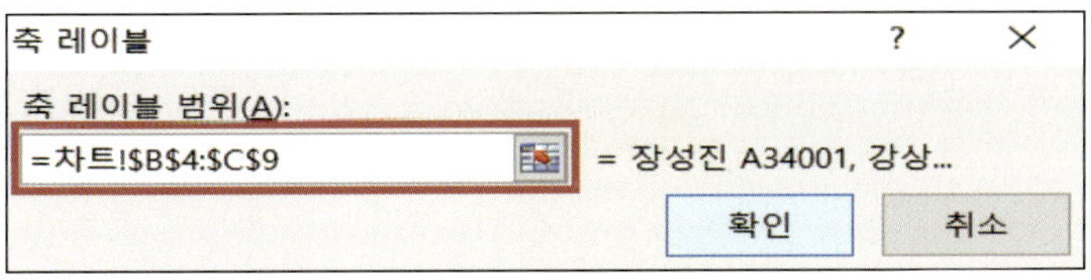

4. 데이터 원본 선택 대화상자에서 '학번' 이 추가되는 것을 확인할 수 있습니다. 확인 버튼을 클릭합니다.

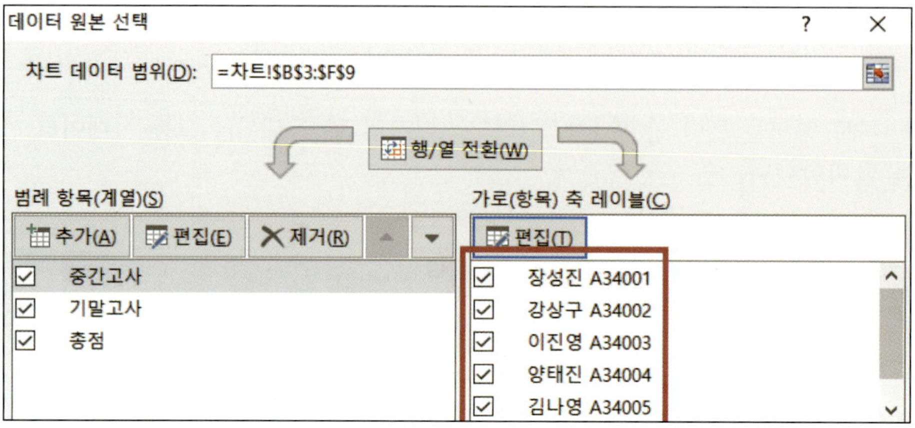

5. 차트의 가로축 레이블에 학번이 추가가 되는 것을 확인할 수 있습니다.

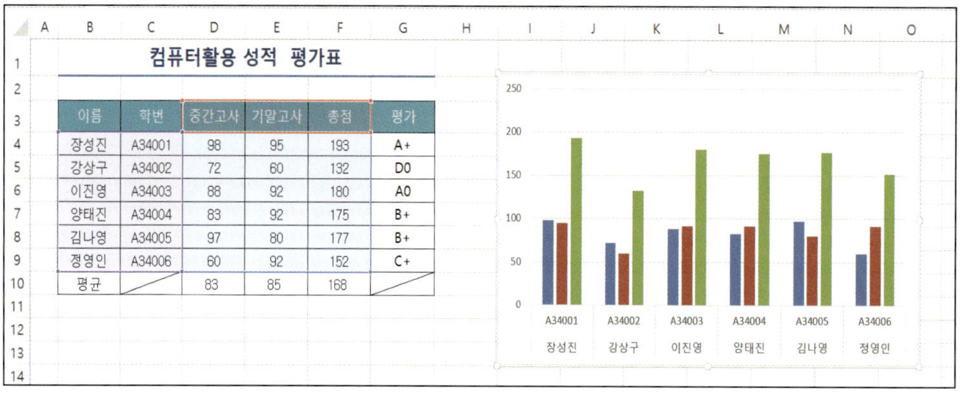

따라해 보세요 – 차트 종류 변경하기

항목 중 총점 항목만 꺾은선형 차트로 종류를 변경하고 보조축을 추가하세요.

*시트명 : 차트

1. 차트 그림 영역에서 총점 데이터 영역 중 하나만 클릭합니다. 모든 총점 데이터 영역이 선택되면 [차트 도구 – 디자인 탭 – 종류 그룹 – 차트 종류 변경]을 클릭합니다.

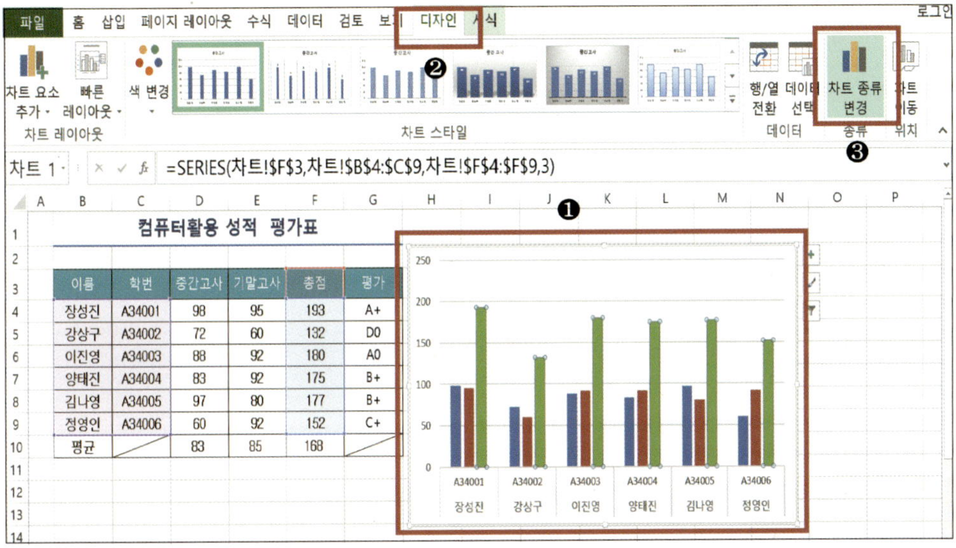

2. 차트 종류는 '콤보', 총점은 '꺾은선형', 보조축은 '체크' 한 뒤 확인 버튼을 클릭합니다.

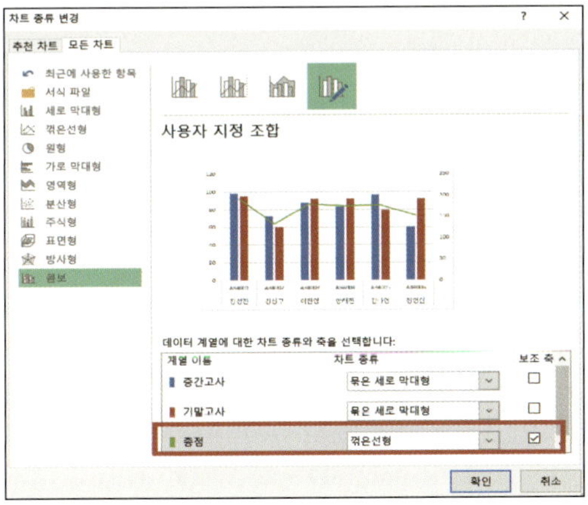

3. 오른쪽에 보조축이 생성되고 총점 차트의 종류가 '꺾은선형' 으로 변경되는 것을 확인할 수 있습니다.

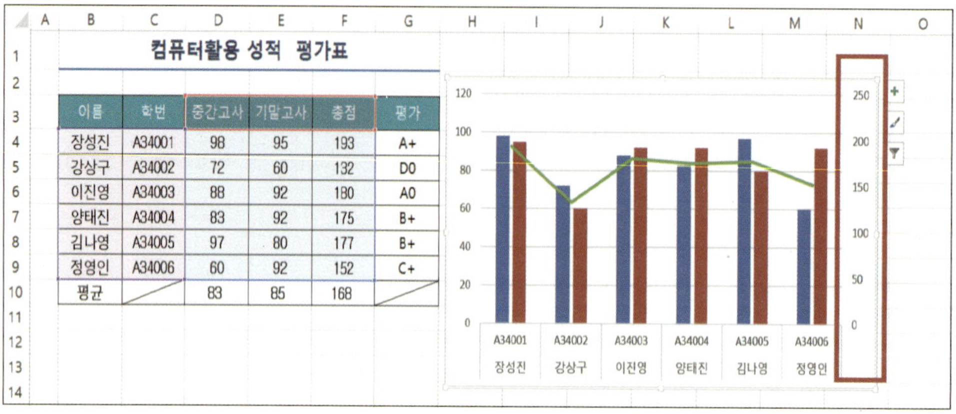

Tip 차트의 데이터 계열 간의 값 차이가 발생할 경우 데이터 계열의 간격을 최소화 하기 위해 보조축을 사용합니다. 보조축은 기본축(왼쪽)이 아닌 오른쪽에 축이 생기게 됩니다.

따라해 보세요 – 축 서식 변경하기

기본축(왼쪽) 최대값을 120에서 100으로 변경하세요.

＊시트명 : 차트

1. 세로축 레이블 위에서 마우스를 오른쪽 클릭 합니다.

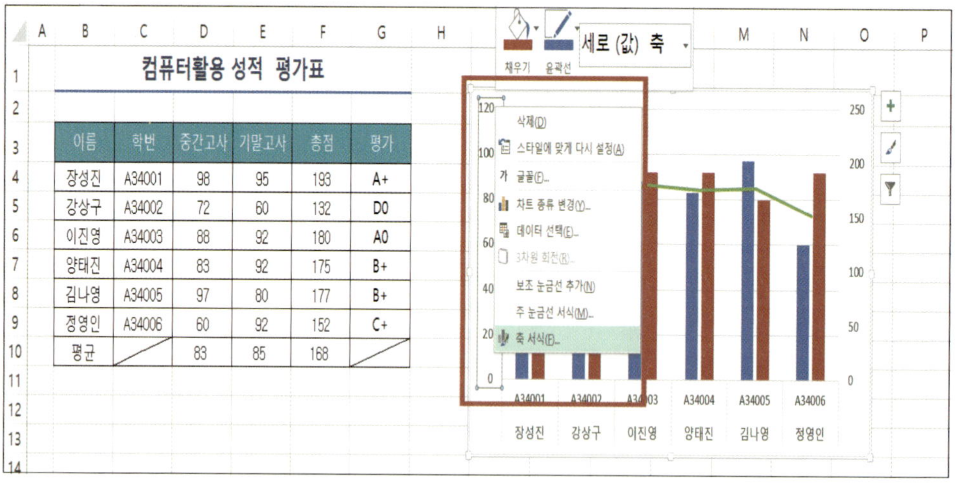

2. 축 서식을 클릭하면 오른쪽에 축 서식 창이 나타납니다. [최소값 : 0, 최대값 : 100, 주 단위 : 20]을 입력합니다.

3. 값을 변경하면 바로 차트에 적용되는 것을 확인할 수 있습니다.

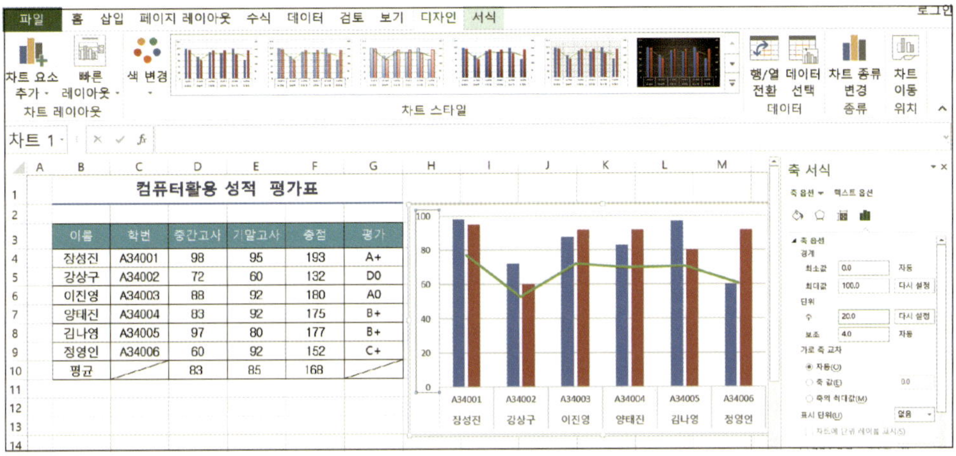

따라해 보세요 – 차트 레이아웃 변경하기

차트 레이아웃을 이용하여 '레이아웃 3'으로 변경하세요. 또한 차트 스타일을 이용하여 '스타일 6'으로 차트 스타일을 변경하세요.

*시트명 : 차트

1. 차트 선택 후 [차트 도구 – 디자인 탭 – 차트 레이아웃 그룹 – 빠른 레이아웃 – 레이아웃 3]을 선택합니다. 쉽고 빠르게 차트의 레이아웃이 변경되는 것을 확인할 수 있습니다.

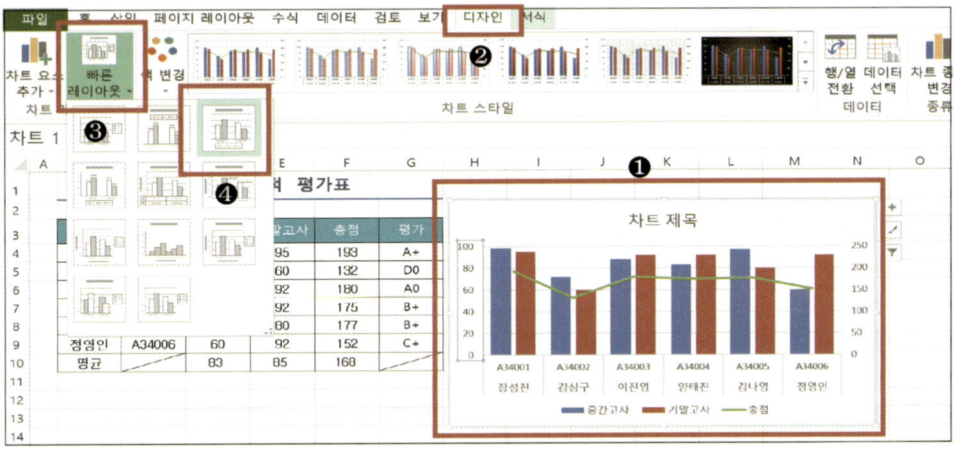

2. [차트 도구 – 디자인 탭 – 차트 스타일 그룹 – 스타일 6]을 클릭합니다. 그에 맞는 스타일로 차트 서식이 변경되는 것을 확인할 수 있습니다.

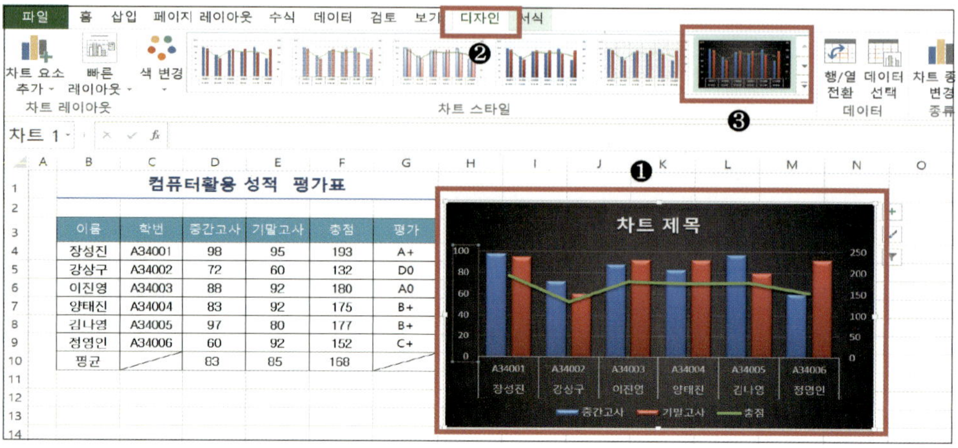

3. 그 외에 추가적으로 차트의 요소를 변경하고자 하면 [차트 도구 – 디자인 탭 – 차트 레이아웃 그룹 – 차트 요소 추가]를 이용할 수 있습니다.

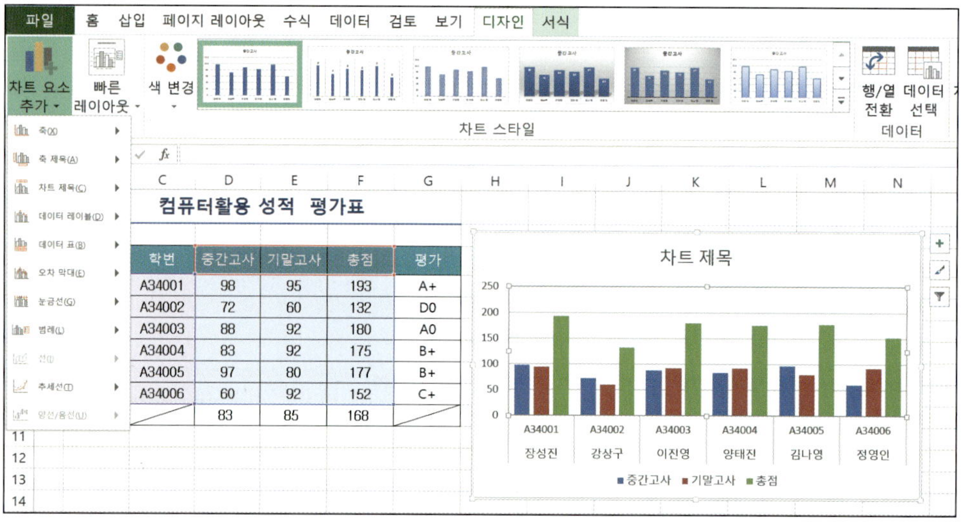

설명

차트 요소 추가

- **축** : 기본 가로, 기본 세로, 보조 가로, 보조 세로 축을 추가할 수 있습니다.
- **축 제목** : 기본 가로, 기본 세로, 보조 가로, 보조 세로 축 제목을 추가할 수 있습니다.
- **차트 제목** : 차트 위, 가운데 맞춰 표시하여 차트 제목을 추가할 수 있습니다.
- **데이터 레이블** : 가운데, 안쪽 끝에, 축에 가깝게, 바깥쪽 끝에, 데이터 설명선으로 데이터 레이블을 추가할 수 있습니다.
- **데이터 표** : 범례 표지 포함, 범례 표지 없음으로 데이터 표를 추가할 수 있습니다.
- **오차 막대** : 표준 오차, 백분율, 표준 편차로 오차 막대를 추가할 수 있습니다.
- **눈금선** : 기본축, 보조축으로 눈금선을 추가할 수 있습니다.
- **범례** : 오른쪽, 위쪽, 왼쪽, 아래쪽으로 범례를 추가할 수 있습니다.
- **선** : 하강선, 최고/최저값 연결선으로 선을 추가할 수 있습니다.
- **추세선** : 선형, 지수, 선형 예측, 이동 평균으로 추세선을 추가할 수 있습니다.
- **양선 / 음선** : 양선/음선을 추가할 수 있습니다.

따라해 보세요 – 차트 이동하기

현재 완성된 차트를 새로운 시트로 이동하세요. 차트 이름은 '차트이동' 으로 설정하세요.

*시트명 : 차트

1. 차트 선택 후 [차트 도구 – 디자인 탭 – 위치 그룹 – 차트 이동]을 클릭합니다.

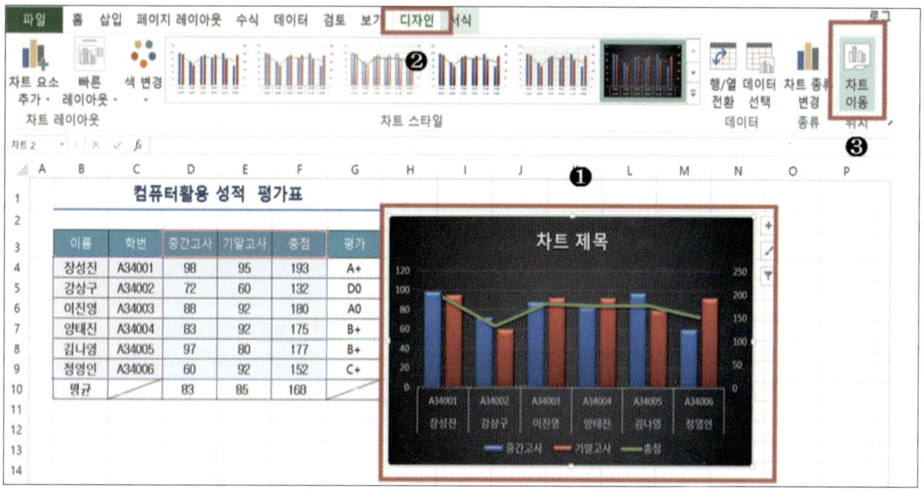

2. 대화상자가 나타나면 새 시트를 선택한 뒤 시트이름은 '차트이동' 으로 입력하고 확인 버튼을 클릭합니다.

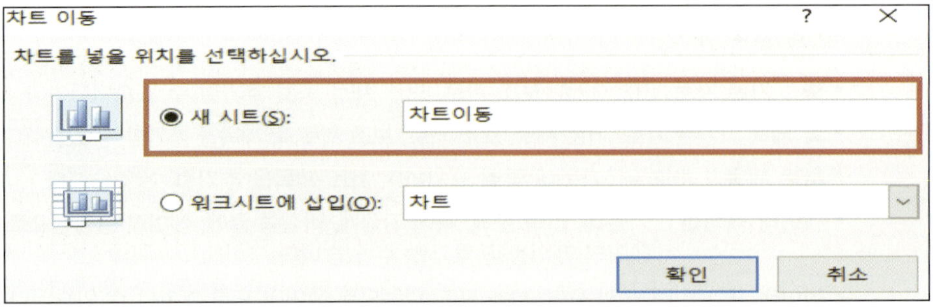

3. '차트이동' 이라는 새로운 시트가 생성되고 그 시트에 차트가 전체화면으로 추가되는 것을 확인할 수 있습니다.

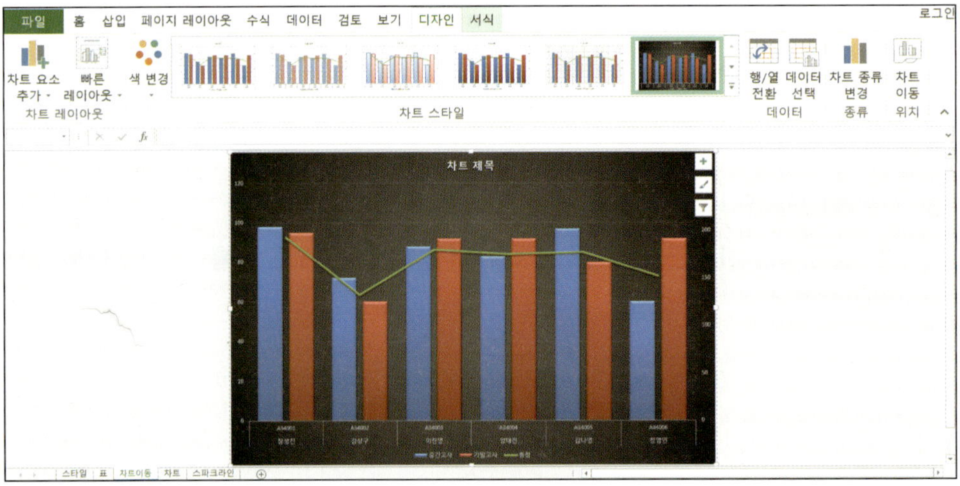

2-3 스파크라인 삽입하기

따라해 보세요 – 스파크라인 삽입하기

A4 셀에는 꺾은선형 스파크라인, A5 셀에는 열 스파크라인, A6 셀에는 승패 스파크라인을 삽입하세요.

*시트명 : 스파크라인

1. A4 셀에 커서를 이동하고 [삽입 탭 – 스파크라인 그룹 – 꺾은선형]을 클릭합니다.

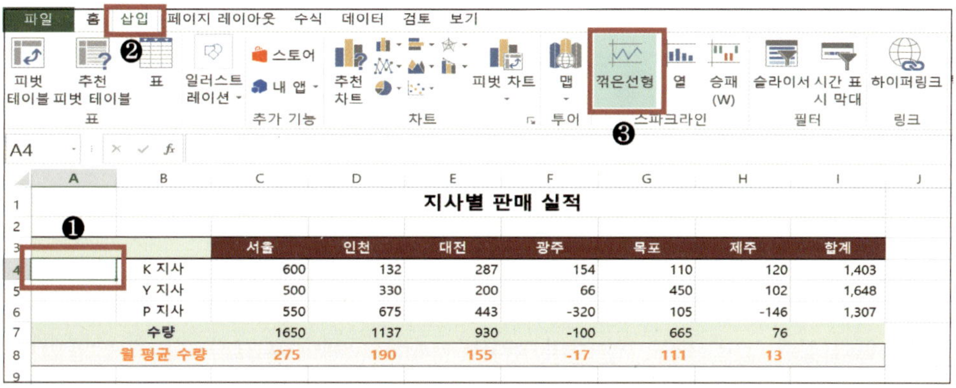

2. [데이터 범위 : C4:H4, 위치 범위 : A4]를 입력한 후 확인 버튼을 클릭합니다.

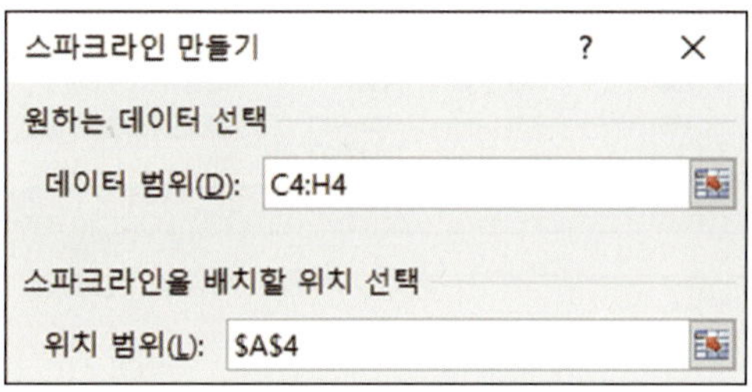

3. '선 스파크라인' 이 삽입되는 것을 확인할 수 있습니다.

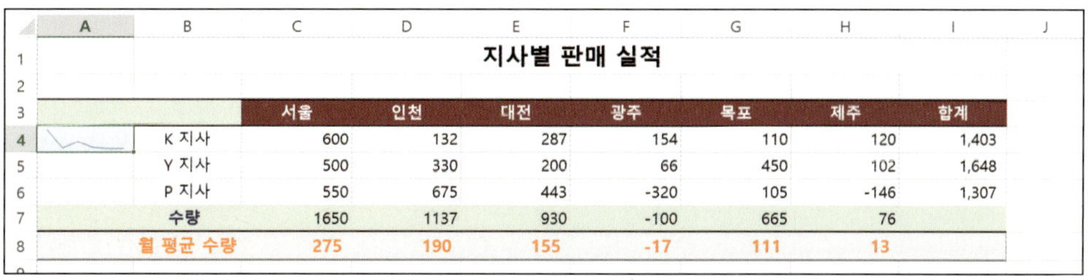

4. 선 스파크라인의 속성을 설정하기 위하여 스파크라인을 클릭한 후 [스파크라인 도구 - 디자인 탭 - 표시 그룹 - 높은점, 낮은점 체크], [스타일 자세히 - 스파크라인 스타일 강조 2, 25% 더 어둡게]를 클릭하여 스파크라인을 디자인합니다.

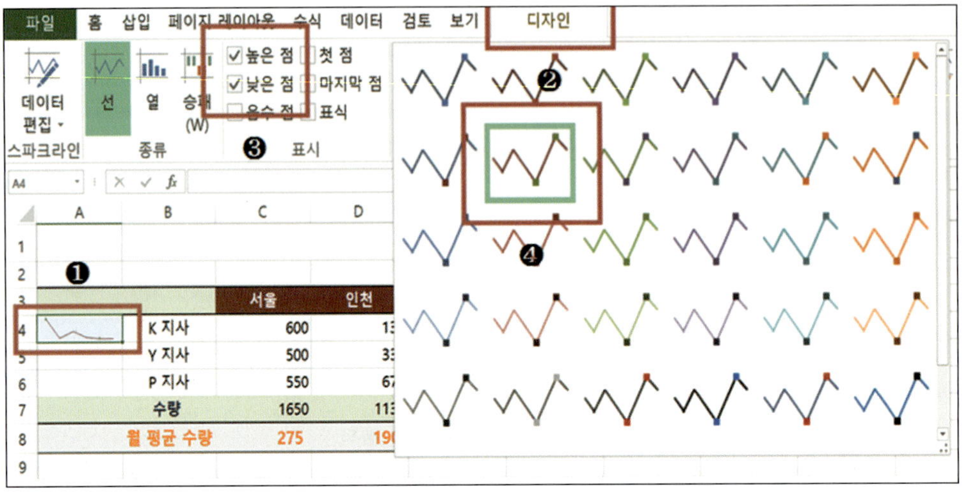

5. 위와 같은 방법으로 '열 스파크라인' 과 '승패 스파크라인' 을 삽입합니다.

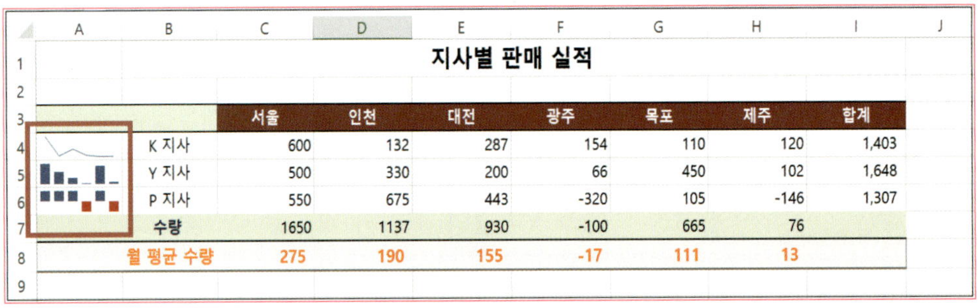

지사별 판매 실적

		서울	인천	대전	광주	목포	제주	합계
	K 지사	600	132	287	154	110	120	1,403
	Y 지사	500	330	200	66	450	102	1,648
	P 지사	550	675	443	-320	105	-146	1,307
	수량	1650	1137	930	-100	665	76	
	월 평균 수량	275	190	155	-17	111	13	

설명

스파크라인 종류

- **꺾은선형, 열** : 값의 추세, 비교를 표현하며 데이터 값 차이를 나타냅니다.
- **승패** : 승패 기록 등을 표현하며 양수 값과 음수 값의 표현만 가능합니다.

2장

실 전 예 제 만 들 기

워크시트를 이용하여 학생별 성적 관리표를 만들어 보세요.

학생별 성적 관리표

학번	이름	성별	중간고사	기말고사	총점	평균
201703001	***김경호***	남자	100	94	194	97
201703002	최희원	여자	90	60	150	75
201703003	천성민	남자	88	60	148	74
201703004	***장대희***	남자	90	98	188	94
201703005	임효성	남자	90	45	135	67.5
201703006	***임기남***	남자	100	90	190	95
201703007	이현우	남자	90	87	177	88.5
201703008	윤이성	여자	90	89	179	89.5
201703009	***엄주인***	여자	90	90	180	90
201703010	송상철	남자	90	77	167	83.5

조건

(1) 새 통합문서에서 새로 만들기 하십시오.
(2) A열은 비워 두십시오.(너비 : 1.2)
(3) 제목 셀은 '셀 병합, 가운데 정렬, 셀 스타일 : 제목 스타일' 로 설정하십시오.
(4) '본문 글꼴 : 맑은 고딕, 크기 : 12pt, 가운데 맞춤' 으로 설정하십시오.
(5) 표 서식을 이용하여 '표 스타일 보통 15' 로 설정하십시오.
(6) 조건부 서식을 이용하여 평균이 90점 이상인 학생 이름의 글꼴 서식을 '굵은 기울임꼴, 빨강색' 으로 변경하십시오.
(7) 성적 관리표를 이용하여 차트를 삽입하십시오.
- 차트의 종류는 2차원 묶은 세로 막대형으로 삽입하십시오.
- 중간고사, 기말고사, 총점을 계열 값으로 설정하십시오.
- 가로 축에는 학생 이름만 표시되도록 설정하십시오.
- 차트 제목은 삭제하고, 데이터 표를 추가하십시오.
- 평균 값만 꺾은선형 그래프로 변경하고 보조축으로 설정하십시오.
- 차트를 새로운 시트로 이동하고 시트명은 '차트' 로 변경하십시오.

1. 엑셀 2013을 실행하여 '새 통합문서'를 클릭하여 새로운 통합문서를 만듭니다.

2. A열 머리글에서 마우스를 오른쪽 클릭하여 열 너비를 '1.2'로 설정한 후 확인 버튼을 클릭합니다.

3. 왼쪽 상단의 행과 열의 교차지점(이름상자 아래 부분)을 클릭합니다. 시트 전체가 선택되면 본문 글꼴은 '맑은 고딕'으로 크기는 '12'로 설정하고, [홈 탭 - 맞춤 그룹 - 가운데 맞춤]을 클릭하여 시트 전체 기본 글꼴과 맞춤을 설정합니다.

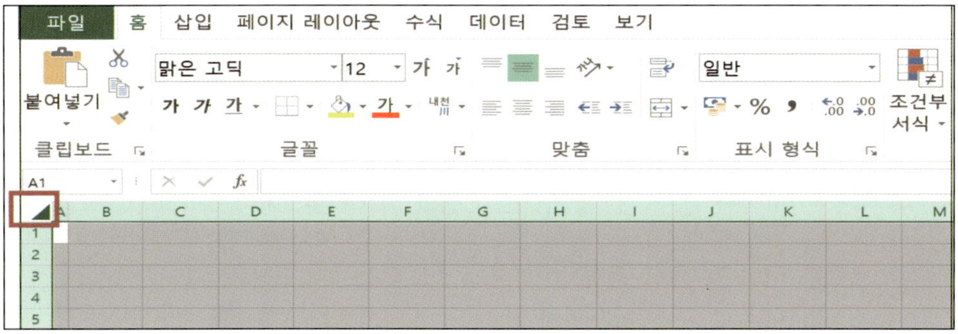

4. B1 셀에 '학생별 성적 관리표'를 입력합니다. B1:H1 범위를 선택한 후 [홈 탭 – 맞춤 그룹 – 병합하고 가운데 맞춤]을 선택하여 셀을 병합하고 가운데로 정렬합니다.

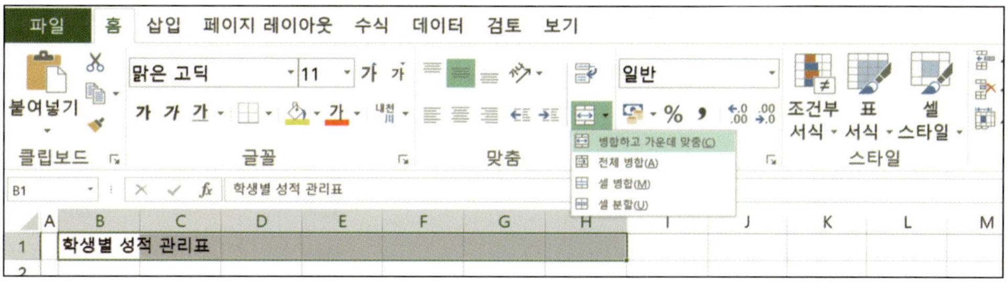

5. [홈 탭 – 스타일 그룹 – 셀 스타일 – 제목]을 클릭하여 제목 셀의 스타일을 변경합니다.

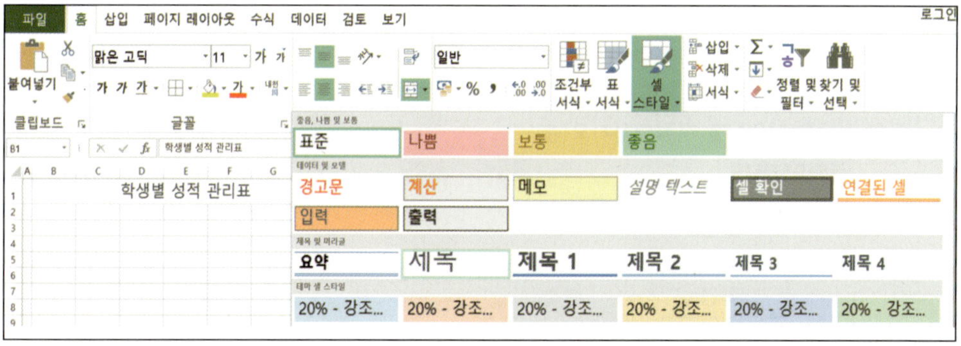

6. B3 셀로 커서를 이동합니다. 나머지 텍스트를 아래와 같이 입력합니다.

	A	B	C	D	E	F	G	H	I
1		학생별 성적 관리표							
2									
3		학번	이름	성별	중간고사	기말고사	총점	평균	
4		201703001	김경호	남자	100	94	194	97	
5		201703002	최희원	여자	90	60	150	75	
6		201703003	천성민	남자	88	60	148	74	
7		201703004	장대희	남자	90	98	188	94	
8		201703005	임효성	남자	90	45	135	67.5	
9		201703006	임기남	남자	100	90	190	95	
10		201703007	이현우	남자	90	87	177	88.5	
11		201703008	윤이성	여자	90	89	179	89.5	
12		201703009	엄주인	여자	90	90	180	90	
13		201703010	송상철	남자	90	77	167	83.5	

7. [홈 탭 – 스타일 그룹 – 표 서식 – 표 스타일 보통 15]를 클릭하여 표 서식을 설정합니다.

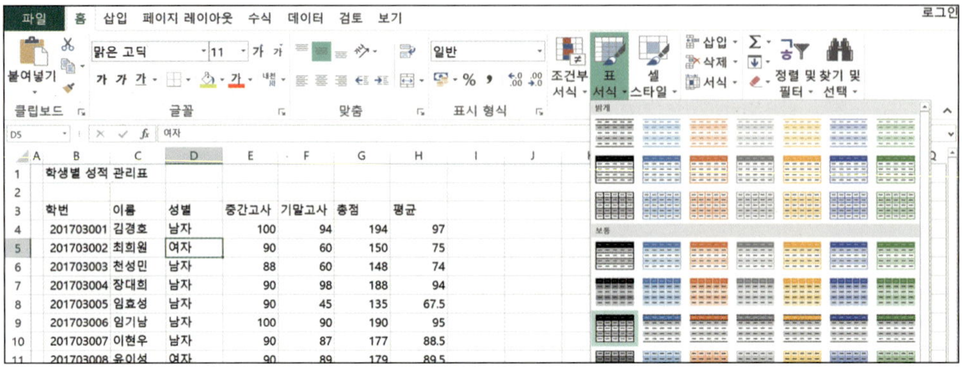

8. 표 서식 대화상자가 나타나면 표에 사용할 데이터 범위가 맞는지 확인하고 확인 버튼을 클릭합니다.

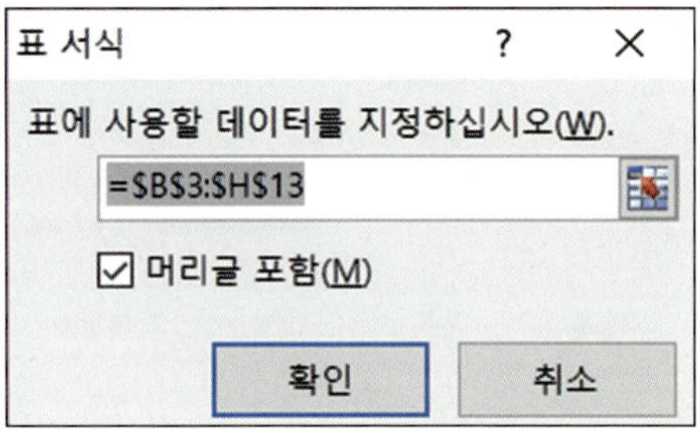

9. 표 서식이 설정되는 것을 확인할 수 있습니다.

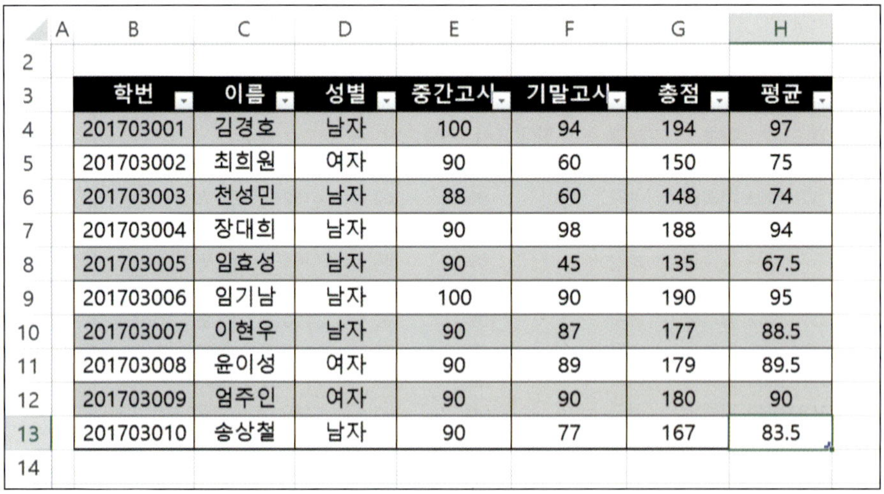

학번	이름	성별	중간고사	기말고사	총점	평균
201703001	김경호	남자	100	94	194	97
201703002	최희원	여자	90	60	150	75
201703003	천성민	남자	88	60	148	74
201703004	장대희	남자	90	98	188	94
201703005	임효성	남자	90	45	135	67.5
201703006	임기남	남자	100	90	190	95
201703007	이현우	남자	90	87	177	88.5
201703008	윤이성	여자	90	89	179	89.5
201703009	엄주인	여자	90	90	180	90
201703010	송상철	남자	90	77	167	83.5

10. [표 도구 – 디자인 탭 – 표 스타일 옵션]에서 필터 단추와 줄무늬 행은 '체크 해제' 하고 줄무늬 열을 '체크' 하여 아래와 같이 서식을 변경합니다.

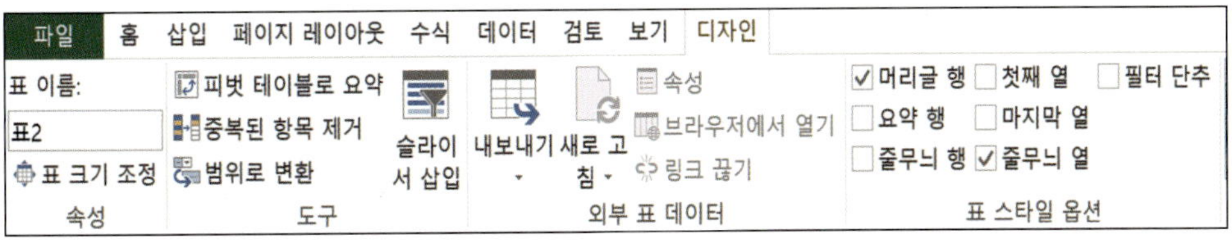

11. C4:C13 범위를 선택한 후 [홈 탭 – 스타일 그룹 – 조건부 서식 – 새 규칙]을 클릭합니다.

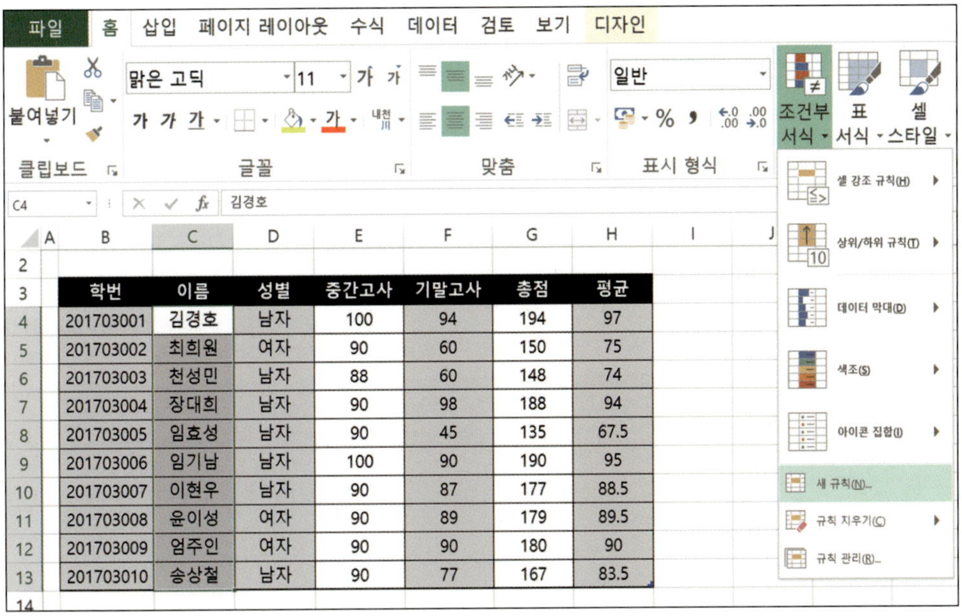

12. 새 서식 규칙 대화상자가 나타나면 평균이 90점 이상인 학생 이름의 글꼴 서식을 '굵은 기울임꼴, 빨강색' 으로 변경하기 위하여 규칙 유형 선택은 '수식을 사용하여 서식을 지정할 셀 결정' 을 선택하고, 다음 수식이 참인 값의 서식 지정에는 '=H4>=90' 을 입력한 후 서식 버튼을 클릭합니다.

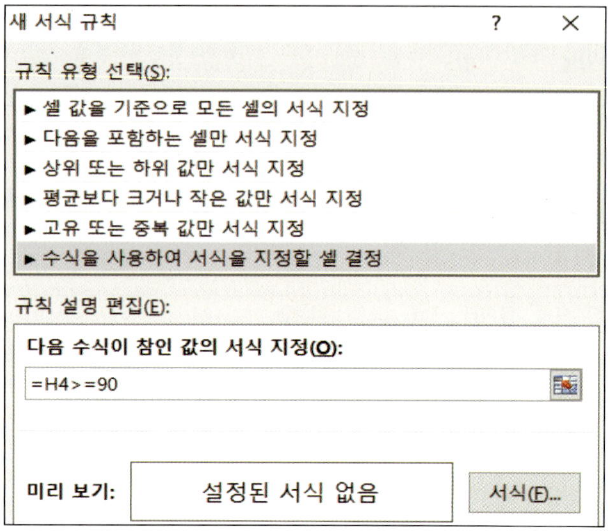

13. 셀 서식 대화상자가 나타나면 글꼴 스타일은 '굵은 기울임꼴' , 색은 '빨강' 을 선택한 후 확인 버튼을 클릭합니다.

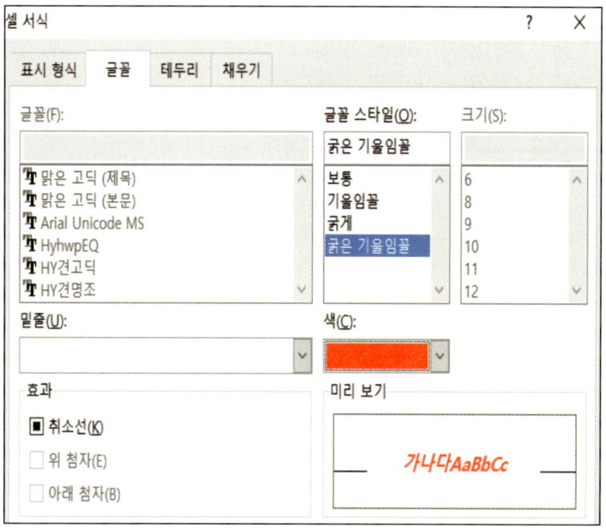

14. 4명의 이름 서식이 변경되는 것을 확인할 수 있습니다.

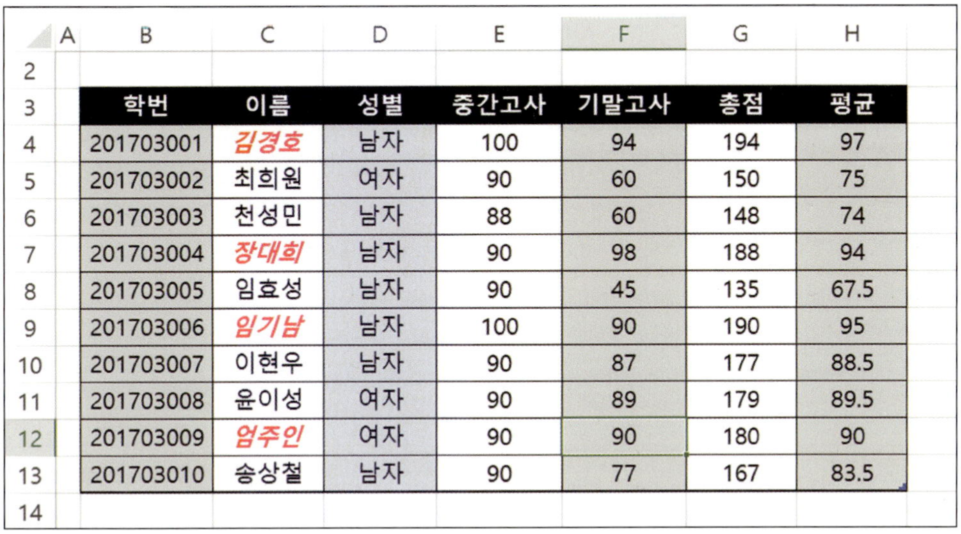

학번	이름	성별	중간고사	기말고사	총점	평균
201703001	*김경호*	남자	100	94	194	97
201703002	최희원	여자	90	60	150	75
201703003	천성민	남자	88	60	148	74
201703004	*장대희*	남자	90	98	188	94
201703005	임효성	남자	90	45	135	67.5
201703006	*임기남*	남자	100	90	190	95
201703007	이현우	남자	90	87	177	88.5
201703008	윤이성	여자	90	89	179	89.5
201703009	*엄주인*	여자	90	90	180	90
201703010	송상철	남자	90	77	167	83.5

15. 표 안의 임의의 셀에 커서를 이동한 후 [삽입 탭 – 차트 그룹 – 2차원 세로 막대형 – 묶은 세로 막대형]을 클릭하여 표를 이용하여 차트를 삽입합니다.

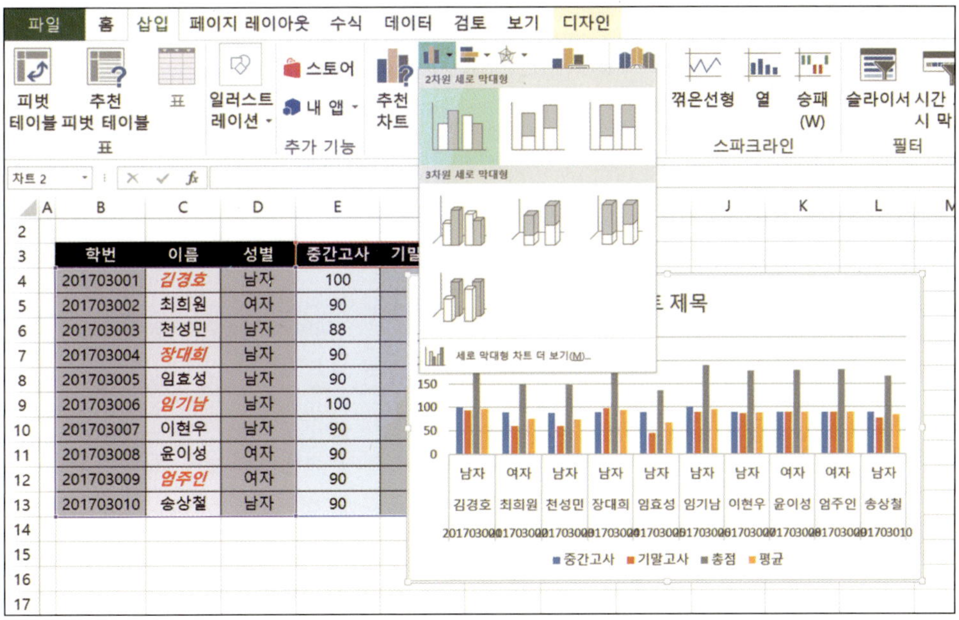

16. 차트가 삽입되면 차트 영역 오른쪽 아이콘 세 개 중 맨 아래 '차트 필터' 버튼을 클릭합니다.

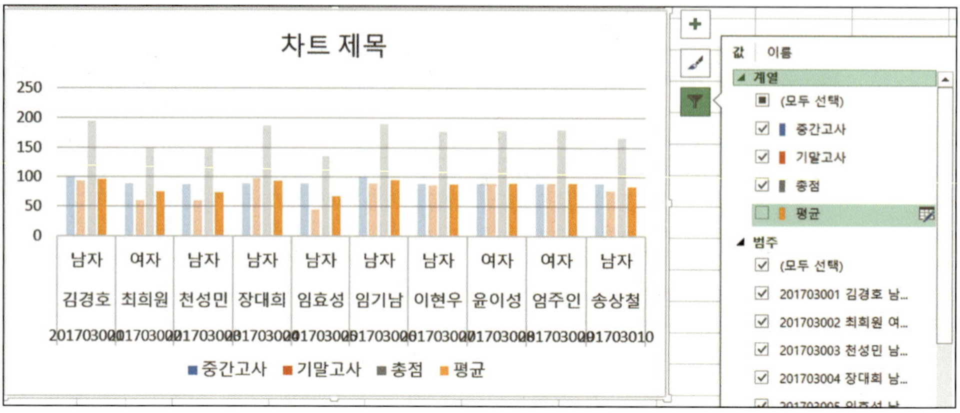

17. [계열 – 평균]을 '체크 해제' 하여 중간고사, 기말고사, 총점만 계열 값으로 설정 합니다. 설정 창 위의 '이름' 을 클릭합니다. [범주 – 열 C]를 선택하여 가로 축에는 학생 이름만 표시합니다. 맨 아래 '적용' 버튼을 클릭합니다.

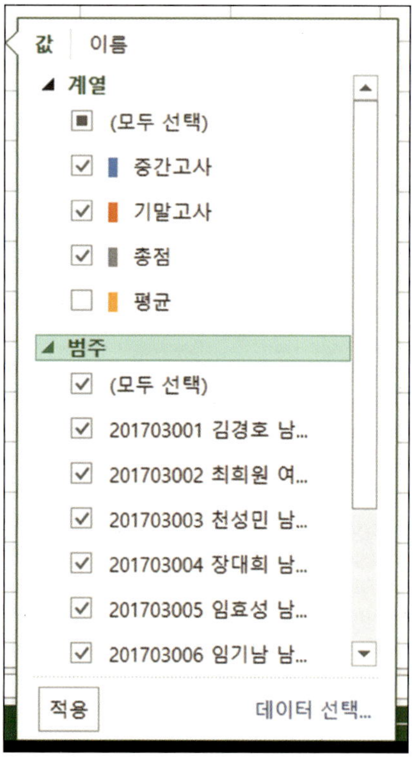

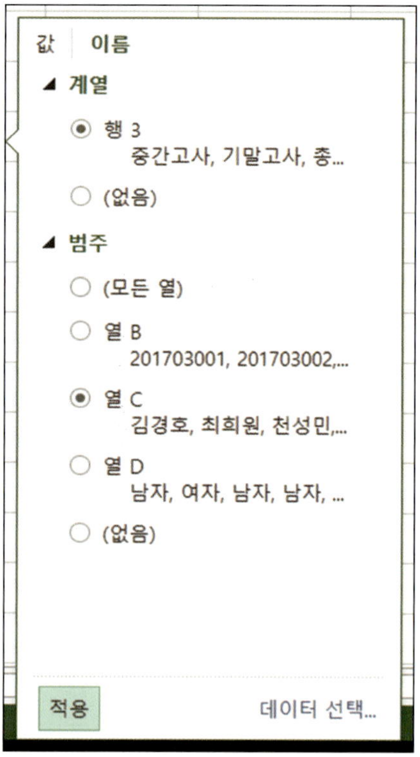

18. 차트 영역 오른쪽 아이콘 세 개 중 맨 위 '차트 요소' 버튼을 클릭하여 차트 제목은 '체크 해제' 하고 데이터 표는 '체크' 하면 차트에 바로 적용되는 것을 확인할 수 있습니다.

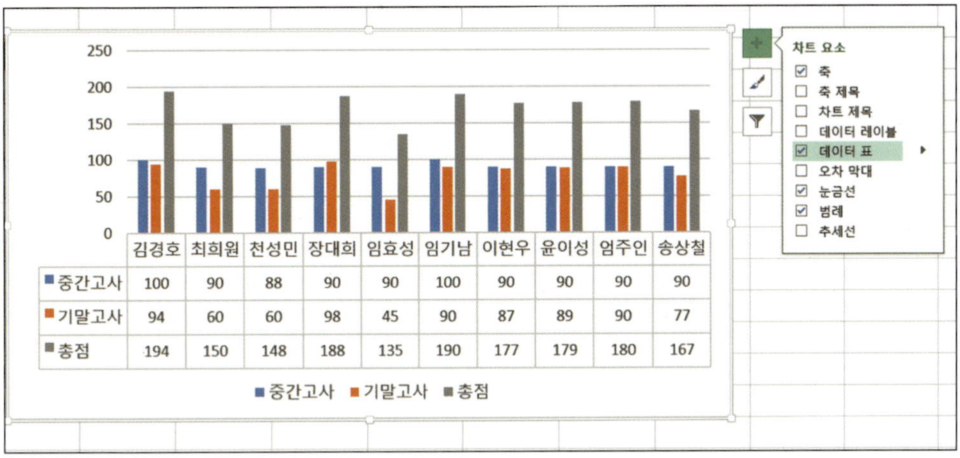

19. 차트 그림 중 '총점' 만 선택한 후 마우스를 오른쪽 클릭하여 계열 차트 종류 변경을 클릭합니다.

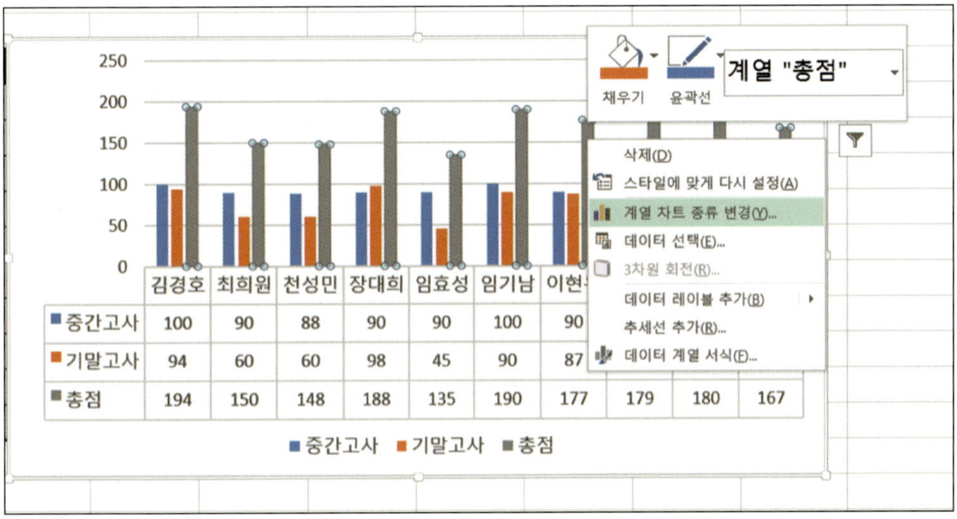

20. 차트 종류 변경 대화상자가 나타나면 총점은 '꺾은선형', 보조축은 '체크'로 설정한 후 확인 버튼을 클릭합니다.

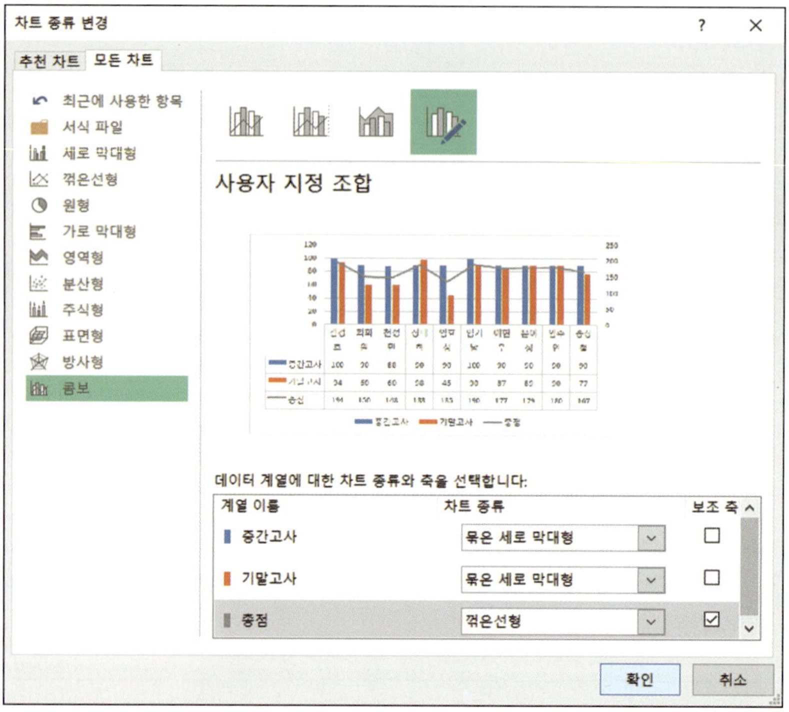

21. 차트에 총점만 꺾은선형으로 변경되고 오른쪽에 보조축이 추가되는 것을 확인할 수 있습니다.

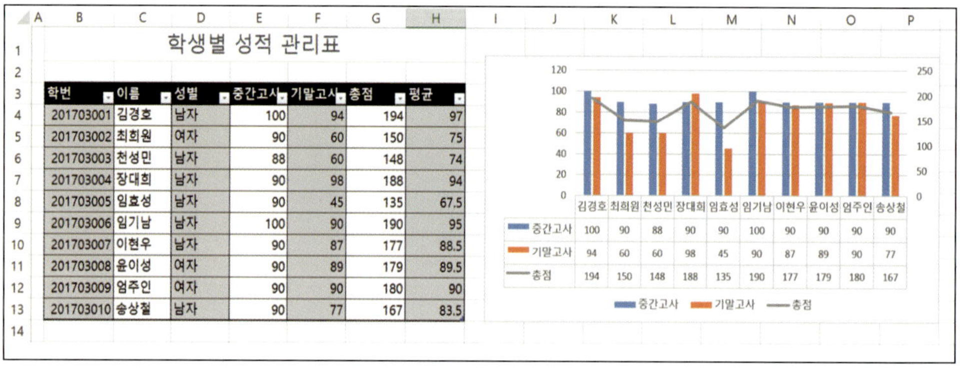

22. 차트 영역에서 마우스를 오른쪽 클릭하여 차트 이동을 클릭합니다. 차트 이동 대화상자가 나타나면 새 시트를 '체크' 하고 오른쪽에는 시트명 '차트' 를 입력한 후 확인 버튼을 클릭합니다.

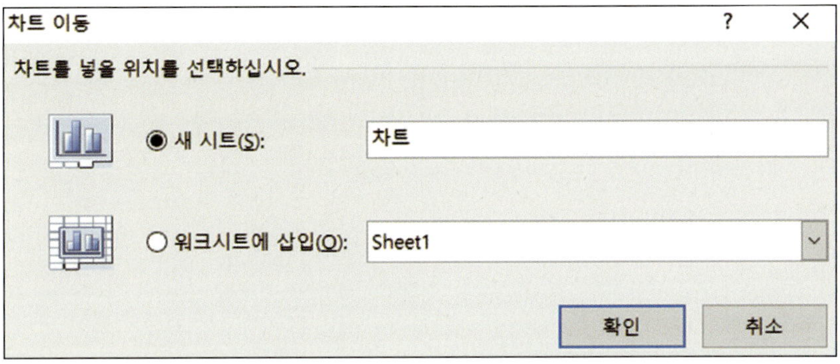

23. '차트' 이름의 새로운 시트가 생성되고 차트가 이동하는 것을 확인할 수 있습니다.

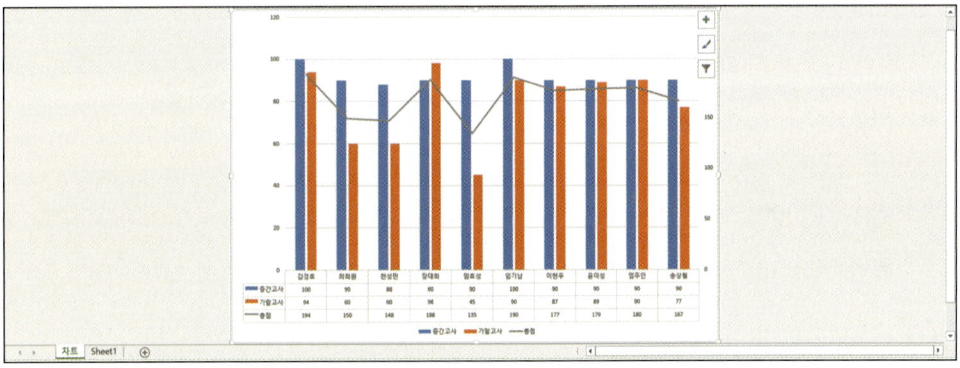

Chapter 3

데이터 분석

01

정렬 및 필터

데이터를 오름차순 및 내림차순으로 정렬하여 값을 빠르게 찾을 수 있다. 또한 셀에 필터를 설정하여 원하는 조건의 데이터만 정렬할 수 있다.

예제파일 : 3장예제.xlsx

1-1 정렬 설정하기

따라해 보세요 – 정렬하기

학과명을 기준으로 오름차순, 장학금액을 기준으로 내림차순으로 정렬하세요.

*시트명 : 정렬 및 필터

1. 표 안의 임의의 셀에 커서를 이동합니다. [데이터 탭 – 정렬 및 필터 그룹 – 정렬]을 클릭합니다.

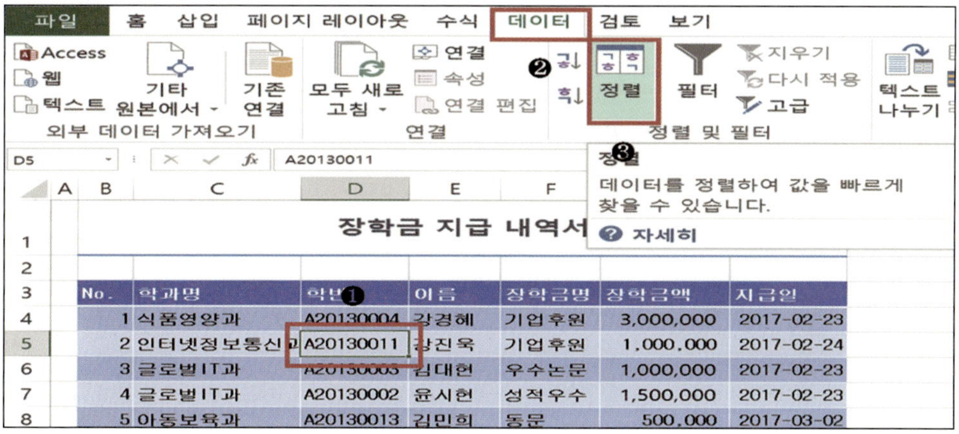

Tip

- 오름차순 : 1–2–3, 가–나–다 등 값이 작은 쪽에서 큰 쪽으로의 순서를 의미합니다.
- 내림차순 : 3–2–1, 다–나–가 등 값이 큰 쪽에서 작은 쪽으로의 순서를 의미합니다.

2. 정렬 대화상자가 나타나면 기준 추가 버튼을 클릭하여 정렬 기준을 추가합니다. 첫 번째 정렬 기준에는 [학과명 – 값 – 오름차순], 두 번째 정렬 기준에는 [장학금액 – 값 – 내림차순]으로 입력하고 확인 버튼을 클릭합니다.

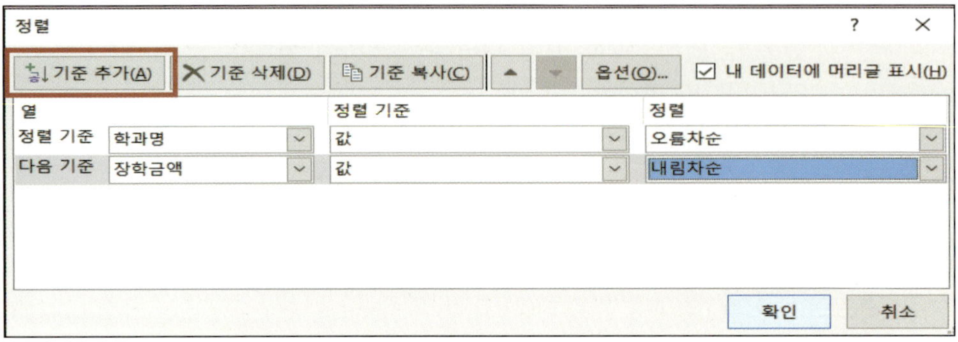

3. 1차적으로 학과명이 '가–나–다' 순으로, 2차적으로 금액이 '큰 값 – 작은 값' 순으로 정렬되는 것을 확인할 수 있습니다.

장학금 지급 내역서

No.	학과명	학번	이름	장학금명	장학금액	지급일
16	글로벌IT과	A20130001	양희수	성적우수	3,000,000	지급예정
4	글로벌IT과	A20130002	윤시현	성적우수	1,500,000	2017-02-23
20	글로벌IT과	A20130023	이근석	성적우수	1,500,000	지급예정
3	글로벌IT과	A20130003	김대현	우수논문	1,000,000	2017-02-23
13	글로벌IT과	A20130019	손다빈	연구	500,000	지급예정
14	물리치료과	A20130020	신종준	동문	500,000	지급예정
15	물리치료과	A20130021	심연수	학회	500,000	지급예정
1	식품영양과	A20130004	강경혜	기업후원	3,000,000	2017-02-23
7	식품영양과	A20130005	김완준	연구	500,000	2017-02-23
23	식품영양과	A20130006	임근영	동문	500,000	지급예정
26	식품영양과	A20130007	진보현	학회	500,000	계좌이체
19	아동보육과	A20130012	이경화	기업후원	3,000,000	지급예정
5	아동보육과	A20130013	김민희	동문	500,000	2017-03-02
6	아동보육과	A20130014	김슬범	학회	500,000	2016-12-23

1-2 필터 설정하기

따라해 보세요 – 필터 설정하기

장학금액이 100만원 이상인 학생 중 지급예정인 학생만 필터 하세요.

*시트명 : 정렬 및 필터

1. 표 안의 임의의 셀에 커서를 이동합니다. [데이터 탭 – 정렬 및 필터 그룹 – 필터]를 클릭합니다.

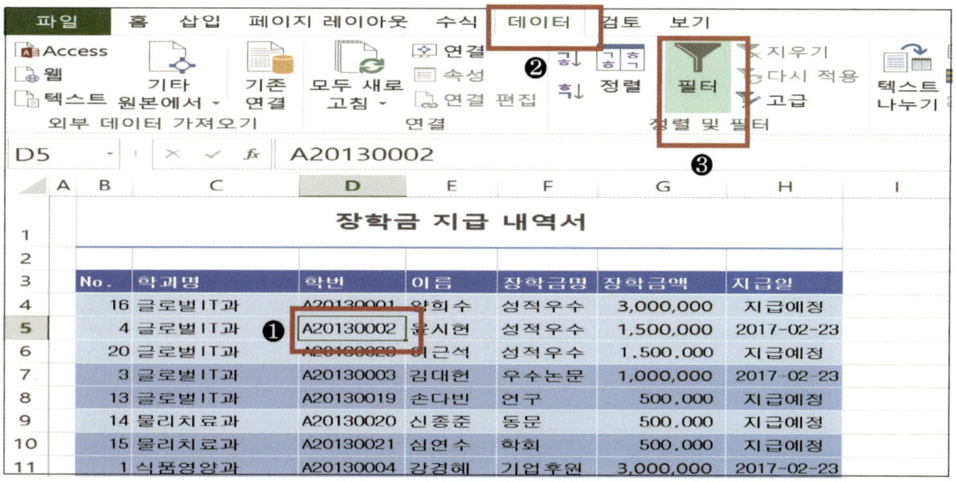

2. 표의 열 머리글에 필터 단추( )가 생성되는 것을 확인할 수 있습니다. '장학금액' 셀의 오른쪽 필터 단추를 클릭하여 [숫자 필터 – 크거나 같음]을 클릭합니다.

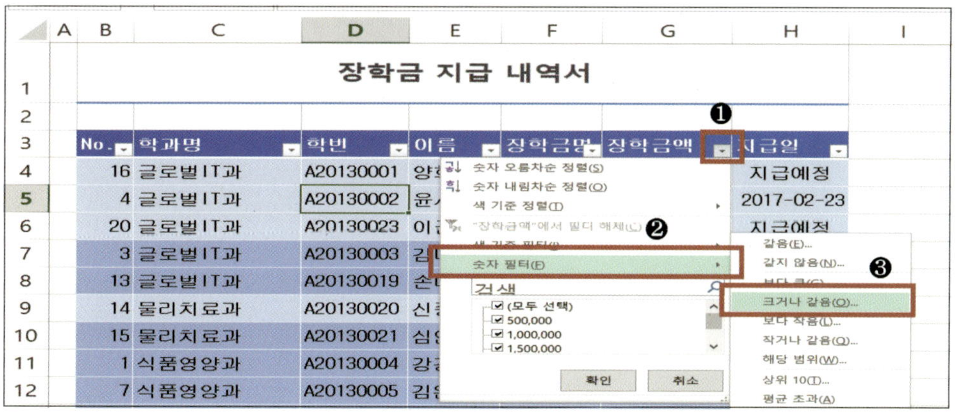

3. 사용자 지정 자동 필터 대화상자가 나타나면 조건에 '>=, 1000000' 을 입력하고 확인 버튼을 클릭합니다.

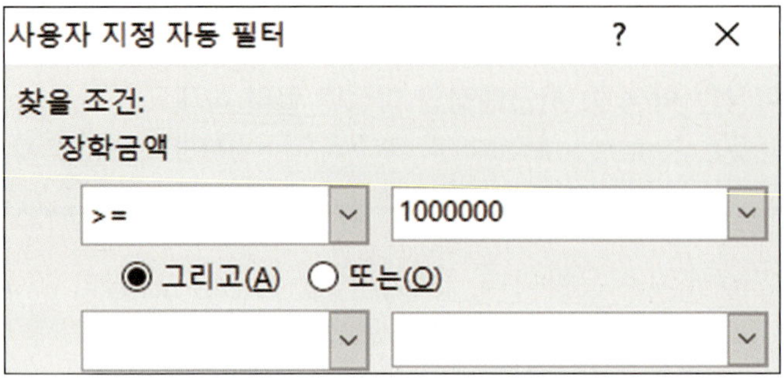

4. 장학금액이 1,000,000원 이상인 값만 나타나게 되는 것을 확인할 수 있습니다.

5. 표의 열 머리글에서 '지급일' 필터 단추를 클릭합니다. 목록 중 '모두 선택' 을 클릭하여 체크 해제하고 '지급예정' 만 체크한 뒤 확인 버튼을 클릭합니다.

6. '1,000,000원 이상' 의 '지급예정' 인 데이터만 나타나게 되는 것을 확인할 수 있습니다. 또한 필터가 적용된 열 머리글의 필터 단추의 모양( )이 변경되는 것을 확인할 수 있습니다.

	A	B	C	D	E	F	G	H	I
1		장학금 지급 내역서							
2									
3		No.	학과명	학번	이름	장학금명	장학금액	지급일	
4		16	글로벌IT과	A20130001	양희수	성적우수	3,000,000	지급예정	
6		20	글로벌IT과	A20130023	이근석	성적우수	1,500,000	지급예정	
15		19	아동보육과	A20130012	이경화	기업후원	3,000,000	지급예정	
18		24	외식산업과	A20130025	장동진	기업후원	1,000,000	지급예정	
22		18	웹디자인과	A20130022	윤예진	성적우수	3,000,000	지급예정	
23		22	웹디자인과	A20130024	이해성	우수논문	1,000,000	지급예정	
24		12	인터넷정보통신과	A20130008	박주영	성적우수	3,000,000	지급예정	
27		21	인터넷정보통신과	A20130010	이샛별	우수논문	1,000,000	지급예정	
28		17	치위생과	A20130015	유신애	성적우수	3,000,000	지급예정	
32									

7. 적용된 필터를 해제하려면 필터 단추를 클릭하여 '필터 해제' 를 클릭하면 해당열의 필터만 해제되고 원본 데이터로 다시 돌아오는 것을 확인할 수 있습니다.

02

중복 항목 제거

시트에서 중복된 정보가 있는지 확인하고 중복된 행을 삭제할 수 있다.

예제파일 : 3장예제.xlsx

2-1 중복된 항목 제거하기

따라해 보세요 – 중복된 항복 제거하기

제품명과 단가가 중복된 항목을 제거하세요.

*시트명 : 중복된 데이터

1. 표 안의 임의의 셀에 커서를 이동합니다. [데이터 탭 – 데이터 도구 그룹 – 중복된 항목 제거]를 클릭합니다.

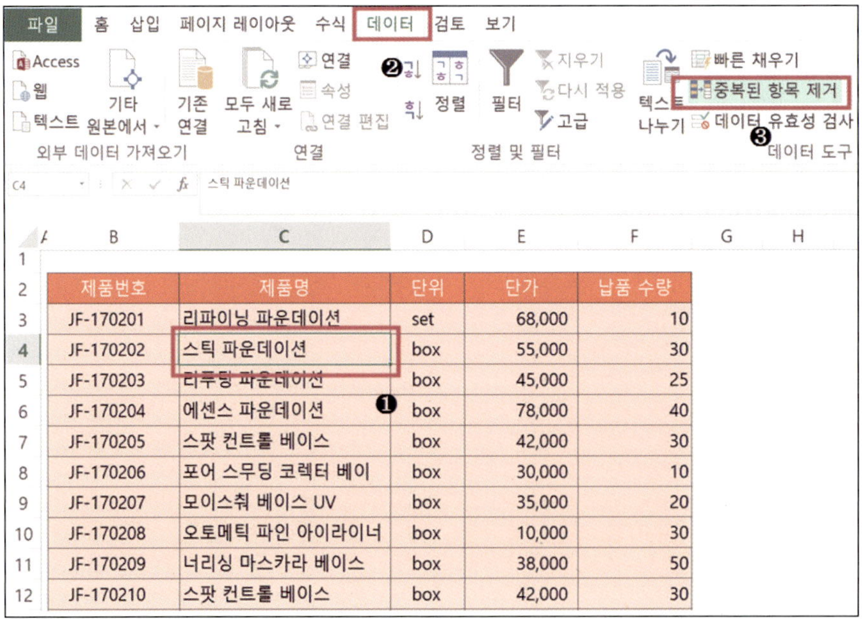

	B	C	D	E	F
2	제품번호	제품명	단위	단가	납품 수량
3	JF-170201	리파이닝 파운데이션	set	68,000	10
4	JF-170202	스틱 파운데이션	box	55,000	30
5	JF-170203	리두잉 파운데이션	box	45,000	25
6	JF-170204	에센스 파운데이션	box	78,000	40
7	JF-170205	스팟 컨트롤 베이스	box	42,000	30
8	JF-170206	포어 스무딩 코렉터 베이	box	30,000	10
9	JF-170207	모이스춰 베이스 UV	box	35,000	20
10	JF-170208	오토메틱 파인 아이라이너	box	10,000	30
11	JF-170209	너리싱 마스카라 베이스	box	38,000	50
12	JF-170210	스팟 컨트롤 베이스	box	42,000	30

2. '제품명' 과 '단가' 만 체크하고 확인 버튼을 클릭합니다.

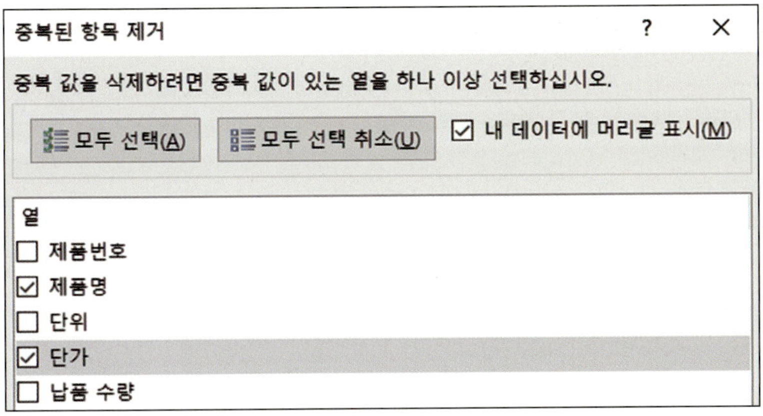

3. 45개의 중복된 항목이 제거되었다는 메시지가 나타납니다. 확인 버튼을 클릭합니다.

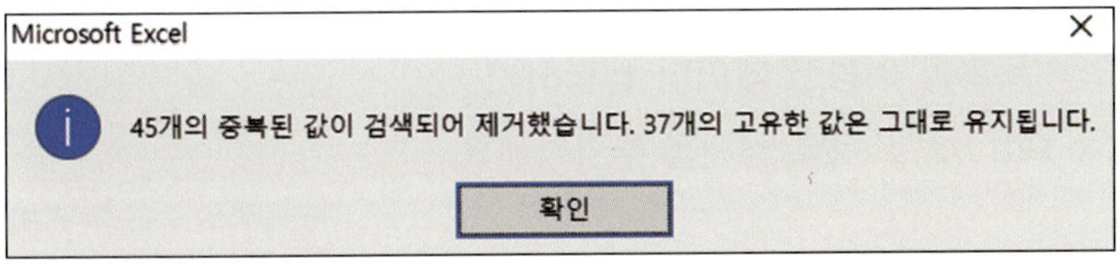

4. 36개의 제품이 남아있는 것을 확인할 수 있습니다.

	A	B	C	D	E	F	G
1							
2		제품번호	제품명	단위	단가	납품 수량	
3		JF-170201	리파이닝 파운데이션	set	68,000	10	
4		JF-170202	스틱 파운데이션	box	55,000	30	
5		JF-170203	리푸팅 파운데이션	box	45,000	25	
6		JF-170204	에센스 파운데이션	box	78,000	40	
7		JF-170205	스팟 컨트롤 베이스	box	42,000	30	
8		JF-170206	포어 스무딩 코렉터 베이	box	30,000	10	
9		JF-170207	모이스춰 베이스 UV	box	35,000	20	
10		JF-170208	오토메틱 파인 아이라이너	box	10,000	30	
11		JF-170209	너리싱 마스카라 베이스	box	38,000	50	
12		JF-170218	에센스 파운데이션	set	25,000	30	
13		JF-170219	스팟 컨트롤 베이스	box	38,000	50	
14		JF-170220	포어 스무딩 코렉터 베이	set	8,000	70	
15		JF-170221	모이스춰 베이스 UV	box	38,000	30	
16		JF-170222	오토메틱 파인 아이라이너	box	68,000	10	
17		JF-170223	너리싱 마스카라 베이스	box	55,000	30	

03

데이터 유효성 검사

규칙 목록에서 규칙을 선택하여 하나의 셀에 입력할 수 있는 데이터 형식을 제한할 수 있다. 또한 입력 값의 범위를 제한하여 범위에 맞지 않은 경우 오류 메시지를 나타낼 수 있다.

예제파일 : 3장예제.xlsx

3-1 목록을 이용한 데이터 입력하기

따라해 보세요 – 목록을 이용한 데이터 입력하기

단위 열에 'box, set, ml, g' 목록 상자를 추가하세요.

*시트명 : 유효성검사

1. E5:E11 범위를 선택한 후 [데이터 탭 – 데이터 도구 그룹 – 데이터 유효성 검사]를 클릭합니다.

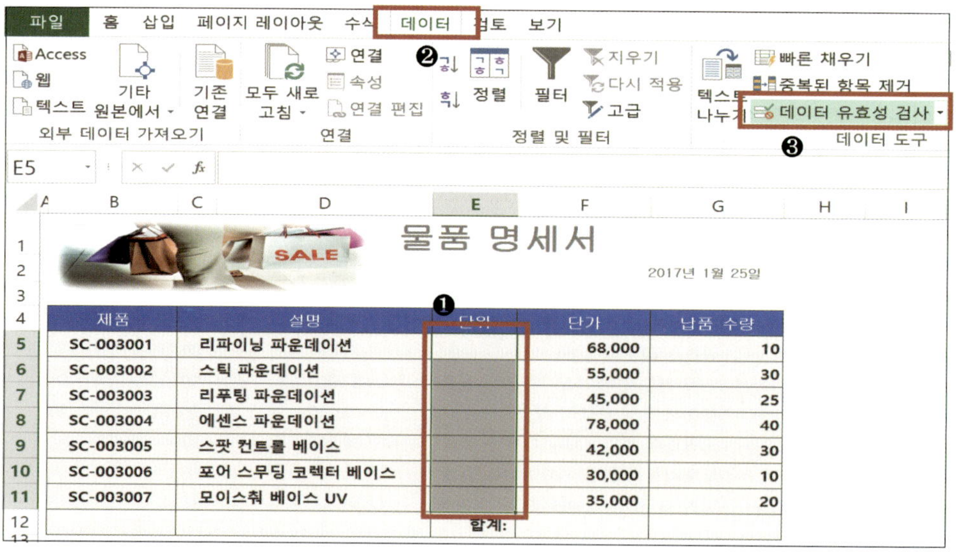

2. 데이터 유효성 대화상자가 나타나면 제한대상은 '목록', 원본은 'box, set, ml, g'을 입력한 후 확인 버튼을 클릭합니다.

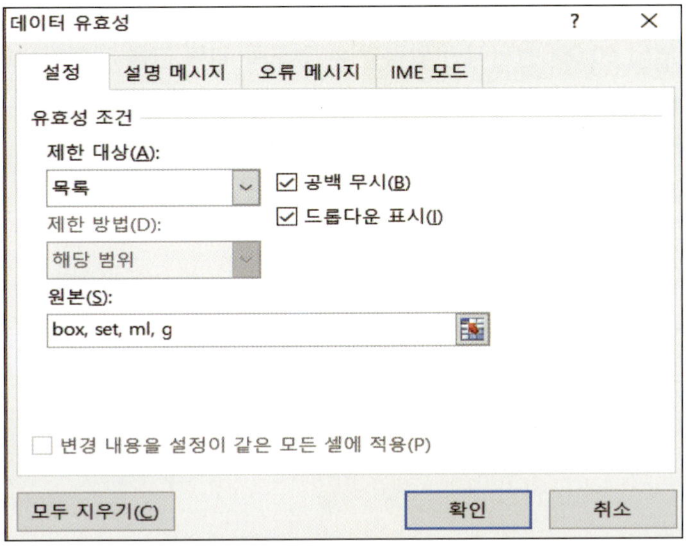

3. 단위 열 오른쪽에 목록 버튼이 생성되고, 버튼을 클릭하면 원본에 추가한 목록이 드롭다운 목록으로 나타나게 됩니다. 단위를 목록에서 선택하면 데이터가 입력되는 것을 확인할 수 있습니다.

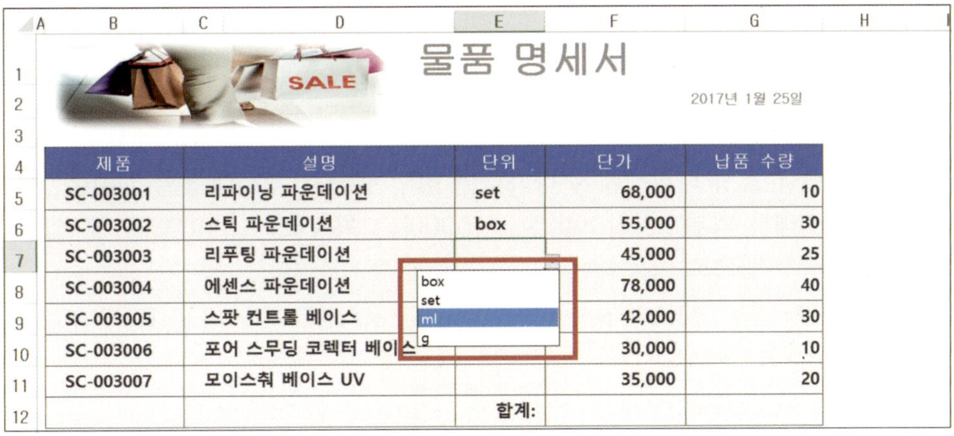

3-2 입력 제한 설정하기

따라해 보세요 – 제한 설정하기

단가 열에 40,000원부터 60,000원까지만 입력할 수 있도록 입력 값을 제한하세요. 잘못 입력할 경우 경고창이 나타나도록 설정하세요. 범위에 맞지 않은 단가는 빨강 동그라미로 표시하세요.

*시트명 : 유효성검사

1. F5:F11 범위를 선택한 후 [데이터 탭 – 데이터 도구 그룹 – 데이터 유효성 검사]를 클릭합니다.

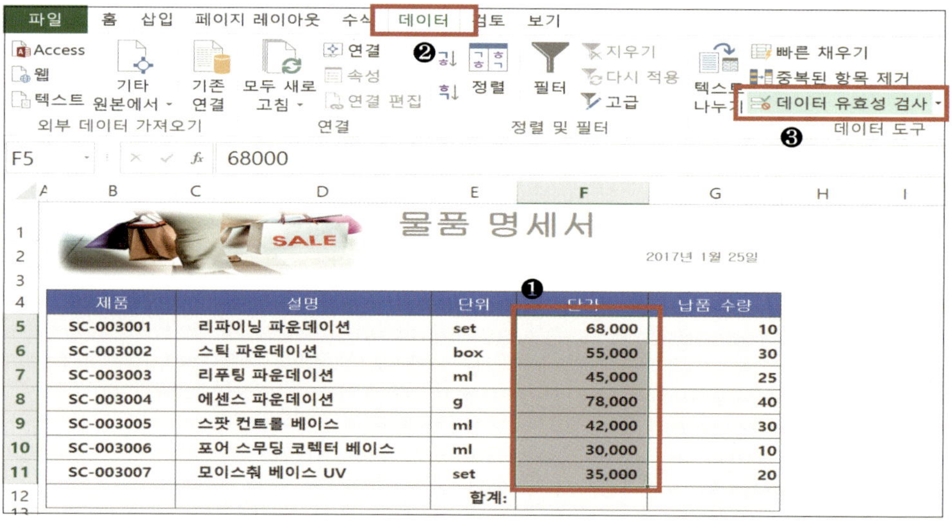

2. 데이터 유효성 대화상자가 나타나면 설정 탭에서 제한대상은 '정수', 제한 방법은 '해당 범위', 최소값은 '40000', 최대값은 '60000'을 입력하고 오류 메시지 탭으로 이동합니다.

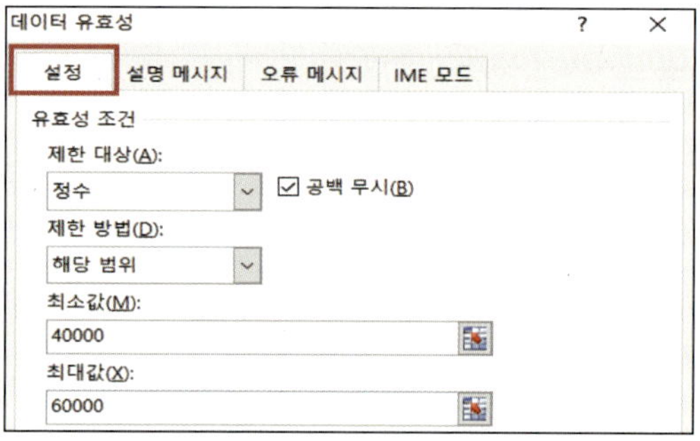

3. 오류 메시지 탭으로 이동하여 스타일은 '경고', 제목은 '입력오류', 오류 메시지는 '40,000원 이상 60,000원 이하의 값만 입력 가능합니다.'를 입력한 후 확인 버튼을 클릭합니다.

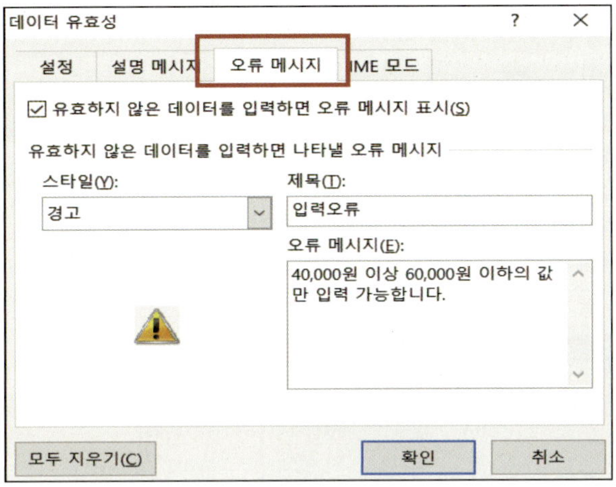

4. 오류 메시지가 잘 적용되었는지 확인하기 위하여 F5 셀을 선택한 후 '100000'을 입력합니다. 범위에 맞지 않기 때문에 오류 메시지가 나타나는 것을 확인할 수 있습니다.

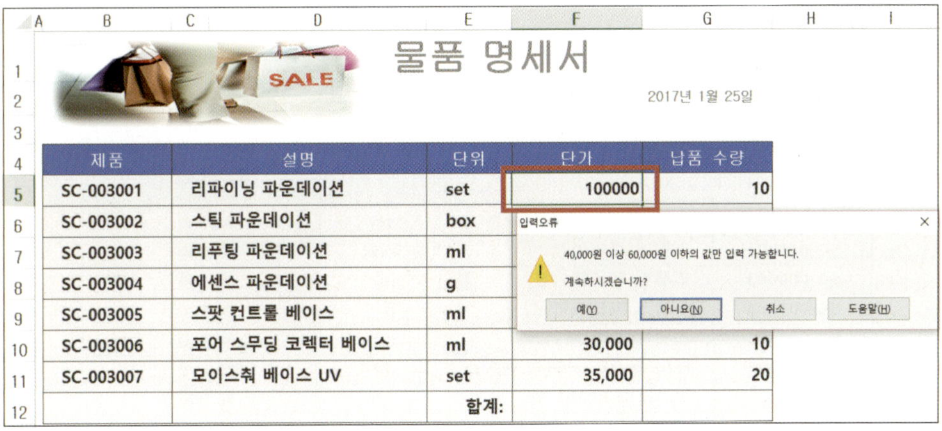

5. 이미 입력된 데이터 값 중 단가 값의 범위가 맞지 않은 데이터를 찾아 빨강 동그라미 표시하기 위하여 [데이터 탭 – 데이터 도구 그룹 – 데이터 유효성 검사 – 잘못된 데이터]를 클릭합니다.

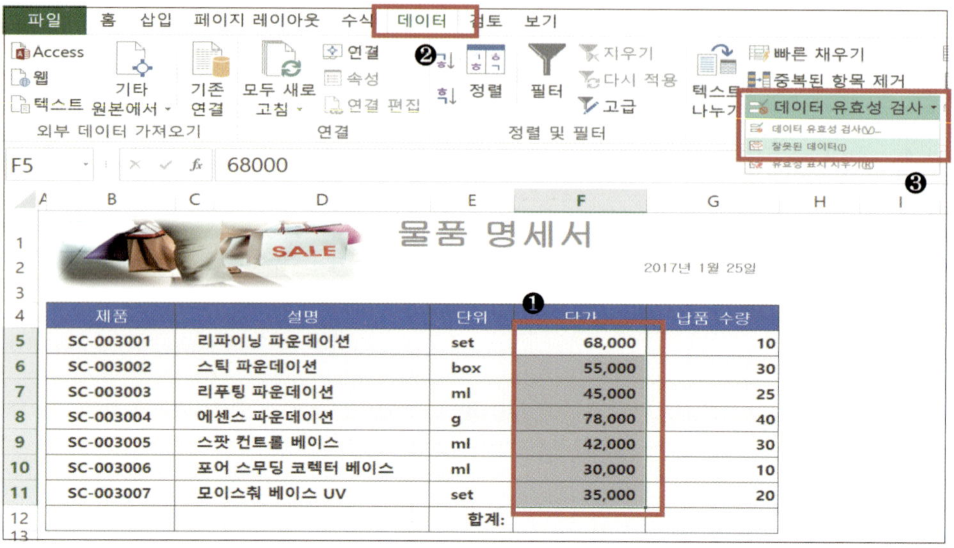

6. 잘못 입력된 데이터 값에 빨강 동그라미로 표시되는 것을 확인할 수 있습니다.

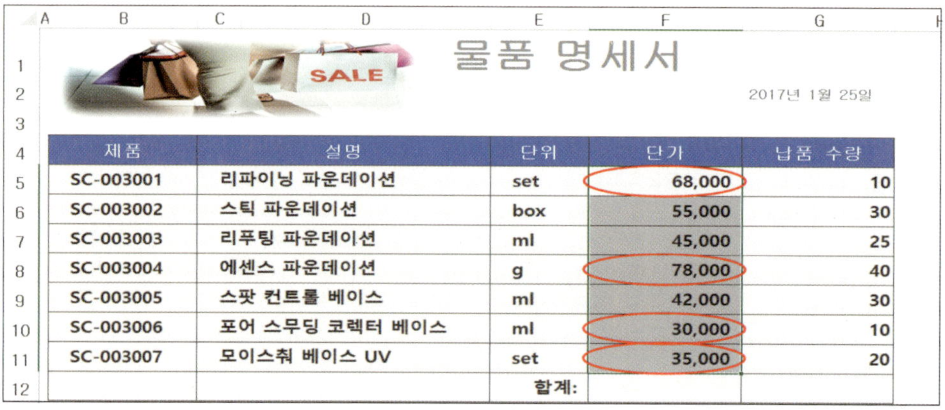

04

부분합

부분합 및 합계를 삽입하여 관련 데이터 행을 빠르게 계산 할 수 있다. 합계 뿐만 아니라 평균, 최대값, 최소값, 곱 등 여러 가지 함수로 계산 할 수 있다.

예제파일 : 3장예제.xlsx

4-1 부분합 설정하기

따라해 보세요 – 항목별 부분합 설정하기

학과별로 장학금액의 합계를 계산하세요.

*시트명 : 부분합

1. 학과별로 그룹화하여 부분합을 계산하기 위하여 학과명을 오름차순으로 정렬합니다. 표 안의 임의의 셀에 커서를 이동합니다. [데이터 탭 – 정렬 및 필터 그룹 – 정렬]을 클릭합니다.

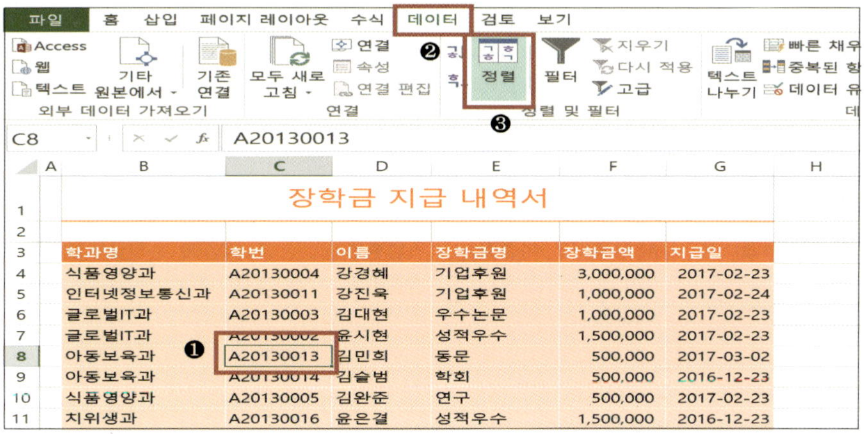

Tip 부분합을 계산하기 전에 그룹으로 설정하고자 하는 기준 열을 미리 정렬해 두면 부분합을 쉽게 설정할 수 있습니다.

2. 정렬 대화상자가 나타나면 조건에 '학과명 – 값 – 오름차순' 을 입력하고 확인 버튼을 클릭합니다.

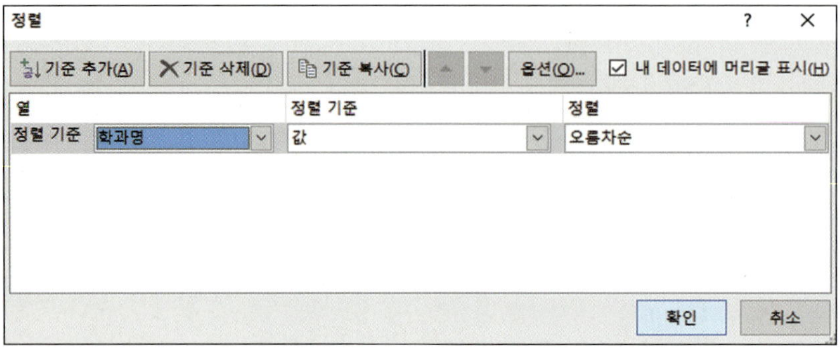

3. 학과명 순으로 정렬되는 것을 확인할 수 있습니다.

장학금 지급 내역서

학과명	학번	이름	장학금명	장학금액	지급일
글로벌IT과	A20130003	김대현	우수논문	1,000,000	2017-02-23
글로벌IT과	A20130002	윤시현	성적우수	1,500,000	2017-02-23
글로벌IT과	A20130019	손다빈	연구	500,000	지급예정
글로벌IT과	A20130001	양희수	성적우수	3,000,000	지급예정
글로벌IT과	A20130023	이근석	성적우수	1,500,000	지급예정
물리치료과	A20130020	신종준	동문	500,000	지급예정
물리치료과	A20130021	심연수	학회	500,000	지급예정
식품영양과	A20130004	강경혜	기업후원	3,000,000	2017-02-23
식품영양과	A20130005	김완준	연구	500,000	2017-02-23
식품영양과	A20130006	임근영	동문	500,000	지급예정
식품영양과	A20130007	진보현	학회	500,000	계좌이체
아동보육과	A20130013	김민희	동문	500,000	2017-03-02
아동보육과	A20130014	김슬범	학회	500,000	2016-12-23
아동보육과	A20130012	이경화	기업후원	3,000,000	지급예정
외식산업과	A20130025	장동진	기업후원	1,000,000	지급예정
외식산업과	A20130026	전주홍	연구	500,000	계좌이체

4. 표 안의 임의의 셀에 커서를 이동합니다. [데이터 탭 – 윤곽선 그룹 – 부분합]을 클릭합니다.

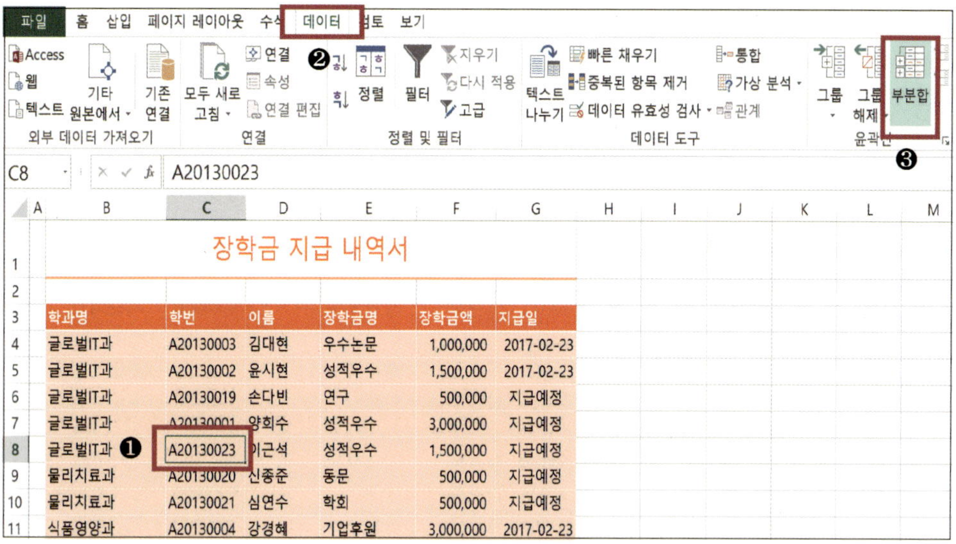

5. 부분합 대화상자가 나타나면 그룹화할 항목은 '학과명', 사용할 함수는 '합계', 부분합 계산 항목은 '장학금액'을 입력하고 확인 버튼을 클릭합니다.

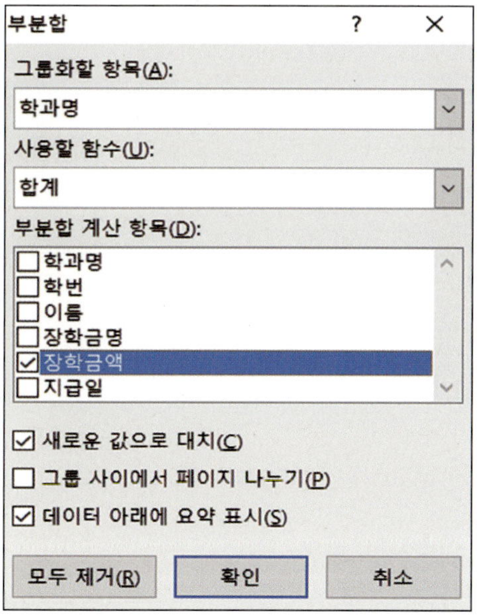

6. 학과별 요약행이 추가되고 F열에 장학금액의 합계가 계산되는 것을 확인할 수 있습니다.

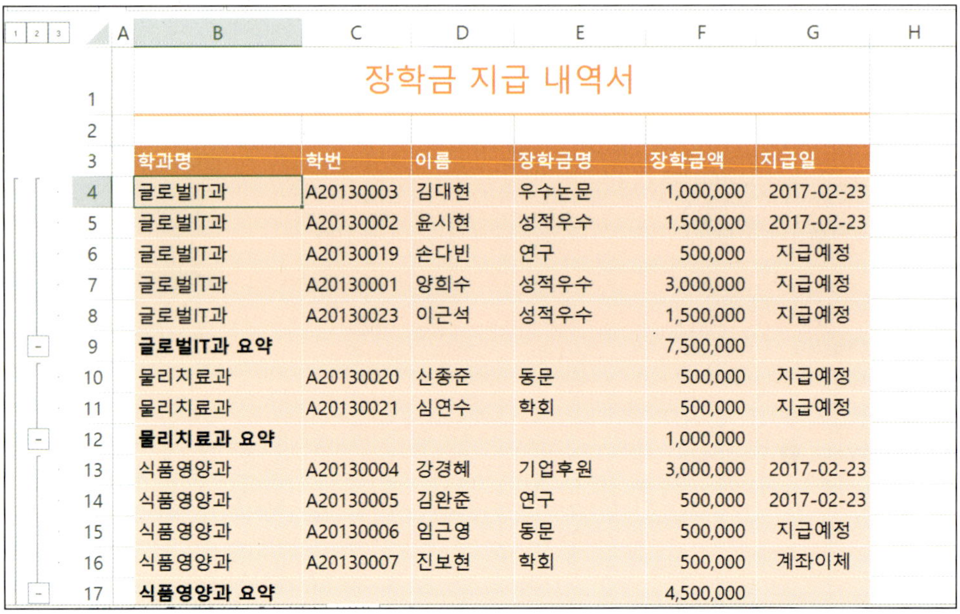

	A	B	C	D	E	F	G	H
1		장학금 지급 내역서						
2								
3		학과명	학번	이름	장학금명	장학금액	지급일	
4		글로벌IT과	A20130003	김대현	우수논문	1,000,000	2017-02-23	
5		글로벌IT과	A20130002	윤시현	성적우수	1,500,000	2017-02-23	
6		글로벌IT과	A20130019	손다빈	연구	500,000	지급예정	
7		글로벌IT과	A20130001	양희수	성적우수	3,000,000	지급예정	
8		글로벌IT과	A20130023	이근석	성적우수	1,500,000	지급예정	
9		**글로벌IT과 요약**				7,500,000		
10		물리치료과	A20130020	신종준	동문	500,000	지급예정	
11		물리치료과	A20130021	심연수	학회	500,000	지급예정	
12		**물리치료과 요약**				1,000,000		
13		식품영양과	A20130004	강경혜	기업후원	3,000,000	2017-02-23	
14		식품영양과	A20130005	김완준	연구	500,000	2017-02-23	
15		식품영양과	A20130006	임근영	동문	500,000	지급예정	
16		식품영양과	A20130007	진보현	학회	500,000	계좌이체	
17		**식품영양과 요약**				4,500,000		

3장

실 전 예 제 만 들 기

워크시트를 이용하여 용돈 기입장을 만들어 보세요.

3월 용돈 사용 내역					
날짜	분류	금액	사용내역	결제방법	기타
3/4	문화생활비	₩ 10,000	영화관람	체크카드	
3/4	식비	₩ 6,000	햄버거	현금	
3/7	교통비	₩ 30,000	교통카드충전	현금	
3/7	생필품비	₩ 3,000	우산	현금	
3/15	의료비	₩ 4,800	내과	체크카드	
3/15	통신비	₩ 34,000	핸드폰요금	신용카드	
3/16	꾸밈비	₩ 20,000	화장품	체크카드	
3/16	식비	₩ 10,000	점심식사	현금	
3/16	문화생활비	₩ 20,000	책구입	신용카드	
3/20	저축	₩ 100,000	정기적금	현금	
3/22	식비	₩ 1,500	커피	현금	
3/22	식비	₩ 4,500	떡볶이	현금	
3/22	식비	₩ 10,000	치킨	현금	
3/25	생필품비	₩ 10,000	마트	체크카드	
3/30	꾸밈비	₩ 10,000	미용실	체크카드	
3/30	문화생활비	₩ 30,000	뮤지컬관람	신용카드	

조건

(1) 새 통합문서에서 새로 만들기 하십시오.
(2) 시트를 추가하여 시트명은 '목록' 으로 설정하고 분류 열과 결제방법 열의 목록을 추가하십시오.
(3) A열은 비워 두십시오.(너비 : 1.2)
(4) '제목 글꼴 : HY엽서M, 크기 : 24pt, 셀 병합, 가운데 정렬, 셀 스타일 : 보통' 으로 설정하십시오.
(5) '본문 글꼴 : 맑은 고딕, 크기 : 12pt' 로 설정하십시오.
(6) 행 높이는 '25' 로 설정하십시오.
(7) 각 열마다 표시형식, 정렬을 화면과 같이 설정하십시오.
(8) 분류 열, 결제방법 열 : 목록 시트의 내용으로 '유효성 검사를 이용한 목록' 을 설정하십시오.
(9) 셀 테두리를 이용하여 표를 완성하십시오.
(10) 표 내용 작성 후 '분류 별로 부분합' 을 설정하십시오.

1. 엑셀 2013을 실행하여 '새 통합문서' 를 클릭하여 새로운 통합문서를 만듭니다.

2. '목록' 시트를 추가하기 위하여 'sheet1' 탭 오른쪽 '⊕' 버튼을 클릭합니다.

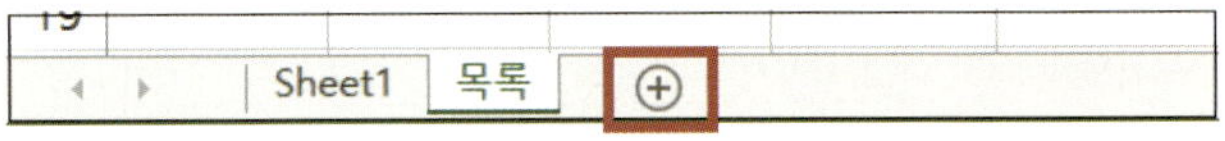

3. 시트명에서 마우스를 오른쪽 클릭하여 이름 바꾸기를 클릭합니다. 시트명을 '목록' 으로 입력하고 여백을 클릭하여 시트명을 변경합니다.

4. B3 셀로 이동한 후 아래 내용을 입력합니다.

	A	B	C	D	E
1					
2			분류내역	결제방법	
3		1	식비	현금	
4		2	교통비	체크카드	
5		3	꾸밈비	신용카드	
6		4	통신비		
7		5	의료비		
8		6	문화생활비		
9		7	생필품비		
10		8	저축		
11		9	기타		

5. 'Sheet1' 시트에 '용돈 기입장' 을 새로 작성하기 위하여 'Sheet1' 시트 탭을 클릭하여 'Sheet1' 시트로 이동합니다.

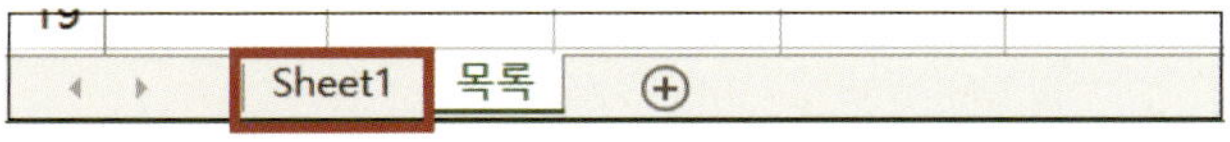

6. A열 머리글을 선택한 후 마우스를 오른쪽 클릭하여 열 너비를 클릭합니다. 열 너비는 '1.2' 로 입력한 후 확인 버튼을 클릭합니다.

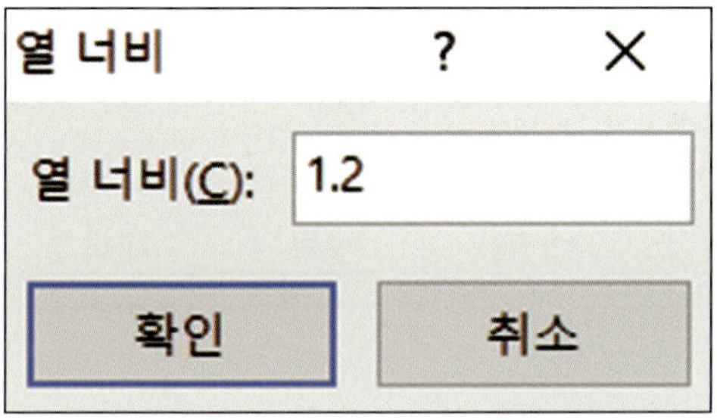

7. 왼쪽 상단의 행과 열의 교차지점(이름상자 아래 부분)을 클릭합니다. 시트 전체가 선택되면 본문 글꼴은 '맑은 고딕' 으로 크기는 '12' 로 설정합니다.

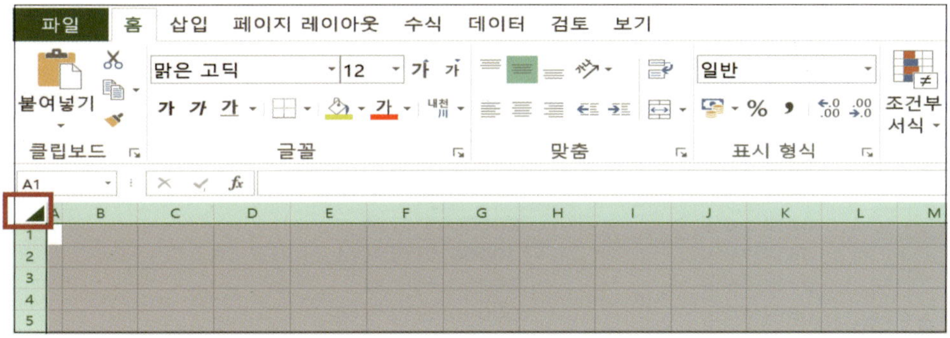

8. B1 셀에 '3월 용돈 사용 내역' 을 입력합니다.

9. B1:G1 범위를 선택한 후 [홈 탭 – 맞춤 그룹 – 병합하고 가운데 맞춤]을 선택하여 제목 셀을 병합합니다. [홈 탭 – 스타일 그룹 – 셀 스타일 – 보통]을 클릭하고 제목 글꼴은 'HY엽서M', 크기는 '24'로 설정하여 제목 셀의 스타일을 변경합니다.

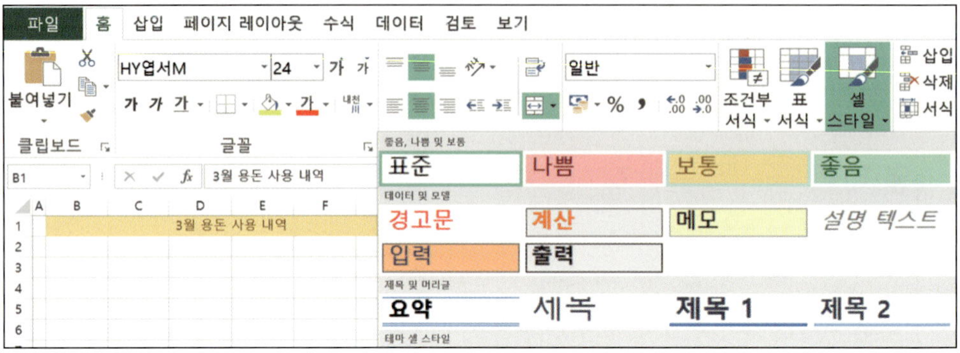

10. B3 셀로 커서를 이동한 후 아래와 같이 입력합니다. 날짜 열의 내용을 입력하면 '00월 00일'의 형식으로 자동으로 변경되는 것을 확인할 수 있습니다.

	A	B	C	D	E	F	G	H
2								
3		날짜	분류	금액	사용내역	결제방법	기타	
4		03월 04일		10000	영화관람			
5		03월 04일		6000	햄버거			
6		03월 07일		30000	교통카드충전			
7		03월 07일		3000	우산			
8		03월 15일		4800	내과			
9		03월 15일		34000	핸드폰요금			
10		03월 16일		20000	화장품			
11		03월 16일		10000	점심식사			
12		03월 16일		20000	책구입			
13		03월 20일		100000	정기적금			
14		03월 22일		1500	커피			
15		03월 22일		4500	떡볶이			
16		03월 22일		10000	치킨			
17		03월 25일		10000	마트			
18		03월 30일		10000	미용실			
19		03월 30일		30000	뮤지컬관람			
20								

11. B4:B19 범위를 선택한 후 [홈 탭 – 표시 형식 그룹 – 대화상자 창 버튼]을 클릭하여 자동으로 입력된 날짜 형식을 변경합니다. 표시 형식 탭에서 범주는 '날짜', 형식은 '3/14'을 선택한 후 확인 버튼을 클릭합니다.

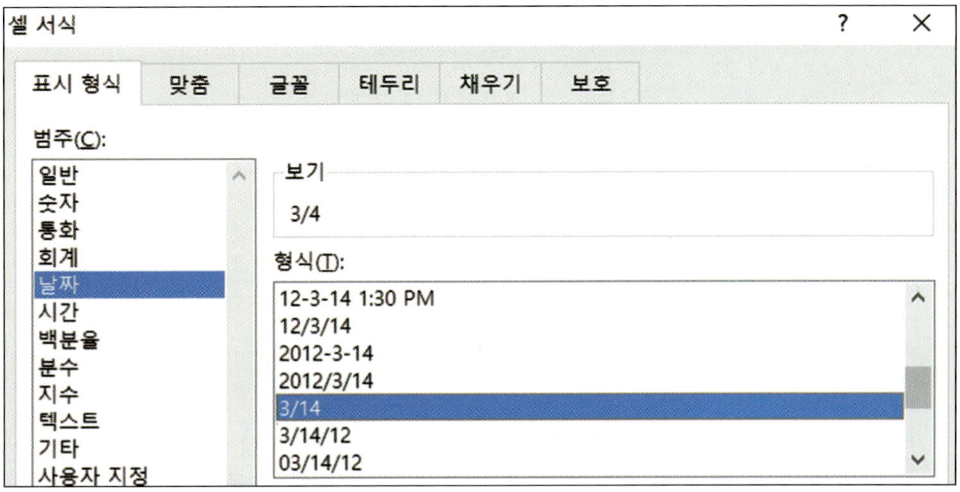

12. 날짜 열의 표시형식이 '00월 00일'의 형식에서 '00/00'의 형식으로 변경되는 것을 확인할 수 있습니다.

13. D4:D19 범위를 선택한 후 [홈 탭 – 표시 형식 그룹 – 목록 화살표 – 회계]를 선택하여 금액 열의 표시형식을 회계 표시형식으로 변경합니다.

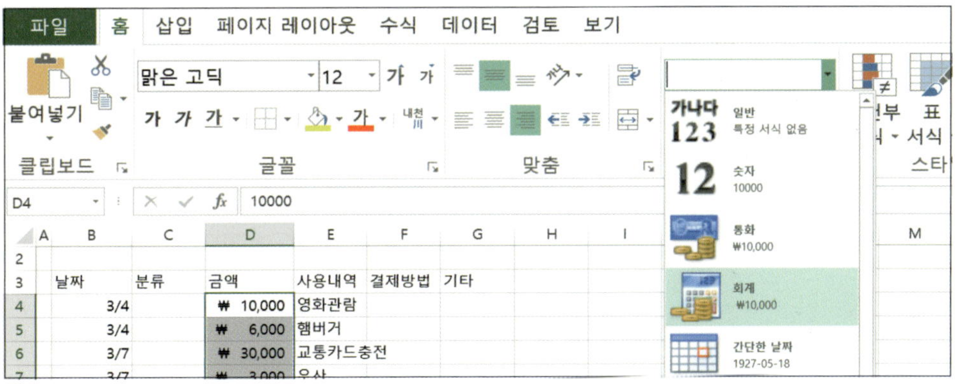

14. 금액 열의 표시형식이 변경되는 것을 확인할 수 있습니다.

15. C4:C19 범위를 선택한 후 [데이터 탭 – 데이터 도구 그룹 – 데이터 유효성 검사]를 클릭합니다.

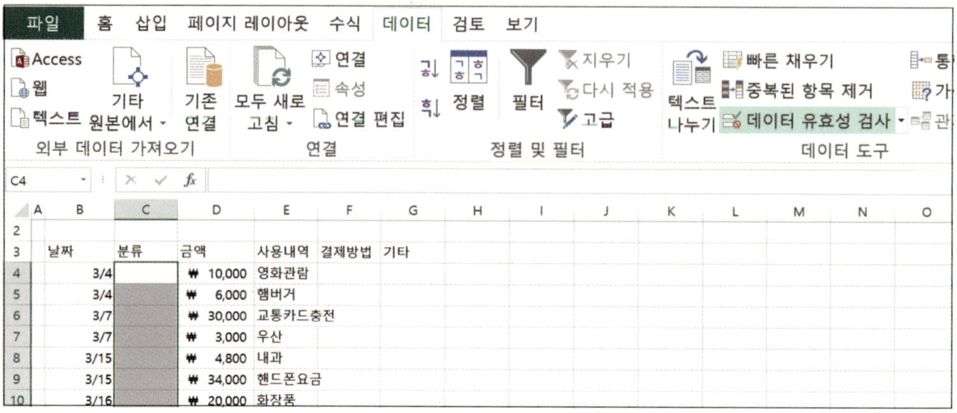

16. 데이터 유효성 대화상자가 나타나면 제한 대상은 '목록', 원본은 '=목록!$C$3:$C$11' 을 입력한 후 확인 버튼을 클릭하여 분류열에 드롭다운 목록을 추가합니다.

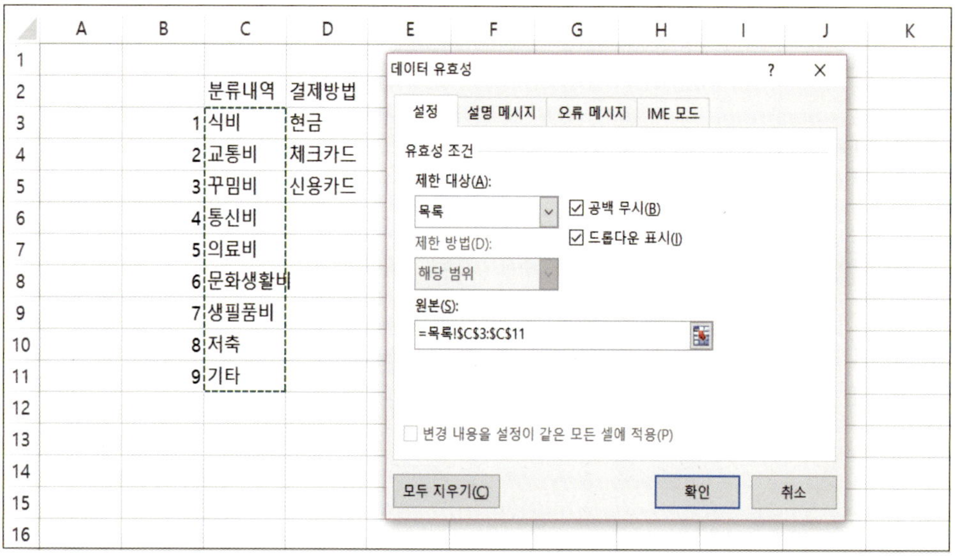

Tip 원본 값을 입력할 경우 '목록' 시트의 '분류내역' 항목을 이용하세요.

17. 분류 열의 셀 오른쪽에 목록 화살표 버튼이 생성되는 것을 확인할 수 있습니다. 커서를 C4로 이동하면 목록 버튼이 생성됩니다. 목록 화살표를 클릭하면 방금 입력한 목록 내용이 드롭다운 목록으로 나타납니다. 목록 중 입력 값을 선택하면 셀 안에 데이터 내용이 입력됩니다.

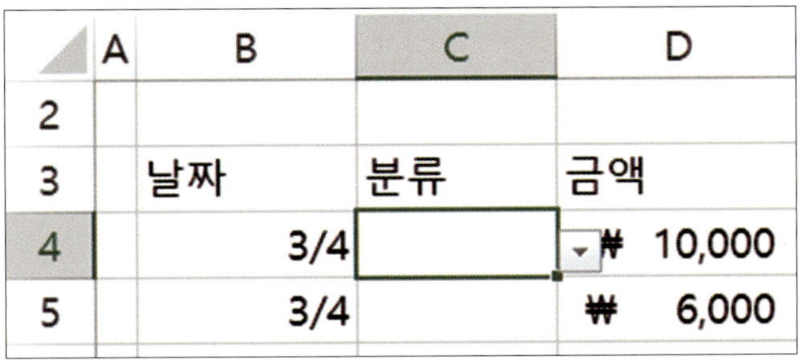

18. 마찬가지로 F4:F19 범위를 선택한 후 [데이터 탭 – 데이터 도구 그룹 – 데이터 유효성 검사]를 클릭합니다.

19. 데이터 유효성 대화상자가 나타나면 제한 대상은 '목록', 원본은 '=목록!$D$3:$D$5'를 입력한 후 확인 버튼을 클릭하여 결제방법 열에 드롭다운 목록을 추가합니다.

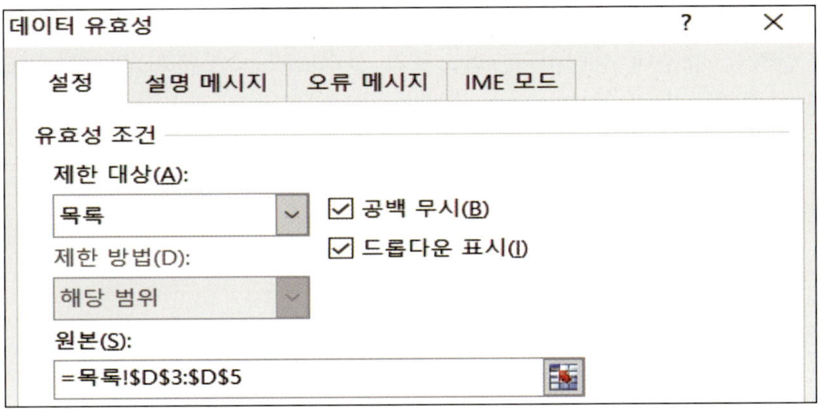

Tip 원본 값을 입력할 경우 '목록' 시트의 '결제방법' 항목을 이용하세요.

20. 결제방법 열의 셀 오른쪽에 목록 화살표 버튼이 생성되는 것을 확인할 수 있습니다. 드롭다운 목록을 이용하여 아래와 같이 데이터 내용을 입력합니다.

	A	B	C	D	E	F	G	H
2								
3		날짜	분류	금액	사용내역	결제방법	기타	
4		3/4	문화생활ㅂ	₩ 10,000	영화관람	체크카드		
5		3/4	식비	₩ 6,000	햄버거	현금		
6		3/7	교통비	₩ 30,000	교통카드충	현금		
7		3/7	생필품비	₩ 3,000	우산	현금		
8		3/15	의료비	₩ 4,800	내과	체크카드		
9		3/15	통신비	₩ 34,000	핸드폰요금	신용카드		
10		3/16	꾸밈비	₩ 20,000	화장품	체크카드		
11		3/16	식비	₩ 10,000	점심식사	현금		
12		3/16	문화생활ㅂ	₩ 20,000	책구입	신용카드		
13		3/20	저축	₩ 100,000	정기적금	현금		
14		3/22	식비	₩ 1,500	커피	현금		
15		3/22	식비	₩ 4,500	떡볶이	현금		
16		3/22	식비	₩ 10,000	치킨	현금		
17		3/25	생필품비	₩ 10,000	마트	체크카드		
18		3/30	꾸밈비	₩ 10,000	미용실	체크카드		
19		3/30	문화생활ㅂ	₩ 30,000	뮤지컬관림	신용카드		
20								

21. B3:G19 범위를 선택한 후 [홈 탭 - 글꼴 그룹 - 테두리 - 모든 테두리]를 선택하여 표 테두리를 설정합니다. [홈 탭 - 맞춤 그룹 - 가운데 맞춤]을 선택하여 글자를 가운데 정렬하고, 텍스트가 잘려나가는 부분이 생기지 않도록 열 너비를 설정합니다.

	A	B	C	D	E	F	G	H
1		3월 용돈 사용 내역						
2								
3		날짜	분류	금액	사용내역	결제방법	기타	
4		3/4	문화생활비	₩ 10,000	영화관람	체크카드		
5		3/4	식비	₩ 6,000	햄버거	현금		
6		3/7	교통비	₩ 30,000	교통카드충전	현금		
7		3/7	생필품비	₩ 3,000	우산	현금		
8		3/15	의료비	₩ 4,800	내과	체크카드		
9		3/15	통신비	₩ 34,000	핸드폰요금	신용카드		
10		3/16	꾸밈비	₩ 20,000	화장품	체크카드		
11		3/16	식비	₩ 10,000	점심식사	현금		
12		3/16	문화생활비	₩ 20,000	책구입	신용카드		
13		3/20	저축	₩ 100,000	정기적금	현금		
14		3/22	식비	₩ 1,500	커피	현금		
15		3/22	식비	₩ 4,500	떡볶이	현금		
16		3/22	식비	₩ 10,000	치킨	현금		
17		3/25	생필품비	₩ 10,000	마트	체크카드		

22. B3:G3 범위를 선택한 후 [홈 탭 – 스타일 그룹 – 셀 스타일 – 셀 확인]을 클릭하여 3행의 셀 스타일을 변경합니다.

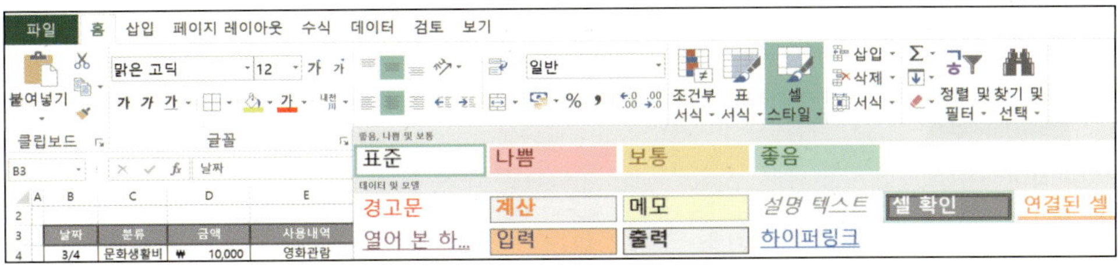

23. 4행부터 19행까지 행 머리글을 선택한 후 마우스를 오른쪽 클릭하여 행 높이를 클릭합니다. 행 높이는 '25'를 입력한 후 확인 버튼을 클릭합니다.

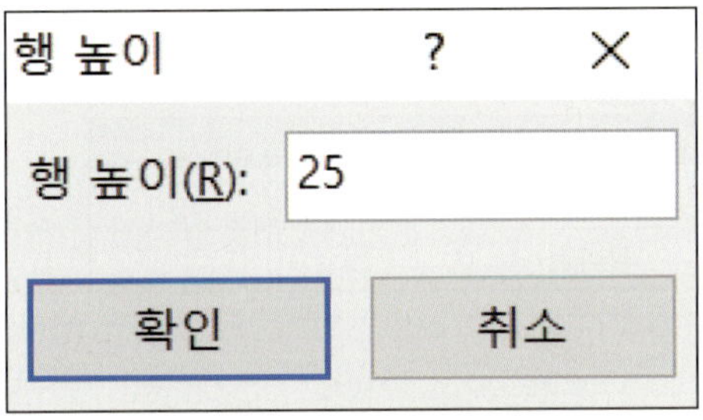

24. 다음과 같이 용돈 사용 내역 문서가 완성되는 것을 확인할 수 있습니다.

3월 용돈 사용 내역

날짜	분류	금액	사용내역	결제방법	기타
3/4	문화생활비	₩ 10,000	영화관람	체크카드	
3/4	식비	₩ 6,000	햄버거	현금	
3/7	교통비	₩ 30,000	교통카드충전	현금	
3/7	생필품비	₩ 3,000	우산	현금	
3/15	의료비	₩ 4,800	내과	체크카드	
3/15	통신비	₩ 34,000	핸드폰요금	신용카드	
3/16	꾸밈비	₩ 20,000	화장품	체크카드	
3/16	식비	₩ 10,000	점심식사	현금	
3/16	문화생활비	₩ 20,000	책구입	신용카드	
3/20	저축	₩ 100,000	정기적금	현금	
3/22	식비	₩ 1,500	커피	현금	
3/22	식비	₩ 4,500	떡볶이	현금	
3/22	식비	₩ 10,000	치킨	현금	
3/25	생필품비	₩ 10,000	마트	체크카드	
3/30	꾸밈비	₩ 10,000	미용실	체크카드	
3/30	문화생활비	₩ 30,000	뮤지컬관람	신용카드	

25. 마지막으로 '분류' 항목을 기준으로 '부분합' 을 계산하기 위하여 분류 항목별로 데이터를 정렬하도록 합니다. 표 안의 임의의 셀에 커서를 이동한 후 [데이터 탭 – 정렬 및 필터 그룹 – 정렬]을 클릭합니다.

Tip 부분합을 설정하기 전에 그룹으로 묶을 항목(분류)을 미리 정렬해 놓으면 쉽게 부분합을 계산할 수 있습니다.

26. 정렬 대화상자가 나타나면 정렬 기준은 '분류' , 정렬은 '오름차순' 으로 설정한 후 확인 버튼을 클릭합니다.

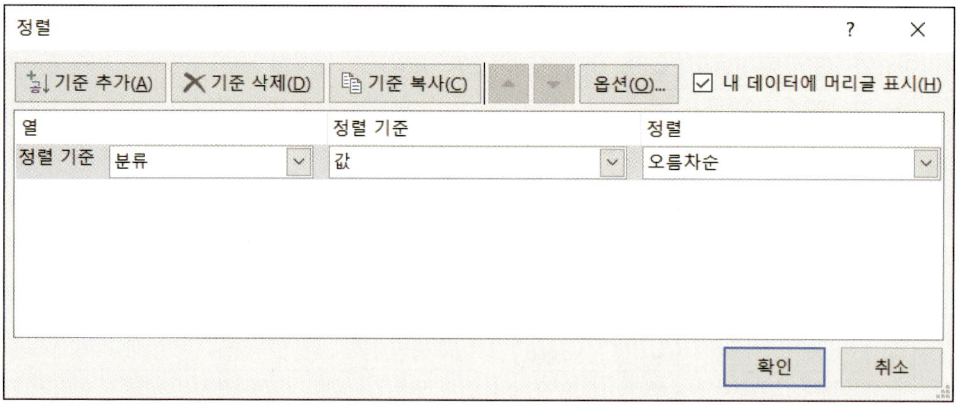

27. 표가 '분류' 항목별로 정렬되는 것을 확인할 수 있습니다.

날짜	분류	금액	사용내역	결제방법	기타
3/7	교통비	₩ 30,000	교통카드충전	현금	
3/16	꾸밈비	₩ 20,000	화장품	체크카드	
3/30	꾸밈비	₩ 10,000	미용실	체크카드	
3/4	문화생활비	₩ 10,000	영화관람	체크카드	
3/16	문화생활비	₩ 20,000	책구입	신용카드	
3/30	문화생활비	₩ 30,000	뮤지컬관람	신용카드	
3/7	생필품비	₩ 3,000	우산	현금	
3/25	생필품비	₩ 10,000	마트	체크카드	
3/4	식비	₩ 6,000	햄버거	현금	
3/16	식비	₩ 10,000	점심식사	현금	
3/22	식비	₩ 1,500	커피	현금	
3/22	식비	₩ 4,500	떡볶이	현금	
3/22	식비	₩ 10,000	치킨	현금	
3/15	의료비	₩ 4,800	내과	체크카드	
3/20	저축	₩ 100,000	정기적금	현금	
3/15	통신비	₩ 34,000	핸드폰요금	신용카드	

28. 표 안의 임의의 셀에 커서를 이동한 후 [홈 탭 – 윤곽선 그룹 – 부분합]을 클릭하여 표의 분류 항목별로 부분합을 계산합니다.

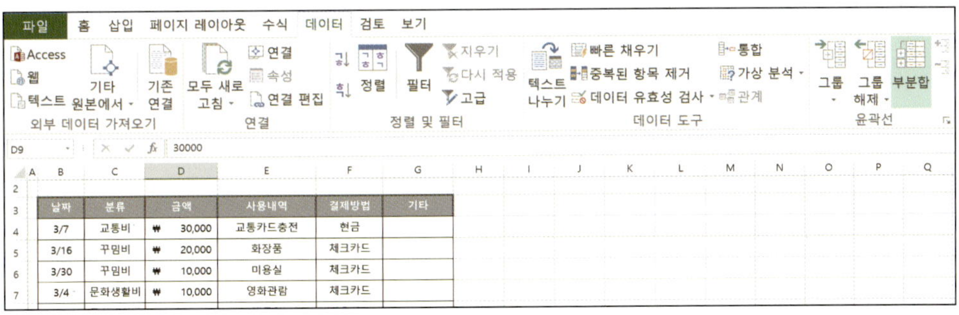

29. 부분합 대화상자가 나타나면 그룹화할 항목은 '분류' , 사용할 함수는 ' 합계' , 부분합 계산 항목은 '금액' 으로 설정한 후 확인 버튼을 클릭합니다.

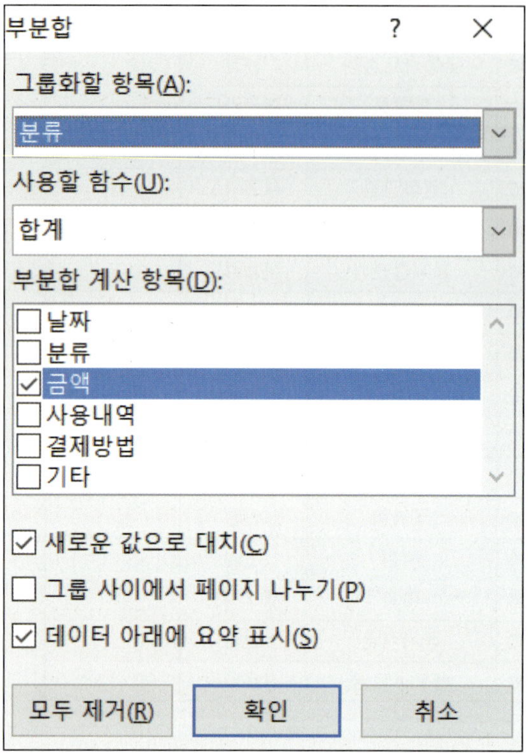

30. 표가 분류 항목 별로 요약행이 추가되며 부분합이 계산되는 것을 확인할 수 있습니다.

3월 용돈 사용 내역

날짜	분류	금액	사용내역	결제방법	기타
3/7	교통비	₩ 30,000	교통카드충전	현금	
	교통비 요약	₩ 30,000			
3/16	꾸밈비	₩ 20,000	화장품	체크카드	
3/30	꾸밈비	₩ 10,000	미용실	체크카드	
	꾸밈비 요약	₩ 30,000			
3/4	문화생활비	₩ 10,000	영화관람	체크카드	
3/16	문화생활비	₩ 20,000	책구입	신용카드	
3/30	문화생활비	₩ 30,000	뮤지컬관람	신용카드	
	문화생활비 요약	₩ 60,000			
3/7	생필품비	₩ 3,000	우산	현금	
3/25	생필품비	₩ 10,000	마트	체크카드	
	생필품비 요약	₩ 13,000			
3/4	식비	₩ 6,000	햄버거	현금	
3/16	식비	₩ 10,000	점심식사	현금	
3/22	식비	₩ 1,500	커피	현금	
3/22	식비	₩ 4,500	떡볶이	현금	
3/22	식비	₩ 10,000	치킨	현금	
	식비 요약	₩ 32,000			
3/15	의료비	₩ 4,800	내과	체크카드	
	의료비 요약	₩ 4,800			
3/20	저축	₩ 100,000	정기적금	현금	
	저축 요약	₩ 100,000			
3/15	통신비	₩ 34,000	핸드폰요금	신용카드	
	통신비 요약	₩ 34,000			
	총합계	₩ 303,800			

Chapter 4

문서 보호 및 설정

01

워크시트 보호

문서 작성 이후 다른 사용자들과 문서를 공유할 때 암호를 설정하여 시트 보호를 설정하거나 편집범위를 일부만 허용하여 관리할 수 있다.

예제파일 : 4장예제.xlsx

1-1 워크시트 전체 보호하기

따라해 보세요 – 시트 보호하기

'시트보호' 시트를 보호 하세요. 암호는 '1234' 로 설정하세요.

*시트명 : 시트보호

1. [홈 탭 – 셀 그룹 – 서식 – 시트 보호]를 클릭합니다.

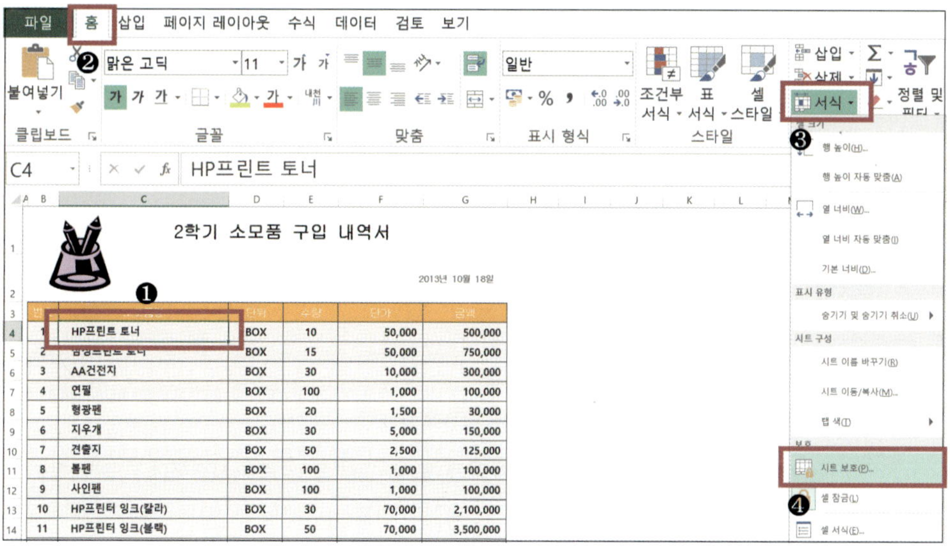

2. 시트 보호 대화상자가 나타나면 암호는 '1234' , 잠긴 셀 선택과 잠기지 않은 셀 선택은 '체크' 하고 확인 버튼을 클릭합니다.

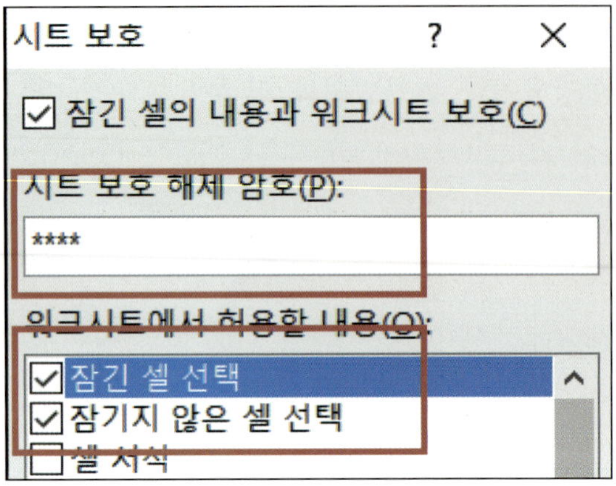

Tip

- 암호 입력을 원할 경우 : 시트 보호 해제 암호에 원하는 암호를 입력하고 확인 버튼을 누르면 암호가 설정됩니다.(대소문자 구분)
- 암호 입력을 원하지 않는 경우 : 시트 보호 해제 암호를 입력하지 않고 확인 버튼을 누르면 암호 없이 시트 보호가 설정됩니다.

3. 다시 한 번 암호 확인하는 대화상자가 나타나면 방금 입력한 '1234' 를 한 번 더 입력하고 확인버튼을 클릭합니다.

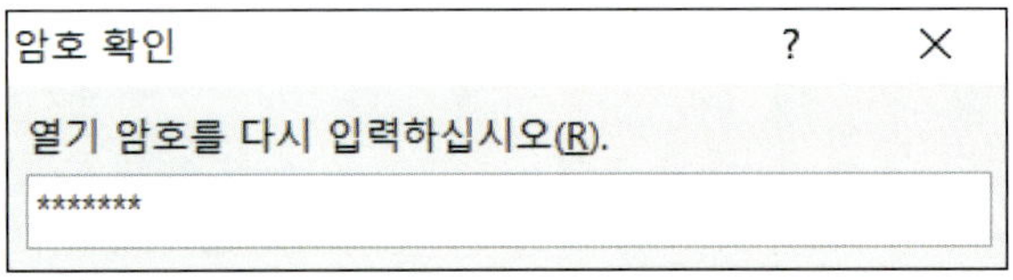

4. '시트보호' 시트 전체가 보호되는 것을 확인할 수 있습니다. 현재 워크시트 중 임의의 셀을 변경하고자 하면 아래와 같은 경고 메시지가 나타납니다.

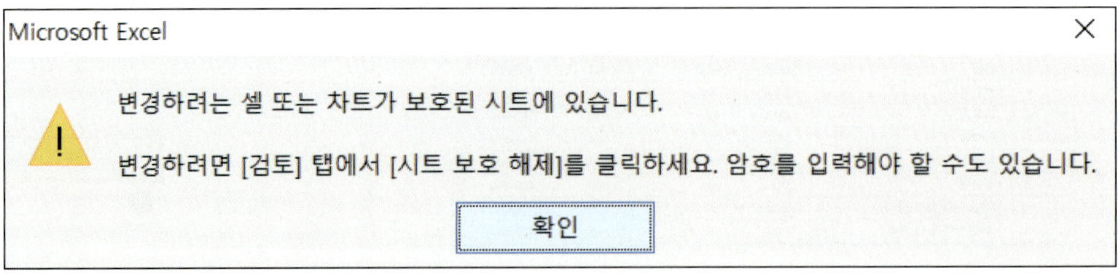

따라해 보세요 – 시트 보호 해제하기

'시트보호' 시트를 보호 해제 하세요. .

*시트명 : 시트보호

1. 보호된 시트에서 [홈 탭 – 셀 그룹 – 서식 – 시트 보호 해제]를 클릭합니다.

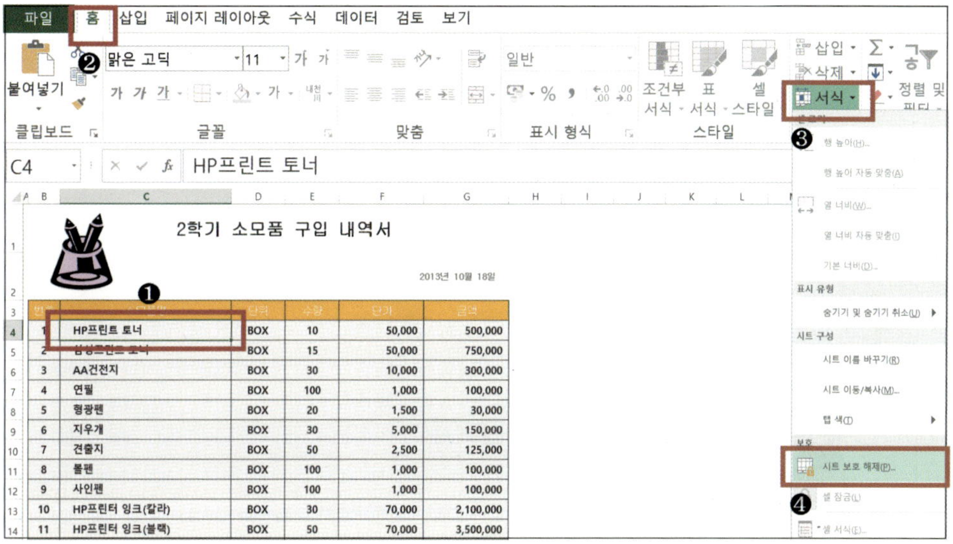

2. 시트 보호 해제 대화상자가 나타나면 기존에 설정한 암호 '1234' 를 입력합니다.

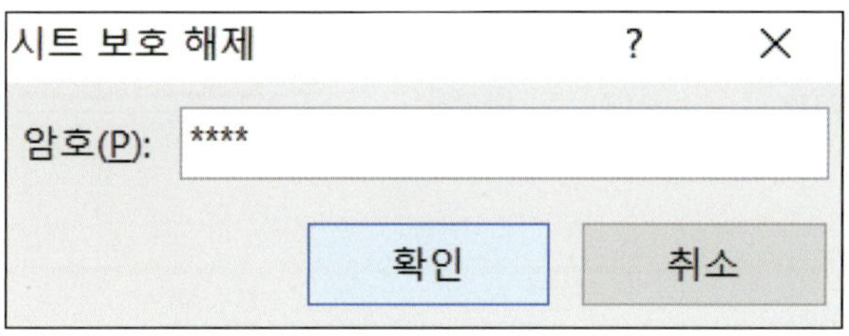

Tip 암호가 설정되어 있지 않은 경우 메시지 없이 바로 시트 보호가 해제됩니다.

3. 시트 보호가 해제되는 것을 확인할 수 있습니다. 이제부터 현재 워크시트의 내용 편집이 가능합니다.

1-2 일부 범위만 허용하여 보호하기

따라해 보세요 – 일부 편집 범위만 허용하여 시트 보호하기

수량 열에만 편집 가능하도록 시트를 보호 하세요. 암호는 설정하지 마세요.

*시트명 : 시트보호

1. E4:E24 범위를 선택한 후 [홈 탭 – 셀 그룹 – 서식 – 셀 잠금]을 클릭하여 셀 잠금을 해제합니다. 셀 잠금을 해제한 후 [홈 탭 – 셀 그룹 – 서식 – 시트 보호]를 클릭합니다.

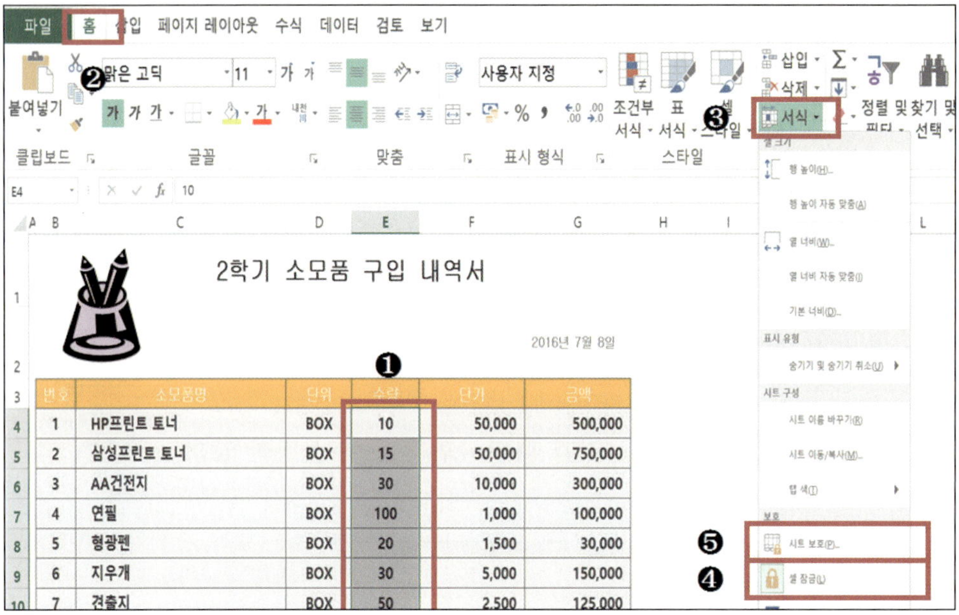

Tip 워크시트가 생성되면 기본적으로 셀 잠금이 설정되어 있습니다.

2. 암호는 입력하지 않고 잠기지 않은 셀 선택만 '체크' 하고 확인 버튼을 클릭합니다.

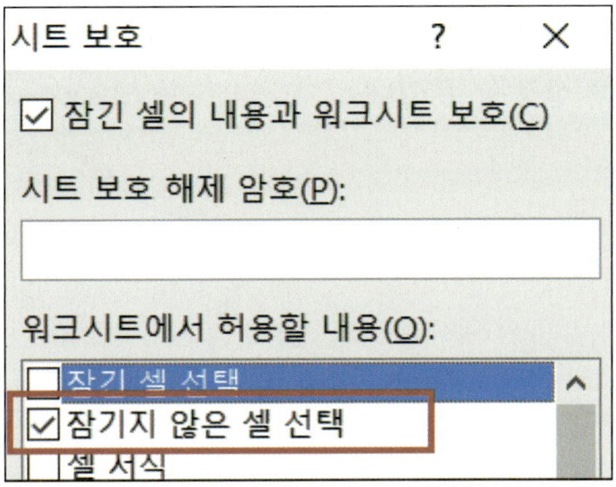

Tip 현재 잠기지 않은 셀은 위의 실습에서 셀 잠금을 해제한 'E4:E24' 범위입니다. 'E4:E24' 범위만 허용하여 셀을 편집하기 위해서 '잠기지 않은 셀 선택' 만 체크합니다.

3. E4:E24 범위의 내용만 변경 가능하고 그 이외의 부분은 편집할 수 없도록 설정되어있는 것을 확인할 수 있습니다.

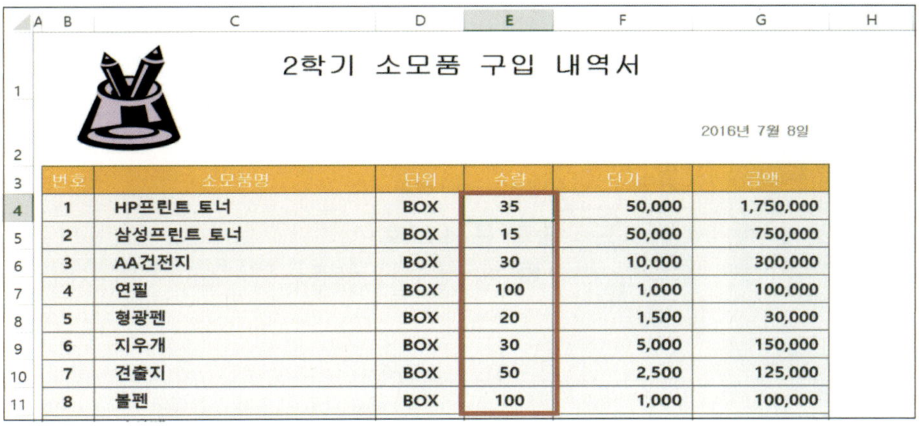

2학기 소모품 구입 내역서

2016년 7월 8일

번호	소모품명	단위	수량	단가	금액
1	HP프린트 토너	BOX	35	50,000	1,750,000
2	삼성프린트 토너	BOX	15	50,000	750,000
3	AA건전지	BOX	30	10,000	300,000
4	연필	BOX	100	1,000	100,000
5	형광펜	BOX	20	1,500	30,000
6	지우개	BOX	30	5,000	150,000
7	견출지	BOX	50	2,500	125,000
8	볼펜	BOX	100	1,000	100,000

02

통합문서 보호

통합 문서 전체에 암호를 설정하여 다른 사용자가 함부로 파일 자체를 열지 못하도록 설정 할 수 있다.

예제파일 : 4장예제.xlsx

2-1 통합문서 보호하기

따라해 보세요 – 통합 문서 보호하기

통합 문서에 암호 '1234' 를 설정하세요.

1. [파일 탭 – 정보 – 통합 문서 보호 – 암호 설정]을 클릭합니다.

2. 문서 암호화 대화상자가 나타나면 암호 '1234' 를 입력하고 확인 버튼을 클릭합니다.

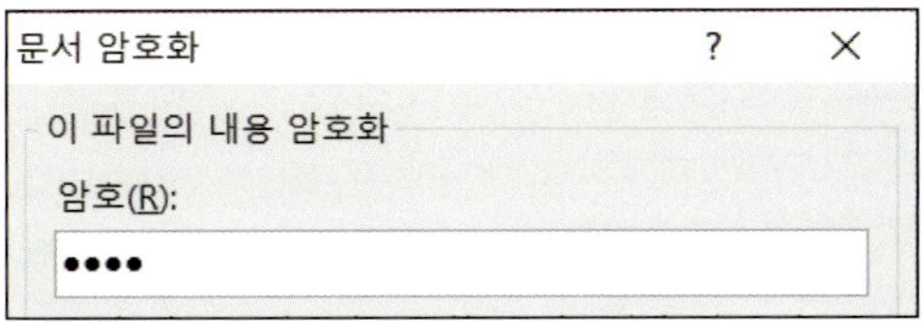

3. 암호 확인 대화상자가 나타나면 암호 '1234' 를 다시 한 번 입력하고 확인 버튼을 클릭합니다.

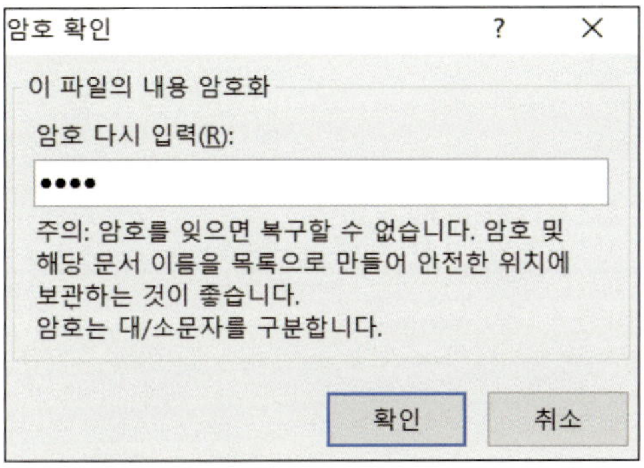

4. 통합 문서 전체에 보호가 설정되고 암호가 지정되었음을 알 수 있습니다.

Tip 파일을 닫고 다시 실행할 경우 암호를 입력하라는 메시지 창이 나타나게 됩니다. 암호 '1234' 를 입력하면 파일을 열 수 있습니다.

5. 설정된 암호를 삭제하려면 [파일 탭 – 정보 – 통합 문서 보호 – 암호 설정]에서 암호를 삭제하고 비어있는 상태에서 확인 버튼을 클릭하면 암호가 삭제됩니다.

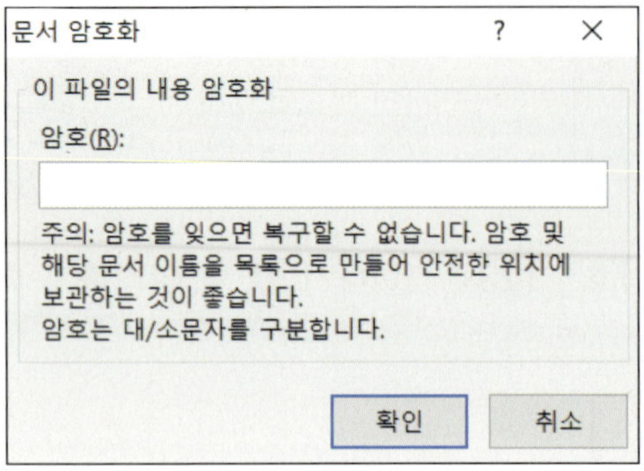

6. 암호 설정이 삭제되는 것을 확인할 수 있습니다.

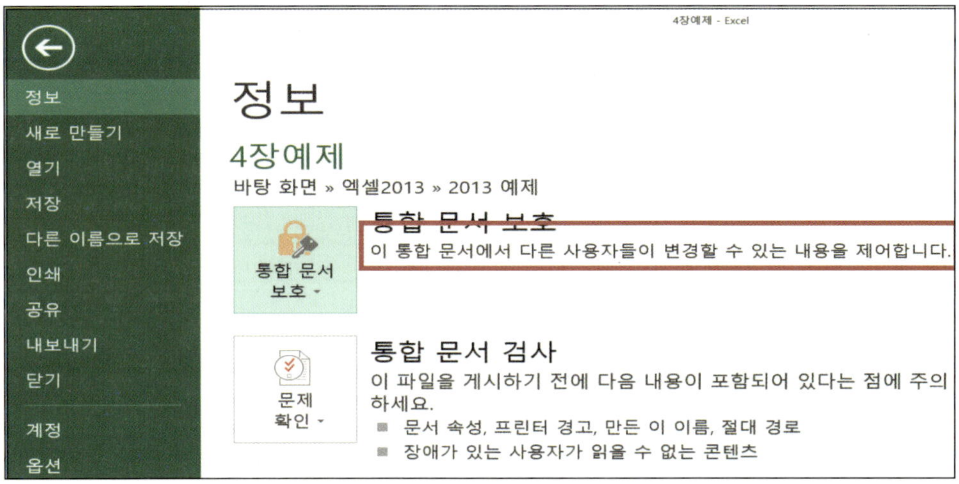

03

저장

이전 버전의 파일 형식으로 통합문서를 저장하여 이전 버전에서도 호환 가능하게 저장하거나, 다양한 형식으로 통합문서를 저장할 수 있다.

예제파일 : 4장예제.xlsx

3-1 이전 버전의 통합문서로 저장하기

따라해 보세요 – 이전 버전의 파일 형식으로 저장하기

Excel 97-2003 버전의 통합문서 형식으로 파일을 저장하세요.

1. [파일 탭 – 다른 이름으로 저장 – 컴퓨터 – 찾아보기]를 클릭합니다.

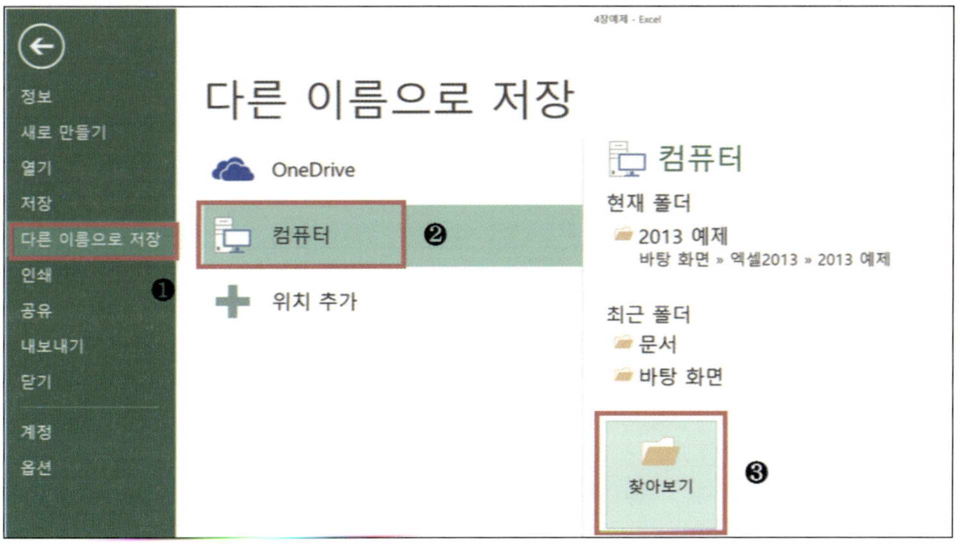

2. 저장 위치는 바탕화면을 클릭한 후 파일 형식을 'Excel 97 – 2003 통합 문서'를 선택하고 저장 버튼을 클릭합니다.

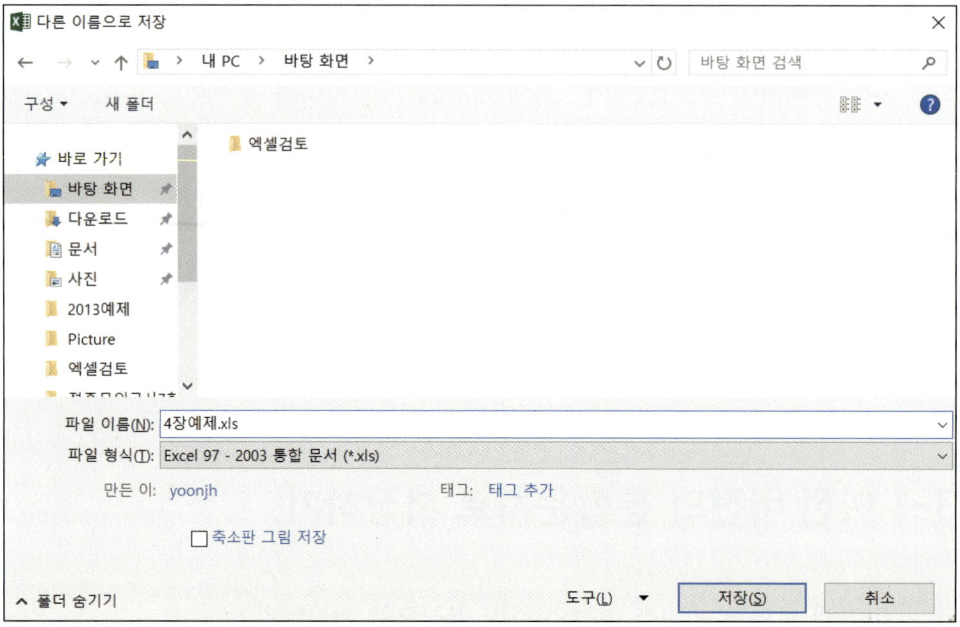

3. 호환성 검사 대화상자가 나타나면 계속 버튼을 클릭합니다. 버전이 다른 경우 이전 버전에서는 지원되지 않는 기능들이 손실될 수 있음을 알려주는 메시지 입니다.

4. 바탕화면에 4장예제.xls 파일이 생성되었음을 알 수 있습니다.

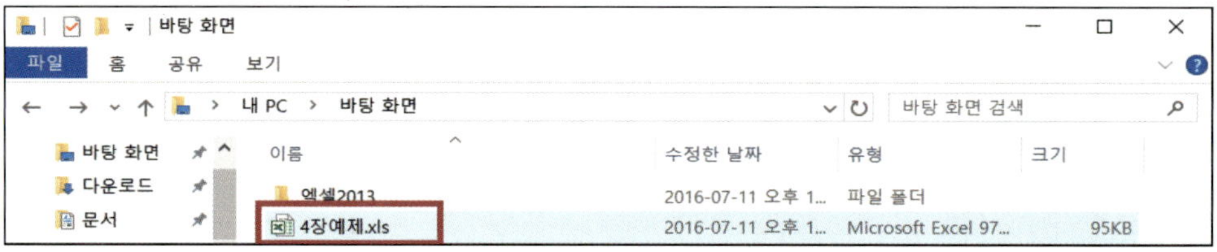

Tip

엑셀 확장자 .xls 와 .xlsx의 차이는 엑셀 프로그램 버전의 차이입니다.
- .xls : 2003년도 까지의 버전에서 사용
- .xlsx : 2003년도 이후 버전에서 사용

3-2 다른 파일 형식으로 저장하기

따라해 보세요 – 다른 파일 형식으로 저장하기

PDF 파일 형식으로 파일을 저장하세요.

1. [파일 탭 – 다른 이름으로 저장 – 컴퓨터 – 찾아보기]를 클릭합니다.

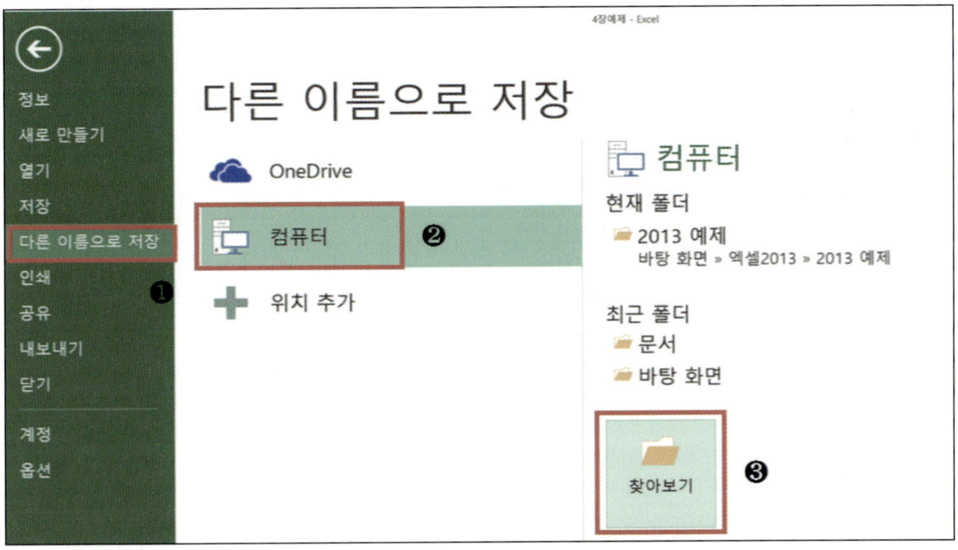

2. 저장 위치를 바탕화면을 클릭한 후 파일 형식을 'PDF(*.pdf)' 로 변경하고 저장 버튼을 클릭합니다.

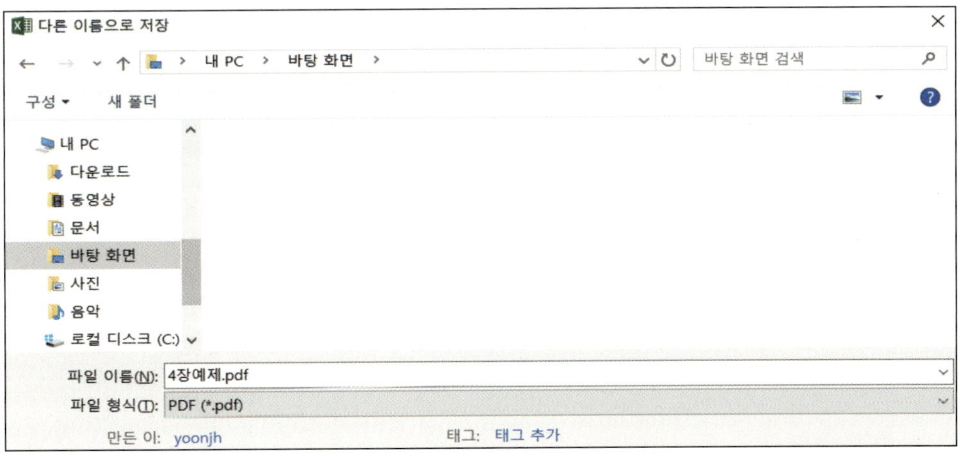

3. adobe 프로그램에서 PDF 파일이 열리고 바탕화면에 4장예제.pdf 가 저장되는 것을 확인할 수 있습니다.

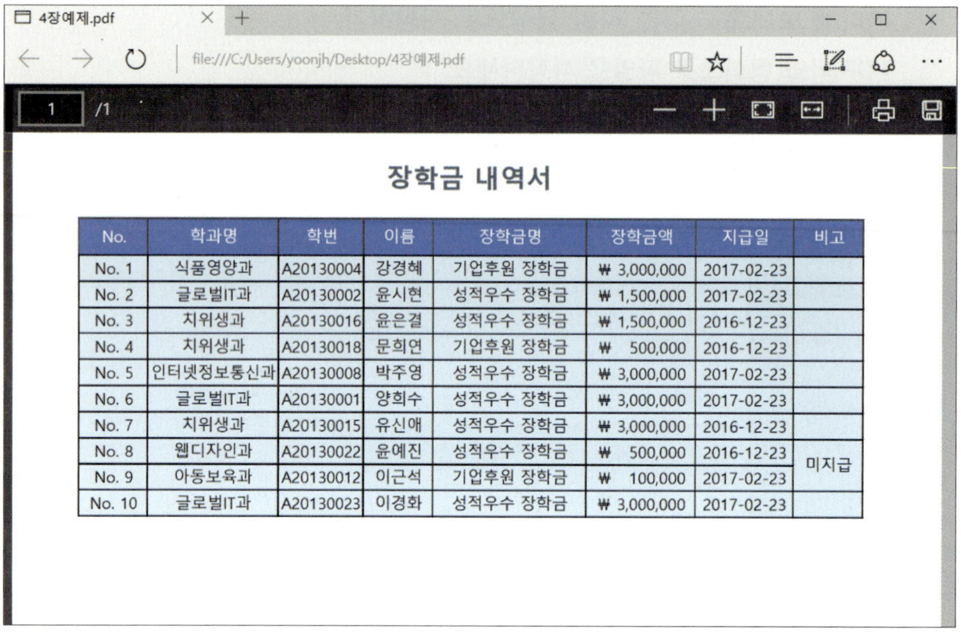

장학금 내역서

No.	학과명	학번	이름	장학금명	장학금액	지급일	비고
No. 1	식품영양과	A20130004	강경혜	기업후원 장학금	₩ 3,000,000	2017-02-23	
No. 2	글로벌IT과	A20130002	윤시현	성적우수 장학금	₩ 1,500,000	2017-02-23	
No. 3	치위생과	A20130016	윤은결	성적우수 장학금	₩ 1,500,000	2016-12-23	
No. 4	치위생과	A20130018	문희연	기업후원 장학금	₩ 500,000	2016-12-23	
No. 5	인터넷정보통신과	A20130008	박주영	성적우수 장학금	₩ 3,000,000	2017-02-23	
No. 6	글로벌IT과	A20130001	양희수	성적우수 장학금	₩ 3,000,000	2017-02-23	
No. 7	치위생과	A20130015	유신애	성적우수 장학금	₩ 3,000,000	2016-12-23	
No. 8	웹디자인과	A20130022	윤예진	성적우수 장학금	₩ 500,000	2016-12-23	미지급
No. 9	아동보육과	A20130012	이근석	기업후원 장학금	₩ 100,000	2017-02-23	
No. 10	글로벌IT과	A20130023	이경화	성적우수 장학금	₩ 3,000,000	2017-02-23	

Tip

다른 이름으로 저장하기 대화상자에서 '게시 후 파일 열기' 가 체크되어 있으면 PDF 파일이 자동으로 실행됩니다. PDF 파일이 열리지 않는 경우 adobe reader 프로그램이 설치되지 않았기 때문입니다. 프로그램을 설치하면 파일이 열리는 것을 확인할 수 있습니다.

04

인쇄 설정

용지 방향, 여백, 머리글 및 바닥글을 설정하여 매 페이지마다 반복되는 내용을 추가하여 다양한 방법으로 인쇄를 설정 할 수 있다. 또한 인쇄 영역을 설정하여 일부 영역만 인쇄할 수 있다.

예제파일 : 4장예제.xlsx

4-1 페이지 설정하기

따라해 보세요 – 페이지 설정하기

페이지 설정을 이용하여 용지 방향, 머리글과 바닥글 등을 설정하세요.

*시트명 : 인쇄

1. [파일 탭 – 인쇄 – 페이지 설정]을 클릭합니다.

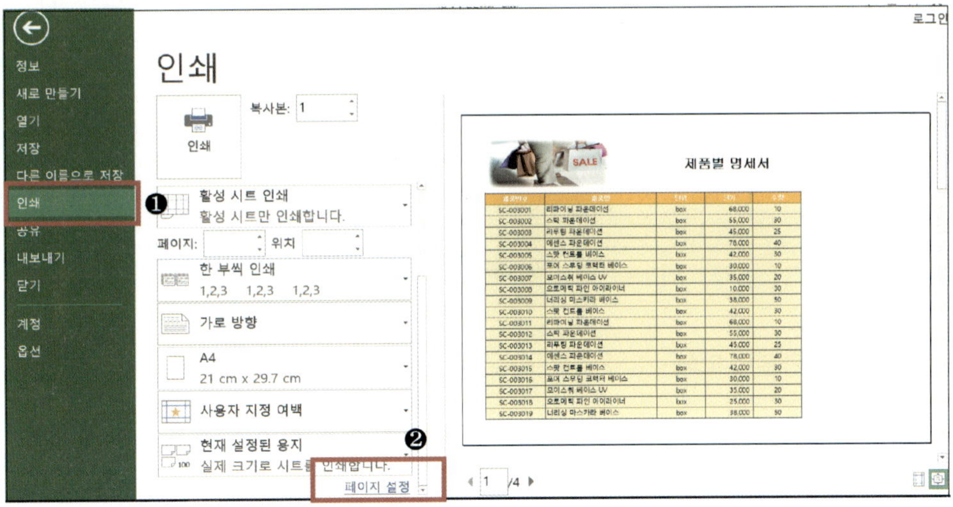

2. 페이지 탭에서 용지방향은 '세로'를 선택하고 여백 탭으로 이동합니다.

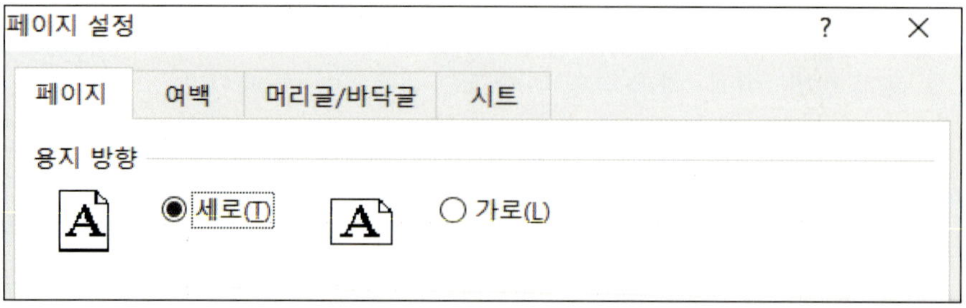

3. 여백 탭에서 위쪽 / 아래쪽 여백은 '1.5', 왼쪽 / 오른쪽 여백은 '2.0', 페이지 가운데 맞춤은 '가로 체크'를 선택하고 머리글/바닥글 탭으로 이동합니다.

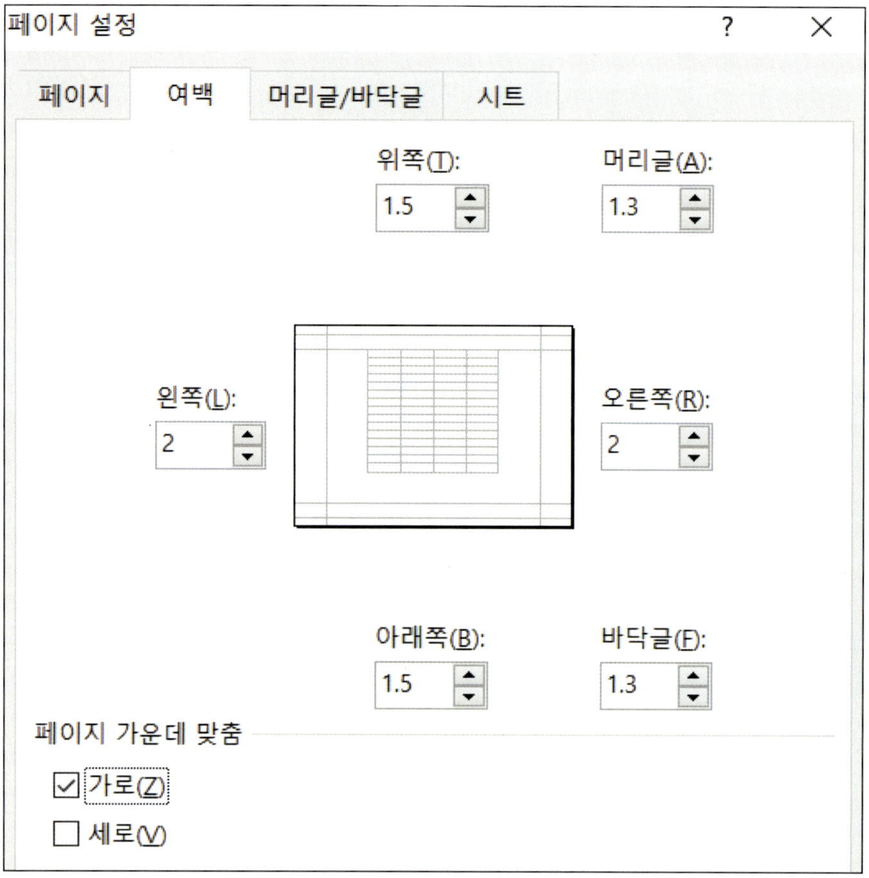

4. 머리글 / 바닥글 탭에서 바닥글 영역에 '페이지 1' 을 선택하여 페이지 번호를 삽입합니다. 이 설정은 인쇄할 때 모든 페이지의 바닥글 영역에 페이지 번호가 자동으로 추가됩니다. '머리글 편집' 버튼을 클릭합니다.

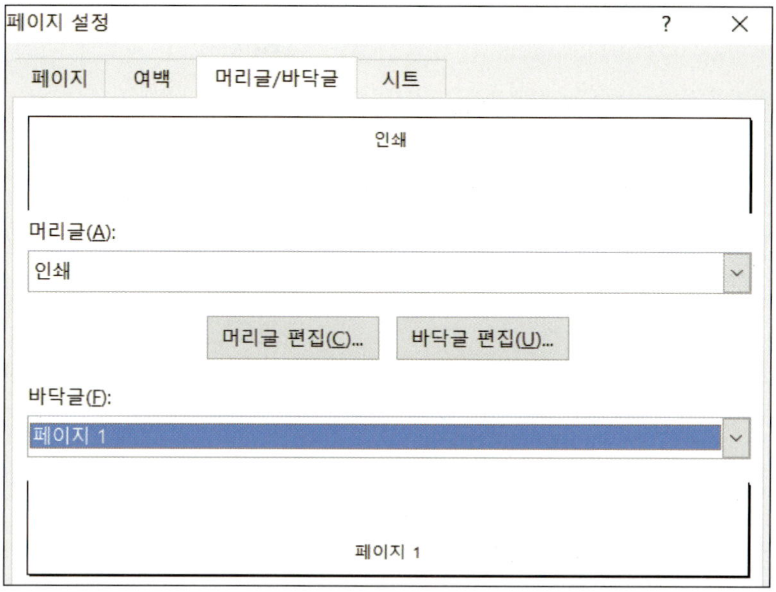

5. 머리글 대화상자가 나타나면 가운데 구역에 커서를 이동합니다. '시트 이름 삽입' 버튼을 클릭하여 '&[탭]' 을 삽입하고 확인 버튼을 클릭합니다. 이 설정은 인쇄할 때 모든 페이지의 머리글 영역에 시트명이 자동으로 추가됩니다.

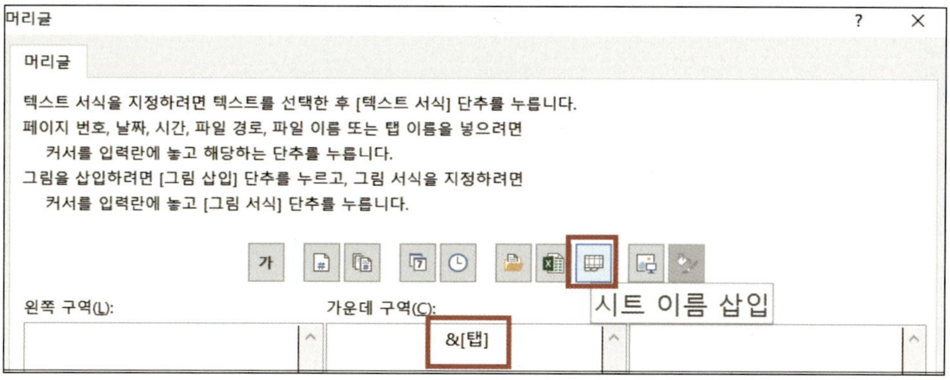

6. 아래와 같이 페이지 설정이 변경되는 것을 확인할 수 있습니다.

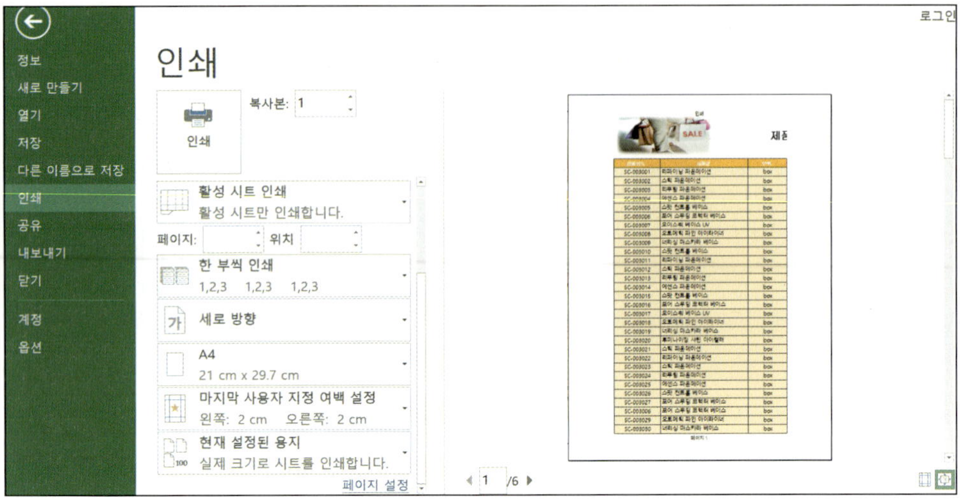

7. 인쇄 버튼을 클릭하면 문서가 인쇄되는 것을 확인할 수 있습니다. (실습중에는 인쇄버튼을 클릭하지 마시기 바랍니다.)

Tip 머리글이나 바닥글을 이용할 경우 [보기 탭 – 통합 문서 보기 그룹 – 페이지 레이아웃] 보기를 이용하면 쉽게 확인할 수 있습니다.

4-2 인쇄하기

따라해 보세요 – 페이지마다 인쇄 제목 설정하기

1행부터 4행까지 인쇄 제목으로 설정하여 매 페이지마다 인쇄제목이 반복될 수 있도록 설정하고, A4 화면에 페이지의 모든 열이 맞춰지도록 인쇄하세요.

*시트명 : 인쇄

1. [페이지 레이아웃 탭 – 페이지 설정 그룹 – 인쇄 제목]을 클릭합니다.

2. 반복할 행에 '$1:$4'를 입력하고 확인 버튼을 클릭합니다.

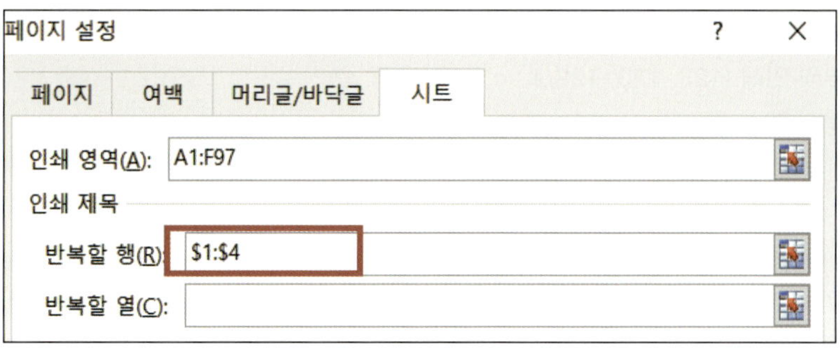

3. 페이지를 넘겨 확인하면 1행부터 4행까지 인쇄 제목이 매 페이지마다 반복되는 것을 확인할 수 있습니다.

4. '한 페이지에 모든 열 맞추기' 로 설정을 변경하고 인쇄 버튼을 클릭합니다. 표의 열이 한페이지에 맞게 설정되는 것을 확인할 수 있습니다. (실습중에는 인쇄버튼을 클릭하지 마시기 바랍니다.)

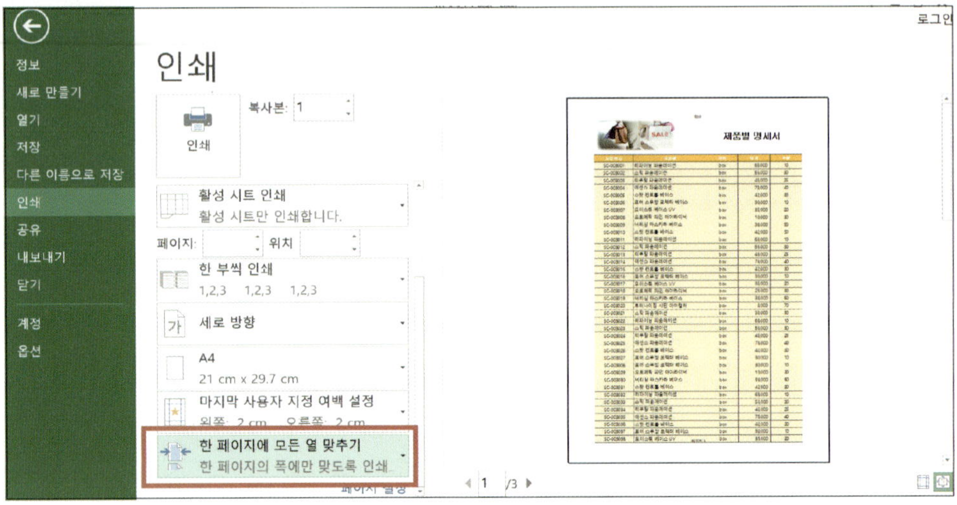

설명

인쇄 설정

① 활성 시트 인쇄 : 활성 시트만 인쇄합니다.

전체 통합 문서 인쇄 : 전체 통합 문서를 인쇄합니다.

선택 영역 인쇄 : 선택 영역만 인쇄합니다.

② 한 부씩 인쇄 (123, 123, 123..)

한 부씩 인쇄 안함 (111, 222, 333...)

③ 가로, 세로 방향을 설정합니다.

④ A4, A5 등 용지 크기를 설정합니다.

⑤ 기본, 넓게, 좁게, 사용자 지정 여백을 설정합니다.

⑥ 현재 설정된 용지 : 실제 크기로 시트를 인쇄합니다.

한 페이지에 시트 맞추기 : 한 페이지에 모두 들어가도록 인쇄물을 줄입니다.

한 페이지에 모든 열 맞추기 : 한 페이지의 폭에만 맞도록 인쇄물을 줄입니다.

한 페이지에 모든 행 맞추기 : 한 페이지의 높이에만 맞도록 인쇄물을 줄입니다.

4-3 인쇄 영역 설정하기

따라해 보세요 – 일부 영역만 인쇄하기

10행까지만 인쇄하도록 인쇄 영역을 설정하세요. 인쇄 미리보기로 확인한 후 설정된 인쇄 영역을 해제하세요.

*시트명 : 인쇄

1. A1:F10 범위를 선택한 후 [페이지 레이아웃 탭 – 페이지 설정 그룹 – 인쇄 영역 – 인쇄 영역 설정]을 클릭합니다.

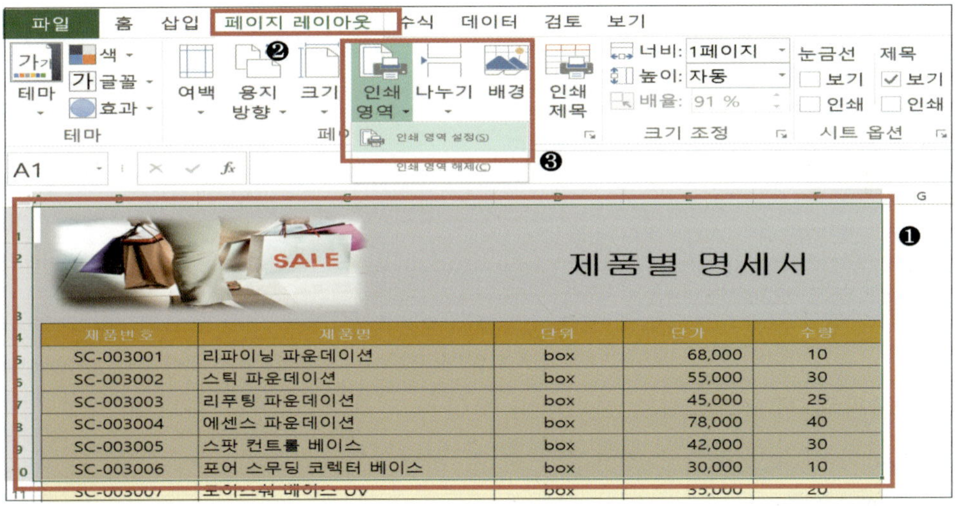

2. [파일 탭 – 인쇄]를 클릭하면 오른쪽 인쇄 미리보기 화면에 현재 설정된 인쇄 영역만 미리보기 되는 것을 확인할 수 있습니다.

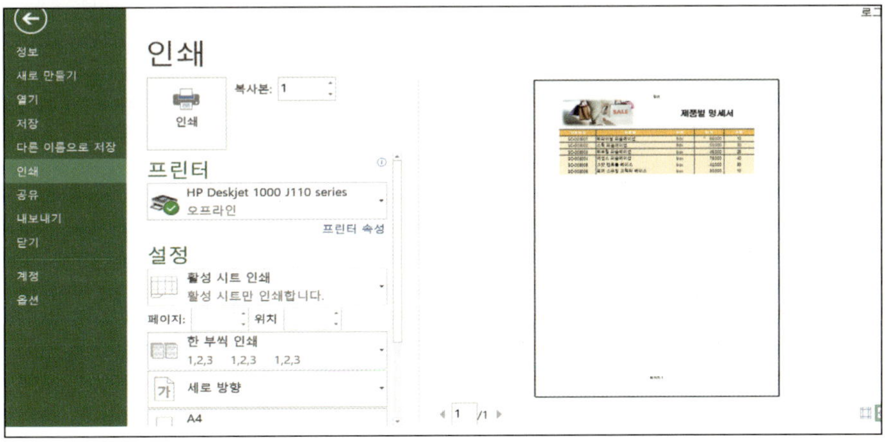

3. 오른쪽 상단의 ' ← ' 버튼을 클릭하여 편집화면으로 다시 돌아옵니다. [페이지 레이아웃 탭 – 페이지 설정 그룹 – 인쇄 영역 – 인쇄 영역 해제]를 클릭합니다.

4. [파일 탭 – 인쇄]를 클릭하면 오른쪽 인쇄 미리보기 화면에 인쇄 영역이 전체로 다시 변경되는 것을 확인할 수 있습니다.

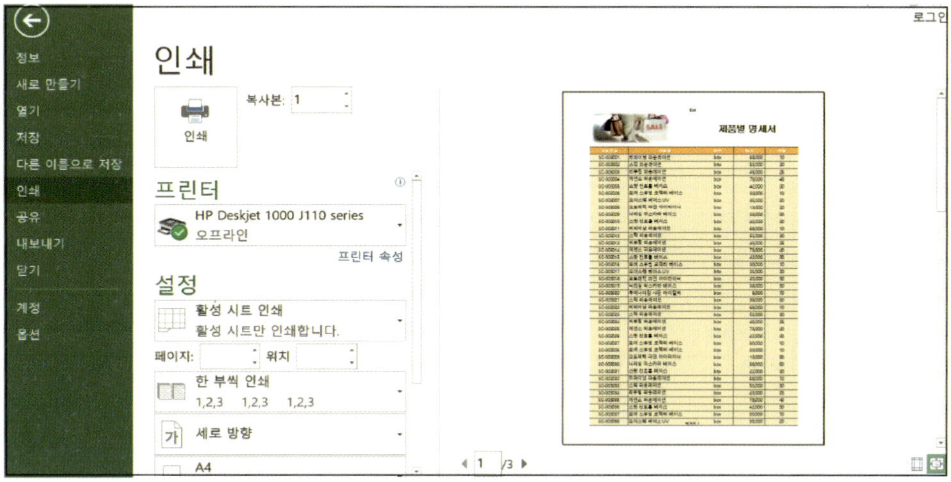

4장

실전예제만들기

워크시트를 이용하여 거래명세서를 만들어 보세요.

거래명세표(공급받는자보관용)				일자			
				공급자 연락처			
공급자				공급받는자			
상호				상호			
성명			(인)	성명			(인)
주소				주소			
업태				비고			
품목				인수자			
월일	품명/규격	단위	수량	단가	공급가액	세액	비고/합계
합계					전잔금	₩	
메모					총잔금	₩	

조건

(1) 새 통합문서에서 새로 만들기 하십시오.
(2) A열은 비워 두십시오.(너비 : 1.2)
(3) '제목 글꼴 : 제목 글꼴 : 맑은 고딕, 크기 : 20pt, 셀 병합, 가운데 정렬' 로 설정하십시오.
(4) '본문 글꼴 : 맑은 고딕, 크기 : 12pt, 가운데 맞춤' 으로 설정하십시오.
(5) 셀 테두리를 이용하여 표를 완성하십시오.
(6) 용지 방향은 가로 방향으로 설정하세요.
(7) 3행부터 9행, 17행부터 18행까지 행 높이는 '30' 으로 설정하십시오.
(8) 여백 및 열 너비는 적당히 조절하여 인쇄 미리보기 화면에서 한 화면에 나타날 수 있도록 설정하세요.
(9) C4:C8, G4:G8, B10:E16 범위를 제외한 나머지 영역은 편집되지 않도록 시트를 보호하세요. 암호는 'YJH1234' 로 설정하세요.
(10) 통합문서에 암호를 설정하세요. 암호는 '1234' 로 설정하세요.

1. 엑셀 2013을 실행하여 '새 통합문서' 를 클릭하여 새로운 통합문서를 만듭니다.

2. A열 머리글에서 마우스를 오른쪽 클릭하여 열 너비를 '1.2' 로 설정한 후 확인 버튼을 클릭합니다.

3. 왼쪽 상단의 행과 열의 교차지점을 클릭합니다. 시트 전체가 선택되면 본문 글꼴은 '맑은 고딕' 으로 크기는 '12' 로 설정하고, [홈 탭 – 맞춤 그룹 – 가운데 맞춤]을 클릭하여 시트 전체 기본 글꼴과 맞춤을 설정합니다.

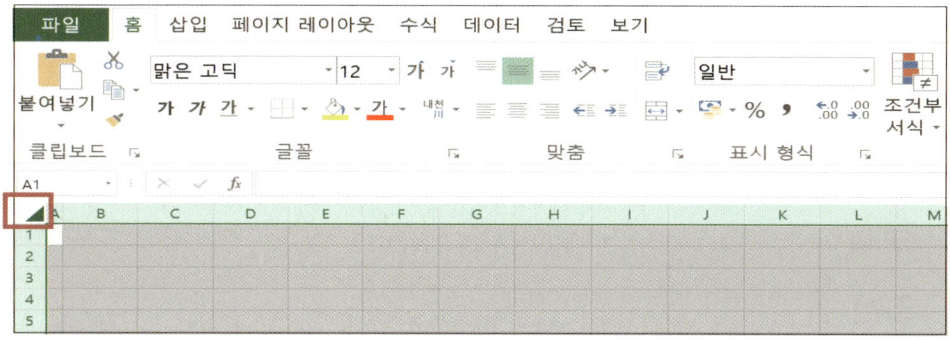

4. B1 셀에 '거래명세표(공급받는자보관용)' 을 입력합니다.

5. B1:D2 범위를 선택한 후 [홈 탭 – 맞춤 그룹 – 병합하고 가운데 맞춤]을 선택하고 글꼴은 '맑은 고딕' , 크기는 '20' 으로 설정합니다.

6. 나머지 텍스트와 셀 병합 및 정렬은 아래 화면과 동일하게 입력합니다.

7. B 열부터 I 열까지 열 머리글을 드래그하여 동시에 선택한 후 열 머리글 위에서 마우스를 오른쪽 클릭하여 열 너비를 클릭합니다. 열 너비를 '15' 로 입력하고 확인 버튼을 클릭합니다.

8. 'Ctrl' 키를 이용하여 B열과 F열을 동시에 선택한 후 열 머리글 위에서 마우스를 오른쪽 클릭하여 열 너비를 클릭합니다. 열 너비를 '10' 로 입력하고 확인 버튼을 클릭하여 아래 화면과 동일하게 열 너비를 설정합니다.

9. B1:H18 범위를 선택 후 [홈 탭 – 글꼴 그룹 – 모든 테두리]를 클릭하여 테두리를 그려줍니다. '굵은 테두리' 및 '테두리 없음' 을 이용하여 아래 화면과 동일하게 테두리 설정을 변경합니다.

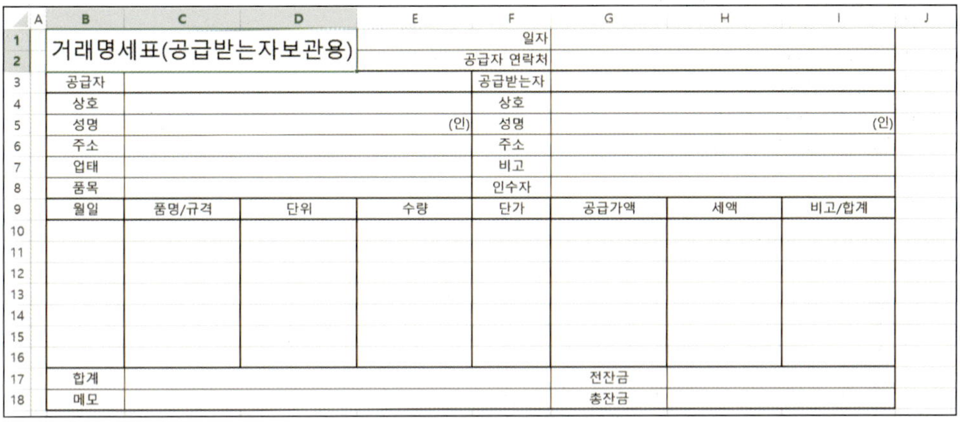

10. 'Ctrl' 키를 이용하여 'B1:F2, B3:G3, B9:I9, B11:I11, B13:I13, B15:I15' 범위를 선택한 후 [홈 탭 – 글꼴 그룹 – 채우기 색 – 흰색, 배경1, 15% 더 어둡게]를 클릭하여 거래 명세표에 음영을 추가합니다.

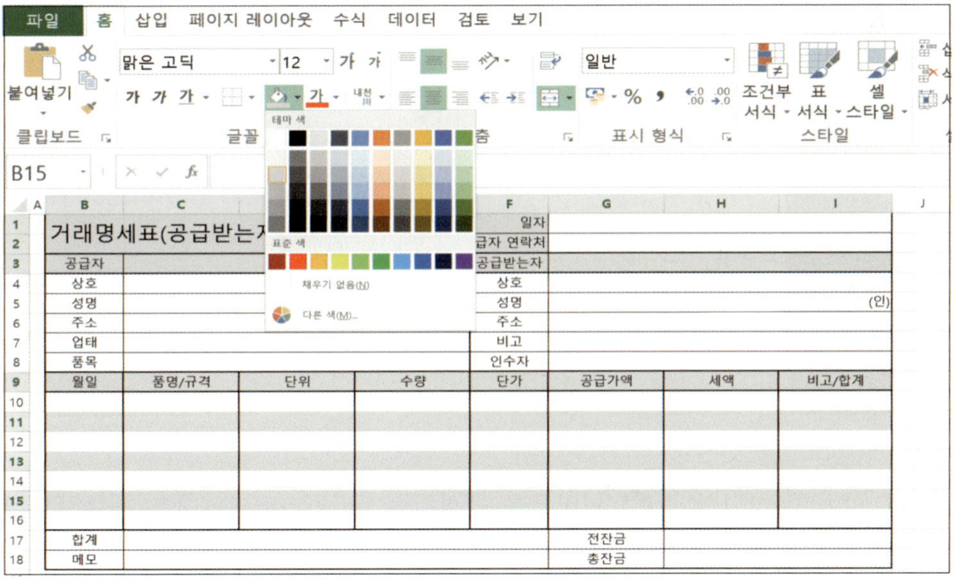

11. 'Ctrl' 키를 이용하여 3 행부터 8 행, 17 행부터 18 행까지 행 머리글을 선택한 후 마우스를 오른쪽 클릭하여 행 높이를 클릭합니다. 행 높이는 '30' 로 입력한 후 확인 버튼을 클릭합니다.

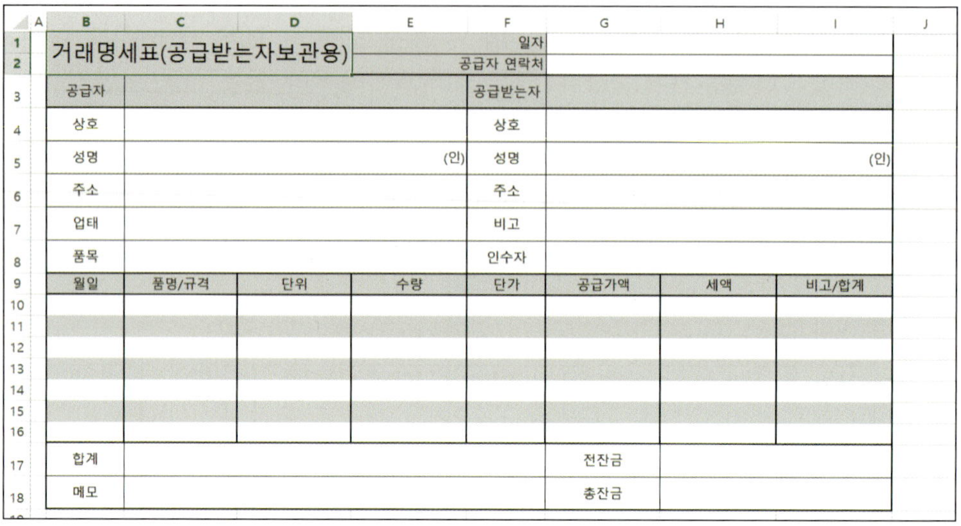

12. [파일 탭 – 인쇄]를 클릭합니다. 오른쪽 인쇄 미리보기 화면을 참고하여 방향은 '가로 방향' , 여백은 '좁은 여백' , 페이지 맞추기는 '한 페이지에 모든 열 맞추기' 를 선택하여 인쇄 화면을 설정합니다.

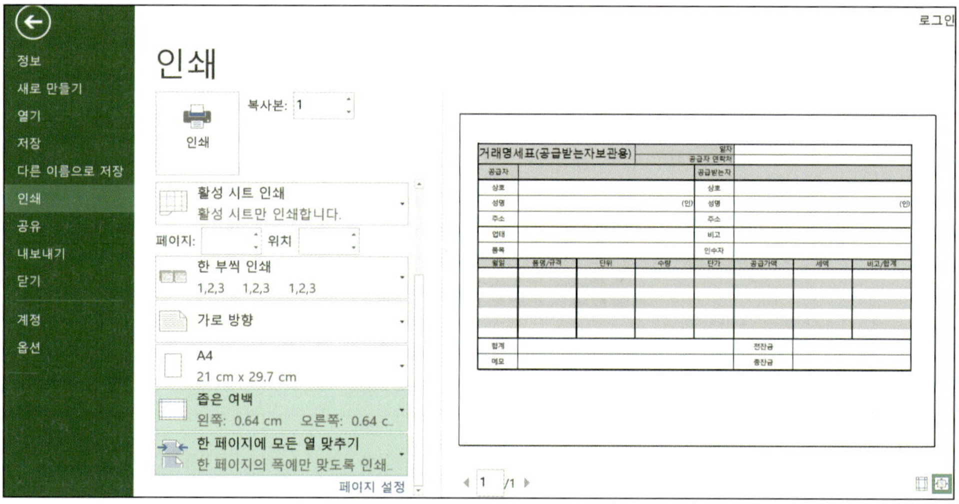

13. 오른쪽 상단의 ' ' 버튼을 클릭하여 backstage 화면을 종료하고 워크시트 화면으로 돌아옵니다.

14. 'Ctrl' 키를 이용하여 C4:C8, G4:G8, B10:E16 범위를 선택한 후 [홈 탭 – 셀 그룹 – 서식 – 셀 잠금]을 클릭합니다.

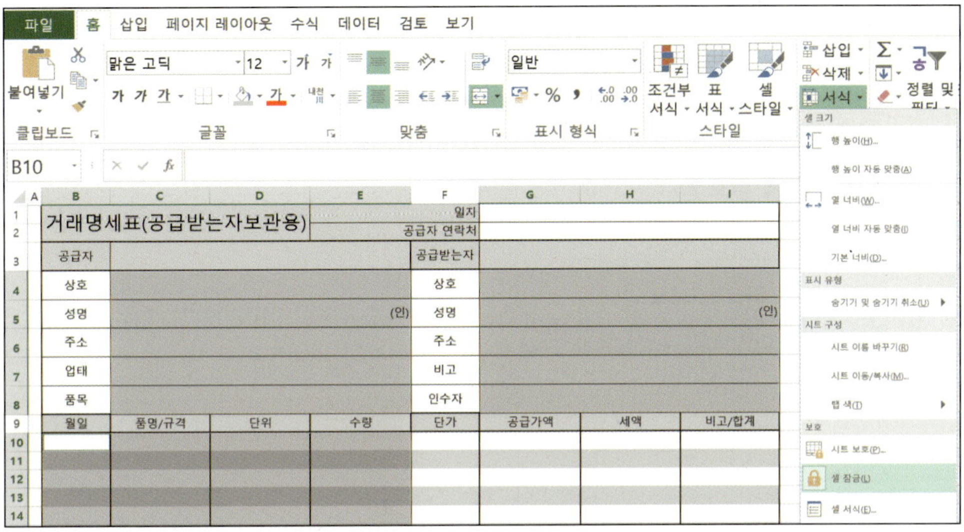

15. [홈 탭 – 셀 그룹 – 서식 – 시트 보호]를 클릭하여 일부 영역만 편집할 수 있도록 암호를 설정합니다.

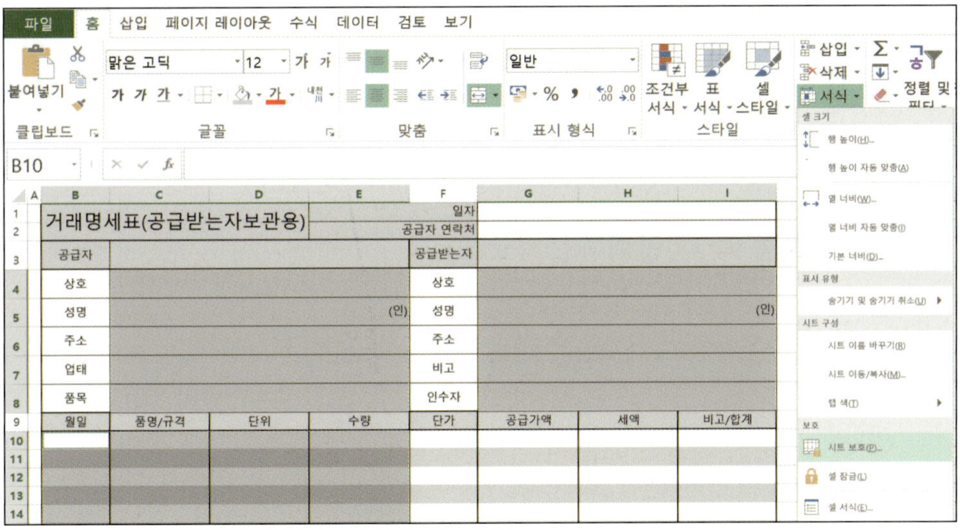

16. 시트 보호 대화상자가 나타나면 시트 보호 해제 암호는 'YJH1234' 를 입력하고, 현재 선택된 셀에만 편집을 허용하기 위하여 '잠긴 셀 선택' 을 해제하고 확인 버튼을 클릭합니다.

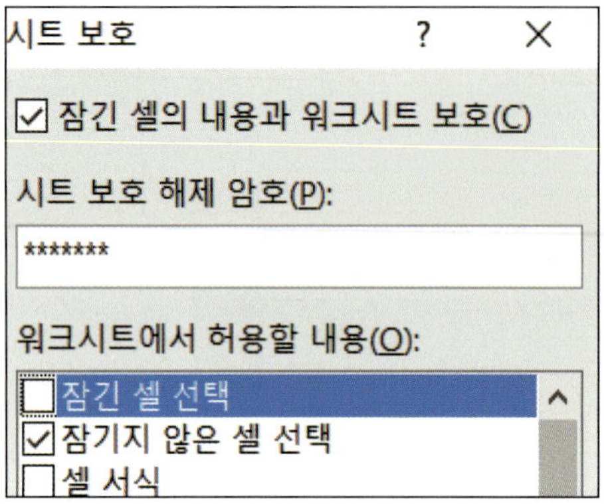

Tip
현재 선택된 셀은 셀 잠금이 해제된 상태이기 때문에 '잠기지 않은 셀 선택' 만 체크합니다.
암호는 대소문자를 구분합니다.

17. 암호 확인 대화상자가 나타나면 'YJH1234' 를 동일하게 입력하고 확인 버튼을 클릭합니다. 'C4:C8, G4:G8, B10:E16' 범위만 편집할 수 있도록 설정되는 것을 확인할 수 있습니다.

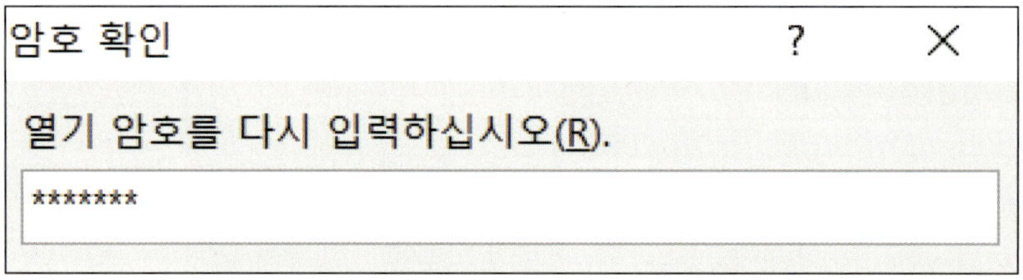

18. [파일 탭 – 정보 – 통합 문서 보호 – 암호 설정]을 클릭하여 통합문서에 암호를 설정합니다.

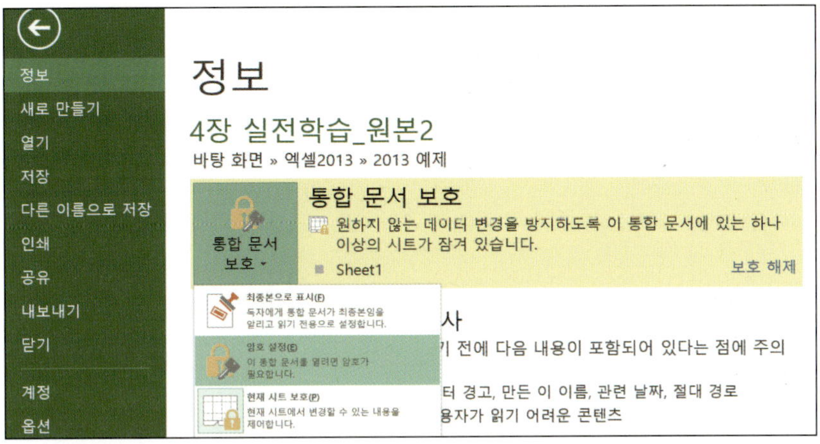

19. 문서 암호화 대화상자가 나타나면 암호 '1234' 를 입력하고 확인 버튼을 클릭합니다. 암호를 재확인하는 대화상자가 다시 나타나면 동일한 암호 '1234' 를 입력하고 확인 버튼을 클릭합니다.

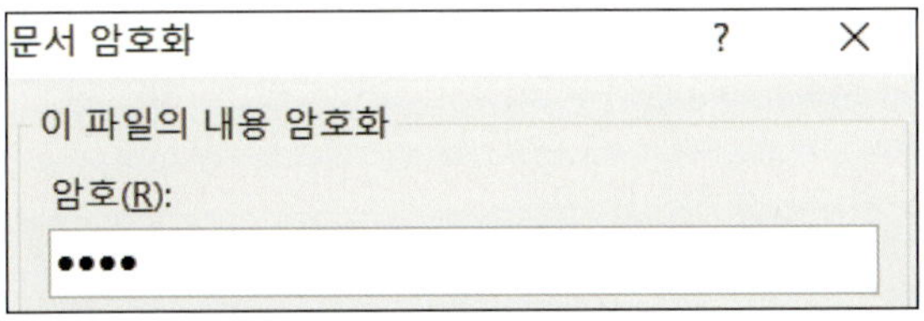

20. 통합 문서 보호가 설정되는 것을 확인할 수 있습니다.

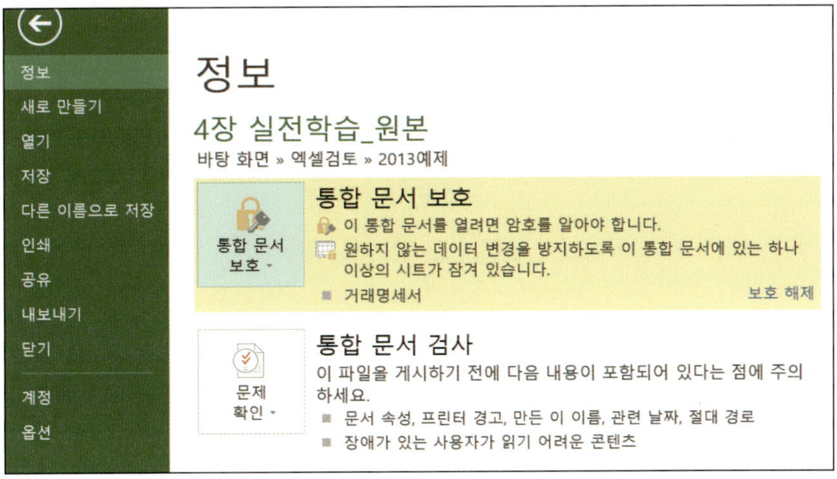

Chapter 5

수식 계산

01

수식 작성

수식을 작성하기 전에 참조방식에 대한 차이를 정확히 이해해야 수식에 적극 활용할 수 있다. 또한 수식을 직접 작성하기 위해서 다양한 연산자를 활용할 수 있다.

예제파일 : 5장예제.xlsx

1-1 상대 참조 방식으로 수식 입력하기

상대 참조란?

가장 일반적인 셀 주소 방식입니다. 'A(열)1(행)' 의 형태를 가지고 있으며, 채우기 핸들을 이용하여 수식을 복사할 경우 상대적으로 셀의 위치가 변경되는 방식을 의미합니다.

(예) 수식 '=A1+B1' 을 복사 한 결과

수식 =A1+B1	아래로 수식을 복사하는 경우	오른쪽으로 수식을 복사하는 경우
셀 복사 결과 (상대참조)	문자 그대로 → 열 그대로 숫자 증가 → 행 증가	문자 증가 → 열 증가 숫자 그대로 → 행 그대로
수식 결과	=A2+B2 =A3+B3 =A4+B4	=B1+C1 =C1+D1 =D1+E1

따라해 보세요 – 상대 참조를 이용하여 직접 수식 작성하기

'단가' 열과 '판매수량' 열을 이용하여 '판매금액' 열에 계산하세요.

*시트명 : 직접수식

1. F5 셀에 커서를 이동한 후 '=D5*E5' 를 입력하고 'Enter' 키를 누릅니다.

VLOOKUP | =D5*E5

브래드코너 판매 현황표

					부가세	10%

No.	푸드명	단가	판매수량	판매금액	부가세	할인된 금액	총 판매금액
1	야채샌드위치	1,800	40	=D5*E5			
2	햄치즈샌드위치	4,500	35				
3	크림치즈빵	1,200	50				
4	단팥빵	800	25				

Tip

직접 수식 입력 시 유의사항

- 수식 입력 전에 반드시 연산 기호 '=, +, –' 로 시작해야 합니다.
- 셀 주소를 입력할 때에는 직접 입력하거나 해당 셀을 클릭하여 입력해야 합니다.
- 수식을 입력한 후에는 반드시 'Enter' 키로 입력을 마무리해야 합니다.

2. '단가(1,800) * 판매수량(40) = 72,000' 이 F5 셀에 계산되는 것을 확인할 수 있습니다. 채우기 핸들(+)을 이용하여 F14 셀까지 수식을 복사합니다. F6 셀에서부터 F14 셀까지 각 행에 맞게 '단가 * 판매수량' 금액이 계산되는 것을 확인할 수 있습니다.

F5 | =D5*E5

브래드코너 판매 현황표

					부가세	10%

No.	푸드명	단가	판매수량	판매금액	부가세	할인된 금액	총 판매금액
1	야채샌드위치	1,800	40	72,000			
2	햄치즈샌드위치	4,500	35	157,500			
3	크림치즈빵	1,200	50	60,000			
4	단팥빵	800	25	20,000			
5	미니치즈롤	900	46	41,400			
6	단호박찰빵	1,500	30	45,000			
7	치즈 프레첼	2,000	40	80,000			
8	시나몬 프레첼	2,000	50	100,000			
9	초코머핀	2,500	80	200,000			
10	옥수수카스테라	3,800	30	114,000			

1-2 절대 참조 방식으로 수식 입력하기

절대 참조란?

셀의 열과 행 앞에 '$' 기호가 삽입되는 '$A(열)$1(행)' 의 형태를 가지고 있으며, 채우기 핸들을 이용하여 수식을 복사할 경우 '$' 기호가 삽입된 열이나 행의 셀 위치는 절대 변경되지 않는 방식을 의미합니다.

Tip

- 'F4' 키를 이용하여 '$' 기호를 삽입할 수 있습니다.
- 'F4' 키를 한번 누를 때 마다(A1 → $A$1 → A$1 → $A1 → A1) 순서로 변경됩니다.

(예) 수식 '=A1+$B$1' 을 복사 한 결과

수식 =A1+$B$1	아래로 수식을 복사하는 경우	오른쪽으로 수식을 복사하는 경우
A1셀 복사 결과 (상대참조)	문자 그대로 → 열 그대로 숫자 증가 → 행 증가	문자 증가 → 열 증가 숫자 그대로 → 행 그대로
$B$1셀 복사 결과 (절대참조)	문자 그대로 → 열 그대로 숫자 그대로 → 행 그대로	문자 그대로 → 열 그대로 숫자 그대로 → 행 그대로
수식 결과	=A2+$B$1 =A3+$B$1 =A4+$B$1	=B1+$B$1 =C1+$B$1 =D1+$B$1

※ 기본 연산 기호

연산 기호	의미	계산식	계산결과
+	더하기	=6+3	9
–	빼기	=6–3	3
*	곱하기	=6*3	18
/	나누기	=6/3	2
%	백분율	=30%	0.3
^	거듭제곱	=6^3	216

따라해 보세요 – 절대 참조를 이용하여 직접 수식 작성하기

'판매금액' 열과 '부가세' 셀을 이용하여 '부가세' 열에 계산하세요.

*시트명 : 직접수식

1. G5 셀에 커서를 이동한 후 '=F5*I2' 를 입력합니다. I2 셀을 절대 참조로 고정시키기 위하여 'F4' 키를 한번 누릅니다. 'I2' 값이 '$I$2' 로 변경되는 것을 확인할 수 있습니다. 수식 입력을 마무리하기 위하여 'Enter' 키를 누릅니다.

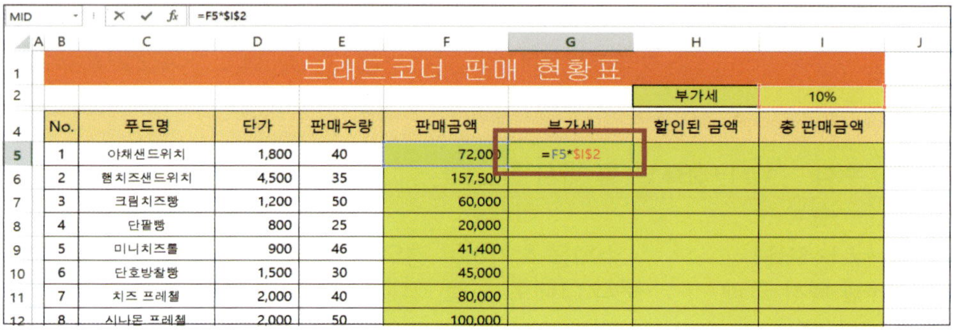

MID | =F5*$I$2

브래드코너 판매 현황표

						부가세	10%
No.	푸드명	단가	판매수량	판매금액	부가세	할인된 금액	총 판매금액
1	야채샌드위치	1,800	40	72,000	=F5*$I$2		
2	햄치즈샌드위치	4,500	35	157,500			
3	크림치즈빵	1,200	50	60,000			
4	단팥빵	800	25	20,000			
5	미니치즈롤	900	46	41,400			
6	단호박찰빵	1,500	30	45,000			
7	치즈 프레첼	2,000	40	80,000			
8	시나몬 프레첼	2,000	50	100,000			

2. G5 셀에 '7,200' 이 계산되는 것을 확인할 수 있습니다. 채우기 핸들을 이용하여 G14 셀까지 수식을 복사합니다. G6 셀부터 G14 셀까지 각 행에 맞게 '판매금액 * 부가세(10%)' 금액이 계산되는 것을 확인할 수 있습니다.

G5 | =F5*$I$2

브래드코너 판매 현황표

						부가세	10%
No.	푸드명	단가	판매수량	판매금액	부가세	할인된 금액	총 판매금액
1	야채샌드위치	1,800	40	72,000	7,200		
2	햄치즈샌드위치	4,500	35	157,500	15,750		
3	크림치즈빵	1,200	50	60,000	6,000		
4	단팥빵	800	25	20,000	2,000		
5	미니치즈롤	900	46	41,400	4,140		
6	단호박찰빵	1,500	30	45,000	4,500		
7	치즈 프레첼	2,000	40	80,000	8,000		
8	시나몬 프레첼	2,000	50	100,000	10,000		
9	초코머핀	2,500	80	200,000	20,000		
10	옥수수카스테라	3,800	30	114,000	11,400		

경고

오류 메세지

수식이나 함수를 잘못 입력하였을 경우 오류 메시지가 표시됩니다. 아래 화면과 같이 오류가 나타나는 경우는 절대 참조를 적용하지 않았기 때문입니다. 수식 입력줄에서 **'절대 참조 기호($)'** 를 삽입한 후 다시 채우기 핸들을 이용하여 수식을 복사하게 되면 부가세가 바르게 계산되는 것을 확인할 수 있습니다.

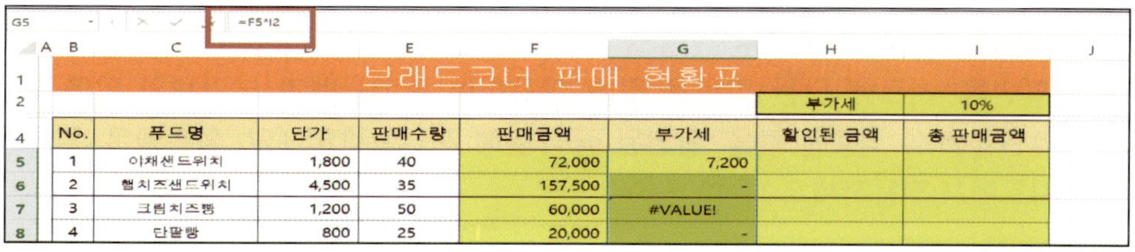

G5 =F5*I2

브래드코너 판매 현황표

					부가세	10%
No.	푸드명	단가	판매수량	판매금액	부가세	할인된 금액	총 판매금액
1	야채샌드위치	1,800	40	72,000	7,200		
2	햄치즈샌드위치	4,500	35	157,500	-		
3	크림치즈빵	1,200	50	60,000	#VALUE!		
4	단팥빵	800	25	20,000	-		

※ 수식 결과

수식 = F5 * I2	바르게 계산된 수식 (절대 참조 적용)	오류 수식 (상대 참조 적용)
G5 셀 수식 결과	= F5 * $I$2 = 72,000 * 0.1	= F5 * I2 = 72,000 * **0.1**
G6 셀 수식 결과	= F6 * $I$2 = 157,500 * 0.1	= F6 * I3 = 157,500 * **빈 셀**
G7 셀 수식 결과	= F7 * $I$2 = 60,000 * 0.1	= F7 * I4 = 60,000 * **텍스트(총 판매금액)**

※ 수식 오류 메시지 종류

① # # # # # :	열 너비가 좁아 내용이 다 표시되지 못하거나 날짜와 시간이 음수일 때 발생하는 오류입니다. 열 너비 영역 선을 더블 클릭하거나 열 너비를 드래그하여 해결할 수 있습니다.
② #DIV/0! :	값을 0으로 나누는 수식일 때 발생합니다.
③ # N / A :	참조 위치에 데이터가 없거나 함수 인수에 부적절한 값이 지정된 경우에 발생합니다.
④ #NAME? :	정의된 이름이 없는 이름을 사용하거나, 이름 및 함수 철자가 틀리거나, 텍스트 인수에 큰 따옴표(“ ”)를 묶지 않거나, 범위 참조 시 콜론(:)이 생략된 경우에 발생합니다.
⑤ #NULL! :	두 개 이상의 셀 범위에 값을 참조한 수식에서 잘못된 범위 연산자가 사용된 경우에 발생합니다.
⑥ #NUM! :	숫자 인수가 잘못된 경우나, EXCEL의 숫자 범위를 초과하거나 미만인 경우에 발생합니다.
⑦ # R E F ! :	다른 수식에 참조하는 셀을 삭제한 경우에 발생합니다.
⑧ #VALUE! :	잘못된 인수나 피연산자를 사용한 경우에 발생합니다.

따라해 보세요 - 괄호를 이용하여 직접 수식 작성하기

'할인율' 시트에 있는 할인율 값을 이용하여 판매금액과 부가세의 합에 대한 할인율(5%) 적용된 값을 '할인된 금액'열에 계산하세요. (단, 할인율은 '할인율' 시트에서 적용하세요.)

*시트명 : 직접수식

1. H5 셀에 커서를 이동한 후 '=(F5+G5)*' 까지 입력합니다.

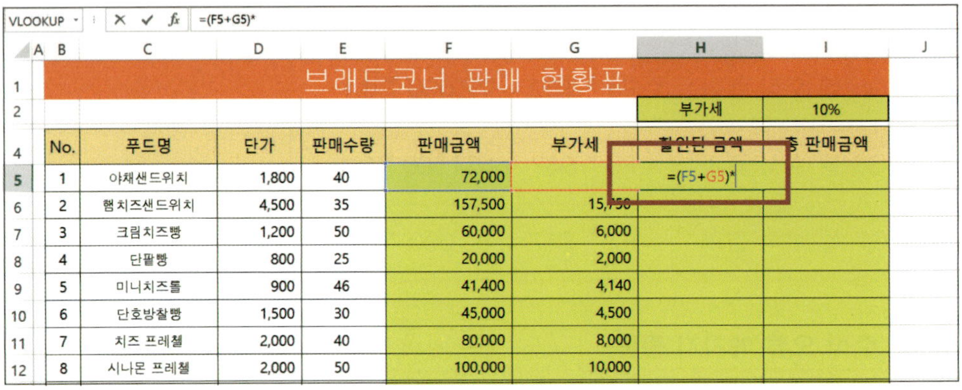

No.	푸드명	단가	판매수량	판매금액	부가세	할인된 금액	총 판매금액
1	야채샌드위치	1,800	40	72,000		=(F5+G5)*	
2	햄치즈샌드위치	4,500	35	157,500	15,750		
3	크림치즈빵	1,200	50	60,000	6,000		
4	단팥빵	800	25	20,000	2,000		
5	미니치즈롤	900	46	41,400	4,140		
6	단호박찰빵	1,500	30	45,000	4,500		
7	치즈 프레첼	2,000	40	80,000	8,000		
8	시나몬 프레첼	2,000	50	100,000	10,000		

2. '*' 기호 뒤에 커서를 두고 할인율 시트로 이동하여 C2 셀을 클릭합니다. F4 키를 이용하여 절대 참조($C$2)로 변경 후 'Enter' 키를 누릅니다.

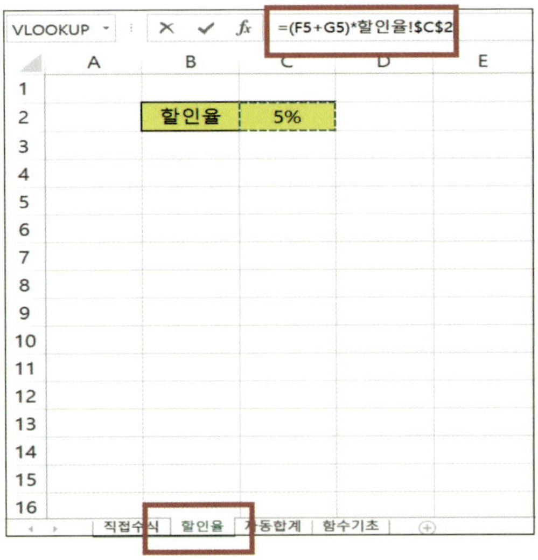

Tip

다른 시트로 이동하는 경우 수식 입력줄에 **(시트명)!(셀주소)**가 입력되는 것을 확인할 수 있습니다.
=(F5+G5)***할인율!$C$2**

3. 'Enter' 키를 누르면 자동으로 '직접수식' 시트로 이동하게 되고 계산된 결과를 확인할 수 있습니다. 채우기 핸들을 이용하여 H14 셀까지 수식을 복사합니다. H6 셀부터 H14 셀까지 각 행에 맞게 '판매금액 + 부가세' 의 5% 금액이 계산되는 것이 확인할 수 있습니다.

H5 =(F5+G5)*할인율!$C$2

	A	B	C	D	E	F	G	H	I	J
1		브래드코너 판매 현황표								
2								부가세	10%	
4		No.	푸드명	단가	판매수량	판매금액	부가세	할인된 금액	총 판매금액	
5		1	야채샌드위치	1,800	40	72,000	7,200	3,960		
6		2	햄치즈샌드위치	4,500	35	157,500	15,750	8,663		
7		3	크림치즈빵	1,200	50	60,000	6,000	3,300		
8		4	단팥빵	800	25	20,000	2,000	1,100		
9		5	미니치즈롤	900	46	41,400	4,140	2,277		
10		6	단호방찰빵	1,500	30	45,000	4,500	2,475		
11		7	치즈 프레첼	2,000	40	80,000	8,000	4,400		
12		8	시나몬 프레첼	2,000	50	100,000	10,000	5,500		
13		9	초코머핀	2,500	80	200,000	20,000	11,000		
14		10	옥수수카스테라	3,800	30	114,000	11,400	6,270		

Tip 할인율을 클릭한 후 원래 시트(직접수식)로 절대 이동하지 마세요. 시트명이 변경되어 계산에 오류가 발생합니다.

따라해 보세요 – 직접 수식 작성하기

판매금액, 부가세 그리고 할인된 금액의 값을 이용하여 '총 판매금액' 열에 계산하세요.

*시트명 : 직접수식

1. I5 셀에 커서를 이동한 후 '=F5+G5–H5' 를 입력한 후 'Enter' 키를 누릅니다.

	A	B	C	D	E	F	G	H	I
1		브래드코너 판매 현황표							
2								부가세	10%
4		No.	푸드명	단가	판매수량	판매금액	부가세	할인된 금액	총 판매금액
5		1	야채샌드위치	1,800	40	72,000	7,200	3,960	=F5+G5-H5
6		2	햄치즈샌드위치	4,500	35	157,500	15,750	8,663	
7		3	크림치즈빵	1,200	50	60,000	6,000	3,300	
8		4	단팥빵	800	25	20,000	2,000	1,100	
9		5	미니치즈롤	900	46	41,400	4,140	2,277	
10		6	단호방찰빵	1,500	30	45,000	4,500	2,475	
11		7	치즈 프레첼	2,000	40	80,000	8,000	4,400	
12		8	시나몬 프레첼	2,000	50	100,000	10,000	5,500	

2. 채우기 핸들을 이용하여 I14 셀까지 수식을 복사합니다. I6 셀부터 I14 셀까지 각 행에 맞게 '판매금액 + 부가세 – 할인된 금액' 의 금액이 계산되는 것이 확인할 수 있습니다.

I5 =F5+G5-H5

브래드코너 판매 현황표

						부가세	10%
No.	푸드명	단가	판매수량	판매금액	부가세	할인된 금액	총 판매금액
1	야채샌드위치	1,800	40	72,000	7,200	3,960	75,240
2	햄치즈샌드위치	4,500	35	157,500	15,750	8,663	164,588
3	크림치즈빵	1,200	50	60,000	6,000	3,300	62,700
4	단팥빵	800	25	20,000	2,000	1,100	20,900
5	미니치즈롤	900	46	41,400	4,140	2,277	43,263
6	단호박찰빵	1,500	30	45,000	4,500	2,475	47,025
7	치즈 프레첼	2,000	40	80,000	8,000	4,400	83,600
8	시나몬 프레첼	2,000	50	100,000	10,000	5,500	104,500
9	초코머핀	2,500	80	200,000	20,000	11,000	209,000
10	옥수수카스테라	3,800	30	114,000	11,400	6,270	119,130

1-3 자동 합계를 이용하여 수식 입력하기

[수식 탭 – 자동합계 목록 버튼]을 클릭하면 '자동 합계' 목록이 나타납니다.

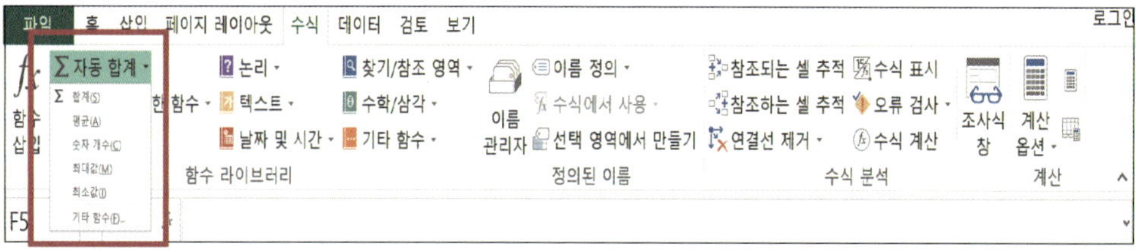

설명

자동합계

- **합계(SUM)** : 셀 값을 자동으로 합산하며 합계는 선택한 셀 뒤에 표시됩니다.
- **평균(AVERAGE)** : 셀 값을 자동으로 평균을 계산하며 평균은 선택한 셀 뒤에 표시됩니다.
- **숫자 개수(COUNT)** : 셀 개수를 계산하며 셀의 개수는 선택한 셀 뒤에 표시됩니다.
- **최대값(MAX)** : 셀 값 중 최대값을 찾아내며 최대값은 선택한 셀 뒤에 표시됩니다.
- **최소값(MIN)** : 셀 값 중 최소값을 찾아내며 최소값은 선택한 셀 뒤에 표시됩니다.

Tip 자동 합계를 이용하여 수식을 작성하면 데이터 범위는 자동으로 설정됩니다. 만약 데이터 범위가 옳지 않은 경우에는 반드시 데이터 범위를 다시 설정해야 합니다.

따라해 보세요 – 합계 함수 활용하기

자동 합계를 이용하여 기본급, 상여금 그리고 인센티브의 합계를 '총지급액' 열에 계산하세요.

*시트명 : 자동합계

1. G4 셀에 커서를 이동하고 [수식 탭 – 자동합계 – 합계]를 클릭합니다.

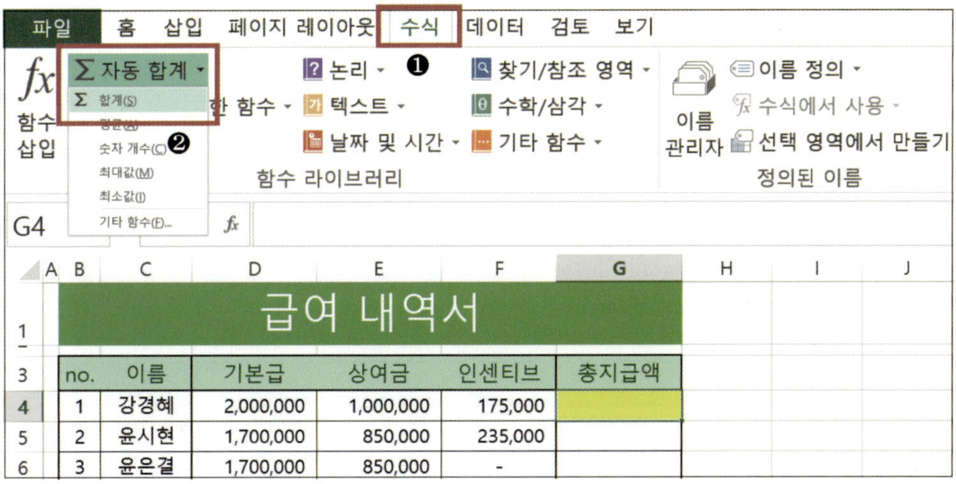

2. '=SUM(D4:F4)' 가 자동으로 입력되는 것을 확인할 수 있습니다. 범위가 맞는지 확인한 후 'Enter' 키를 누릅니다.

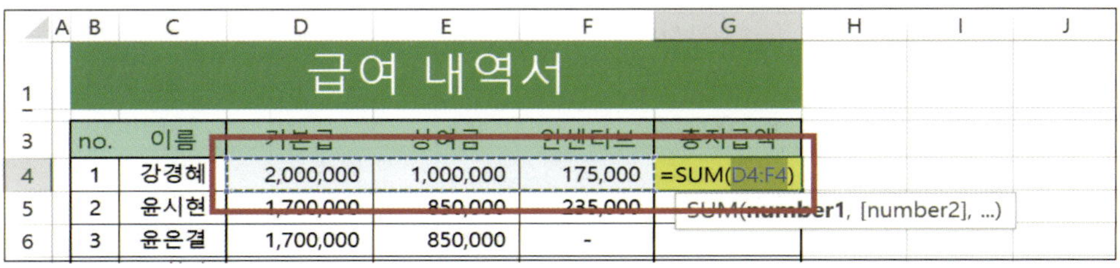

3. G4 셀에 '3,175,000' 이 계산되는 것을 확인할 수 있습니다.

4. 채우기 핸들을 이용하여 G13 셀까지 수식을 복사합니다. 자동 채우기 옵션은 '서식 없이 채우기' 를 선택합니다.

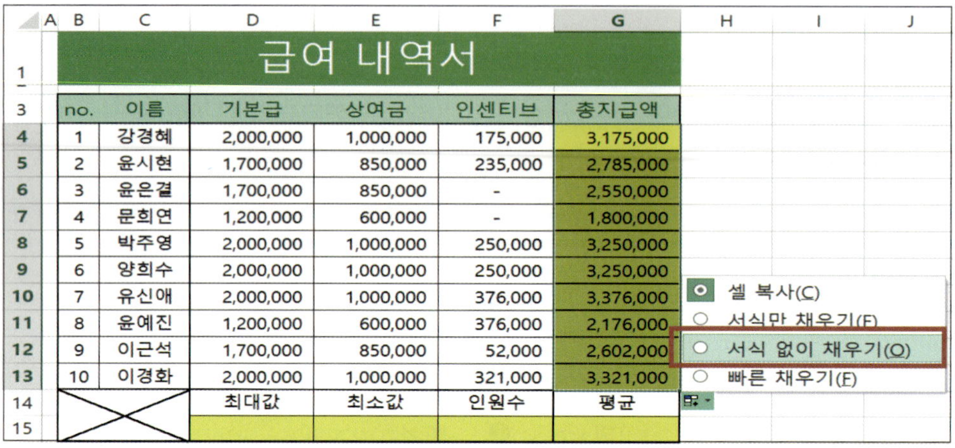

급여 내역서

no.	이름	기본급	상여금	인센티브	총지급액
1	강경혜	2,000,000	1,000,000	175,000	3,175,000
2	윤시현	1,700,000	850,000	235,000	2,785,000
3	윤은결	1,700,000	850,000	-	2,550,000
4	문희연	1,200,000	600,000	-	1,800,000
5	박주영	2,000,000	1,000,000	250,000	3,250,000
6	양희수	2,000,000	1,000,000	250,000	3,250,000
7	유신애	2,000,000	1,000,000	376,000	3,376,000
8	윤예진	1,200,000	600,000	376,000	2,176,000
9	이근석	1,700,000	850,000	52,000	2,602,000
10	이경화	2,000,000	1,000,000	321,000	3,321,000
		최대값	최소값	인원수	평균

5. 노란색 서식 없이 결과 값만 계산되는 것을 확인할 수 있습니다.

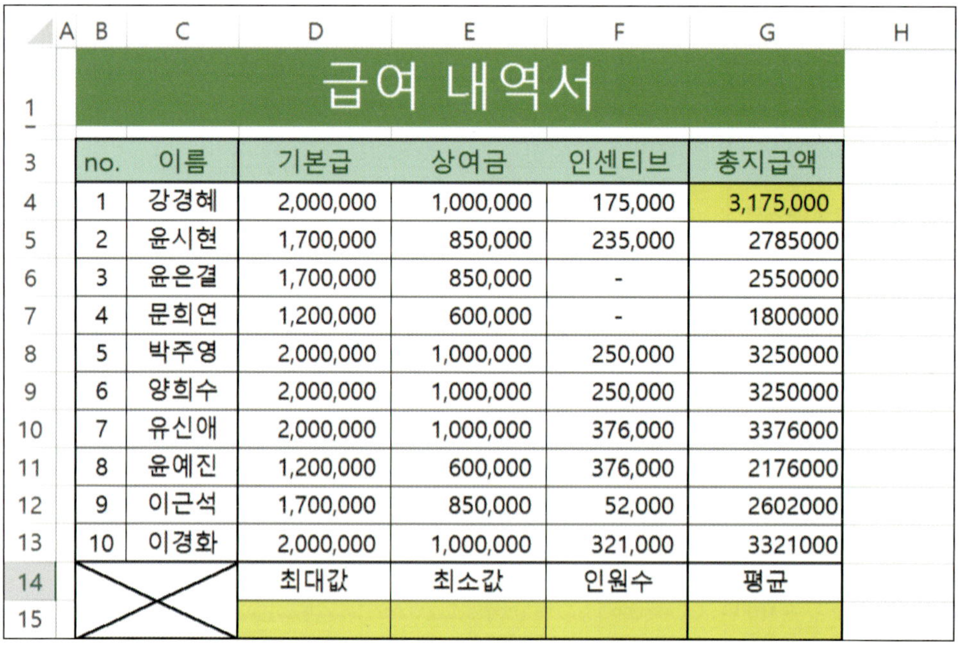

급여 내역서

no.	이름	기본급	상여금	인센티브	총지급액
1	강경혜	2,000,000	1,000,000	175,000	3,175,000
2	윤시현	1,700,000	850,000	235,000	2785000
3	윤은결	1,700,000	850,000	-	2550000
4	문희연	1,200,000	600,000	-	1800000
5	박주영	2,000,000	1,000,000	250,000	3250000
6	양희수	2,000,000	1,000,000	250,000	3250000
7	유신애	2,000,000	1,000,000	376,000	3376000
8	윤예진	1,200,000	600,000	376,000	2176000
9	이근석	1,700,000	850,000	52,000	2602000
10	이경화	2,000,000	1,000,000	321,000	3321000
		최대값	최소값	인원수	평균

따라해 보세요 – 평균, 숫자개수, 최대값, 최소값 함수 활용하기

자동합계를 이용하여 기본급의 '최대값', 상여금의 '최소값', 인센티브의 '인원수', 총지급액의 '평균'을 계산하세요.

*시트명 : 자동합계

1. D15 셀에 커서를 이동하고 [수식 탭 – 자동합계 – 최대값]을 클릭합니다.

2. '=MAX(D4:D14)' 이 자동으로 입력되는 것을 확인할 수 있습니다. 범위가 맞는지 확인합니다.

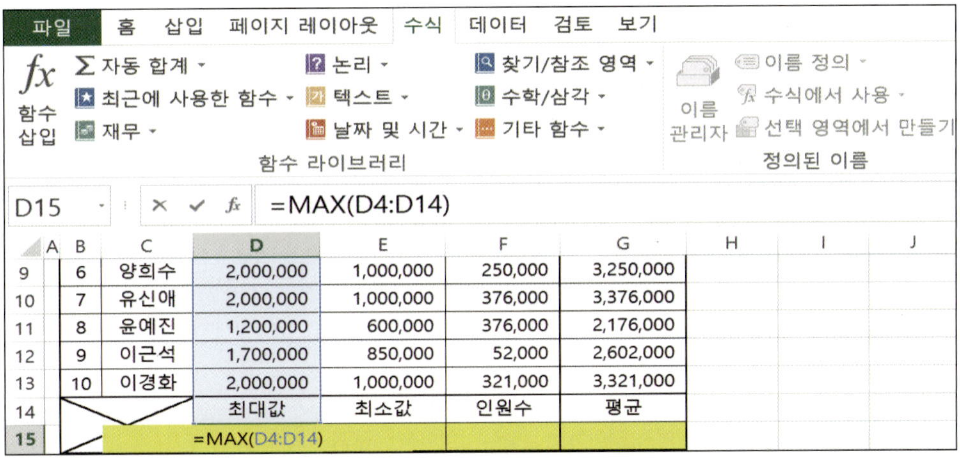

3. 원하는 범위와 다르므로 범위 'D4:D14' 를 삭제하고 'D4:D13' 을 입력한 뒤 'Enter' 키를 누릅니다.

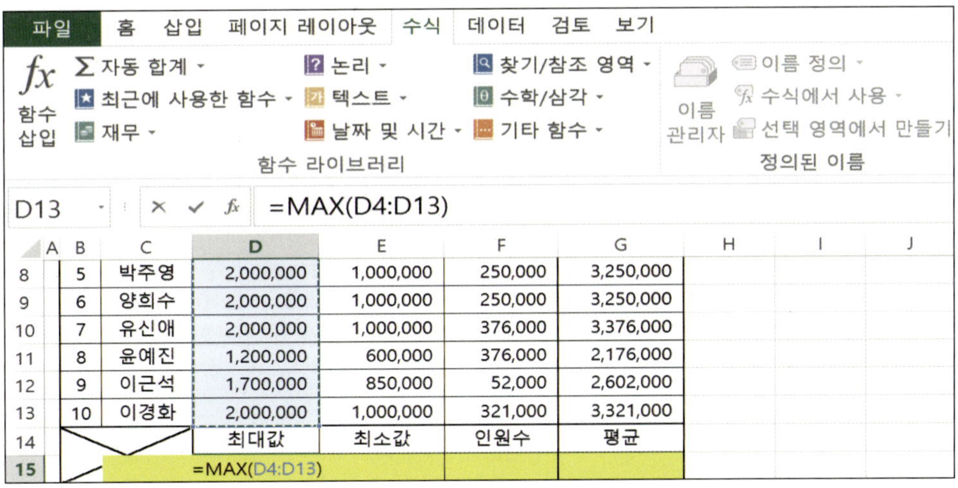

4. D15 셀에 최대값 '2,000,000' 이 계산되는 것을 확인할 수 있습니다.

5. E15 셀에 커서를 이동하고 [수식 탭 – 자동합계 – 최소값]을 클릭합니다.

6. '=MIN(D15)' 가 자동으로 입력되는 것을 확인할 수 있습니다.

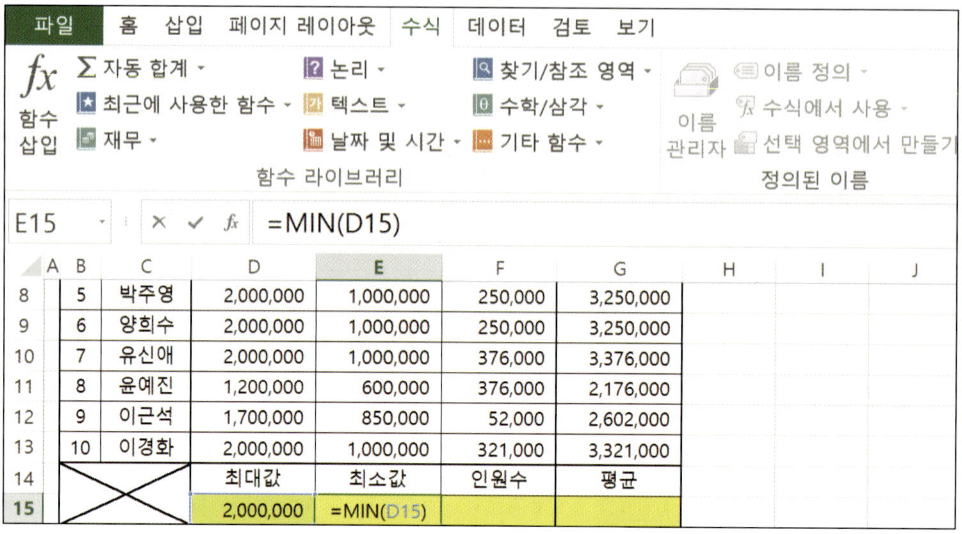

7. 원하는 범위가 다르므로 범위 'D15' 를 삭제하고 'E4:E13' 을 입력한 뒤 'Enter' 키를 누릅니다.

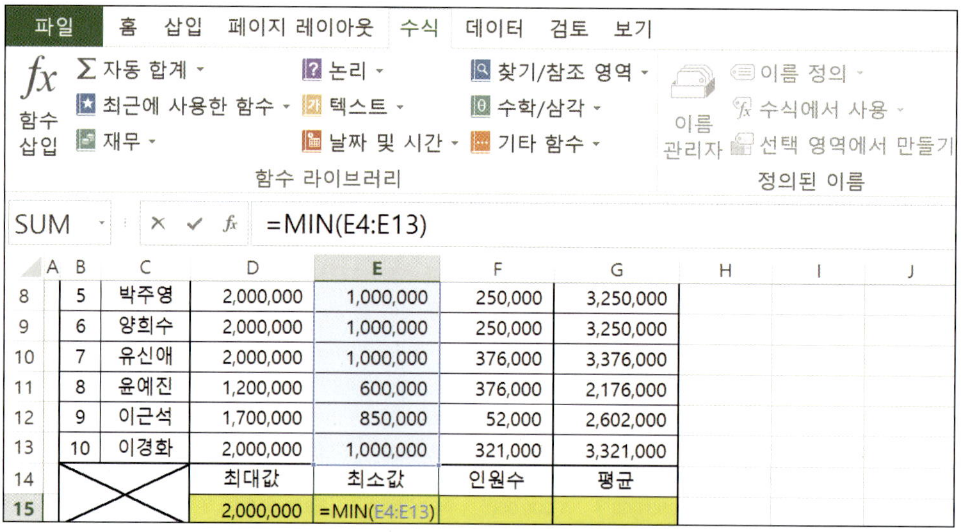

8. E15 셀에 최소값 '600,000' 이 계산되는 것을 확인할 수 있습니다.

9. F15 셀에 커서를 이동하고 [수식 탭 – 자동합계 – 숫자 개수]를 클릭합니다.

10. '=COUNT(D15:E15)' 가 자동으로 입력되는 것을 확인할 수 있습니다.

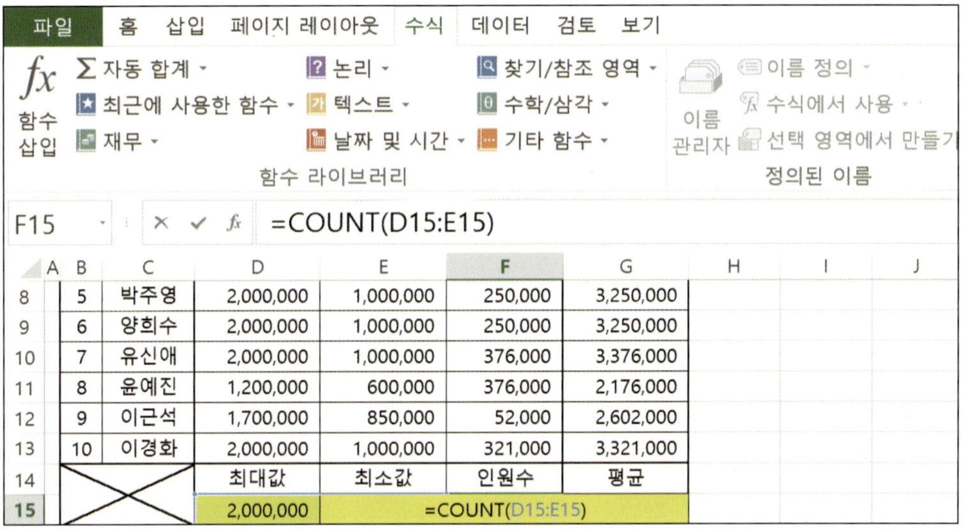

11. 원하는 범위가 다르므로 'D15:E15' 를 삭제하고 'F4:F13' 을 입력한 뒤 'Enter' 키를 누릅니다.

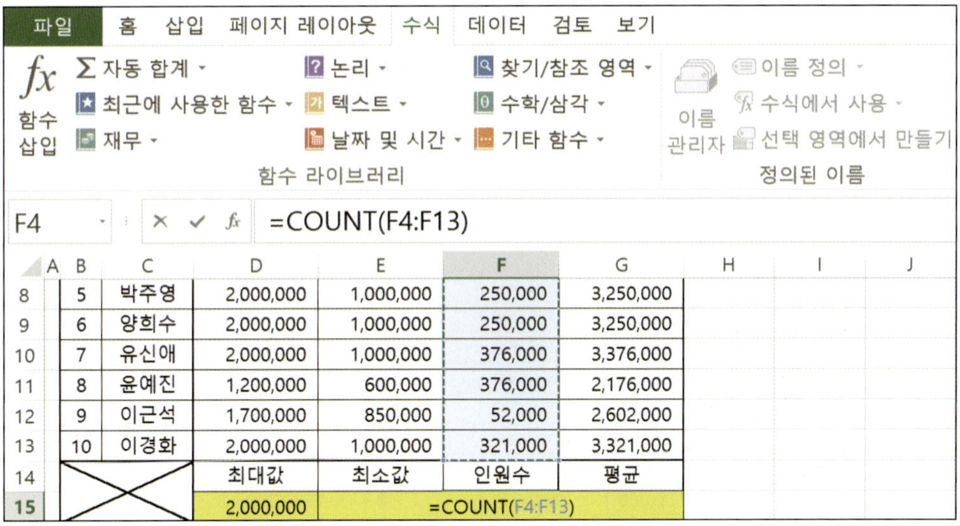

12. F15 셀에 인센티브를 받은 인원수(빈 셀은 제외) '8' 이 계산되는 것을 확인할 수 있습니다.

13. G15 셀에 커서를 이동하고 [수식 탭 – 자동합계 – 평균]을 클릭합니다.

14. '=AVERAGE(D15:F15)' 가 자동으로 입력되는 것을 확인할 수 있습니다.

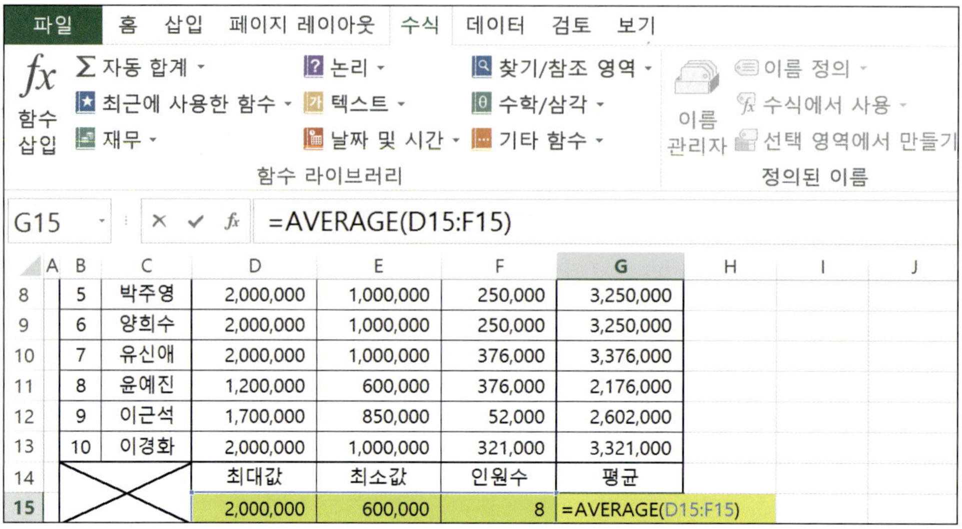

15. 원하는 범위가 다르므로 'D15:F15' 를 삭제하고 'G4:G13' 을 입력한 뒤 'Enter' 키를 누릅니다.

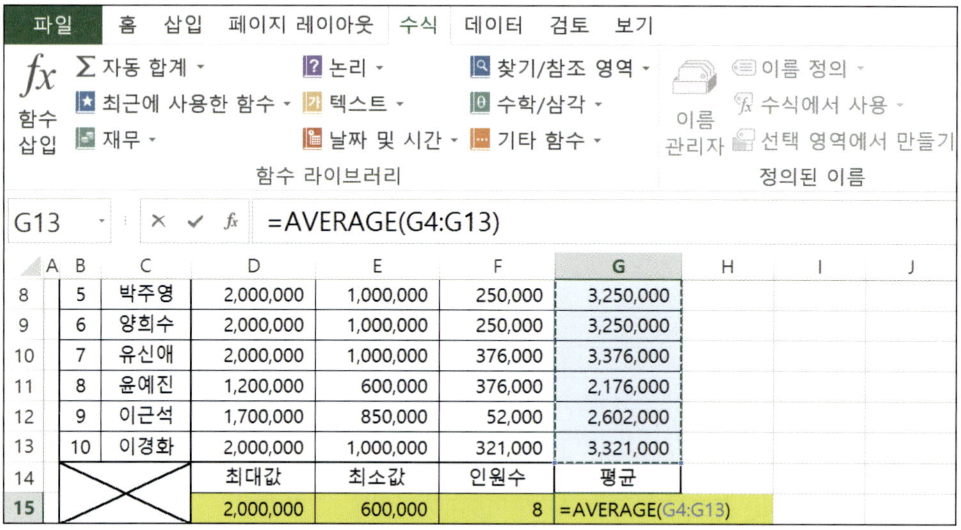

16. G15 셀에 총 지급액의 평균 '2,828,500' 이 계산되는 것을 확인할 수 있습니다.

급여 내역서

no.	이름	기본급	상여금	인센티브	총지급액
1	강경혜	2,000,000	1,000,000	175,000	3,175,000
2	윤시현	1,700,000	850,000	235,000	2,785,000
3	윤은결	1,700,000	850,000	-	2,550,000
4	문희연	1,200,000	600,000	-	1,800,000
5	박주영	2,000,000	1,000,000	250,000	3,250,000
6	양희수	2,000,000	1,000,000	250,000	3,250,000
7	유신애	2,000,000	1,000,000	376,000	3,376,000
8	윤예진	1,200,000	600,000	376,000	2,176,000
9	이근석	1,700,000	850,000	52,000	2,602,000
10	이경화	2,000,000	1,000,000	321,000	3,321,000
		최대값	최소값	인원수	평균
		2,000,000	600,000	8	2,828,500

02

함수 기초

텍스트 함수를 이용하여 조건에 맞는 문자나 숫자를 반환할 수 있다. 또한 논리 함수를 이용하여 참과 거짓을 구분할 수 있다.

예제파일 : 5장예제.xlsx

2-1 텍스트 함수 활용하기

LEFT 함수

텍스트 문자열의 시작 지점부터 지정한 개수의 문자를 반환합니다.

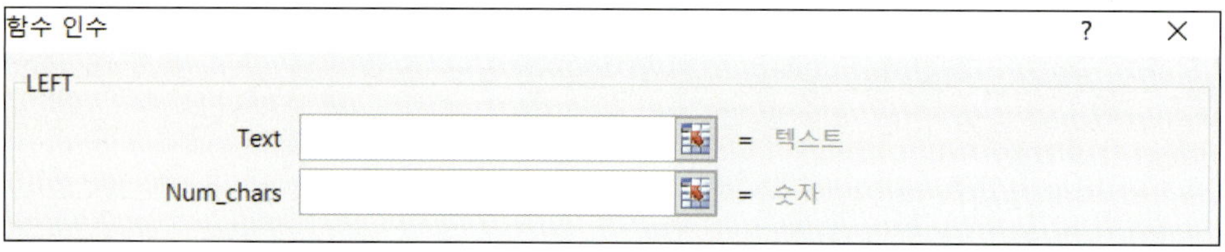

설명

인수 설정

- **Text** : 추출하려는 문자가 들어있는 텍스트 문자열입니다.
- **Num_chars** : 왼쪽에서부터 추출할 문자 수를 지정합니다. 생략하면 1이 됩니다.

MID 함수

문자열의 지정 위치에서 문자를 지정한 개수의 문자를 반환합니다.

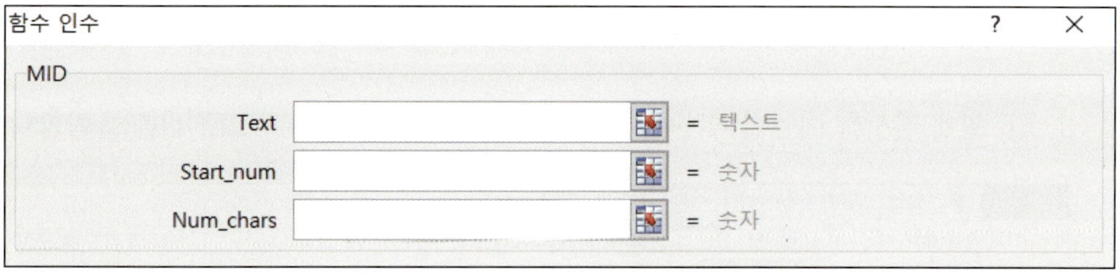

설명

인수 설정

- **Text** : 추출하려는 문자가 들어있는 텍스트 문자열입니다.
- **Start_num** : 추출할 문자열에서 첫째 문자의 위치입니다. Text에서 첫 문자는 '1' 이 됩니다.
- **Num_chars** : Text에서부터 추출할 문자 수를 지정합니다.

RIGHT 함수

텍스트 문자 열의 끝 지점부터 지정한 개수의 문자를 반환합니다.

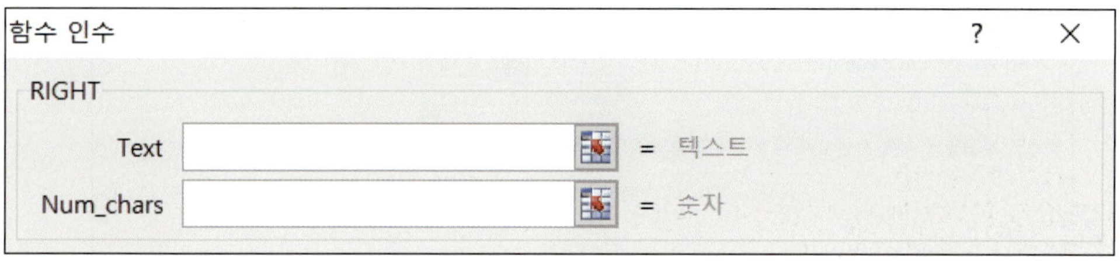

설명

인수 설정

- **Text** : 추출하려는 문자가 들어있는 텍스트 문자열입니다.
- **Num_chars** : 오른쪽에서부터 추출할 문자 수를 지정합니다. 생략하면 '1' 이 됩니다.

따라해 보세요 – LEFT 함수 활용하기

주민등록번호 열을 이용하여 주민등록번호 앞 1-2 자리 숫자를 E열에 반환하세요.

*시트명 : 함수기초

1. E5 셀에 커서를 이동한 후 [수식 탭 – 함수 그룹 – 텍스트 – LEFT]를 클릭합니다.

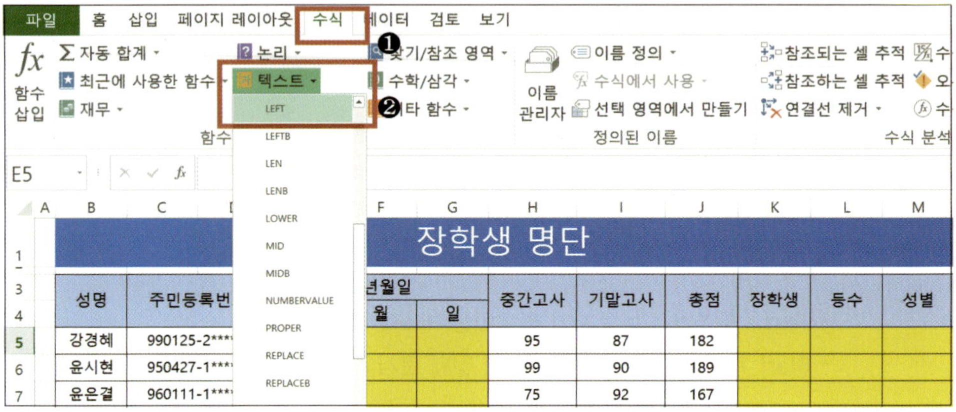

2. 함수 인수 대화상자가 나타나면 Text는 'C5', Num_chars는 '2' 를 입력한 후 확인 버튼을 클릭합니다.

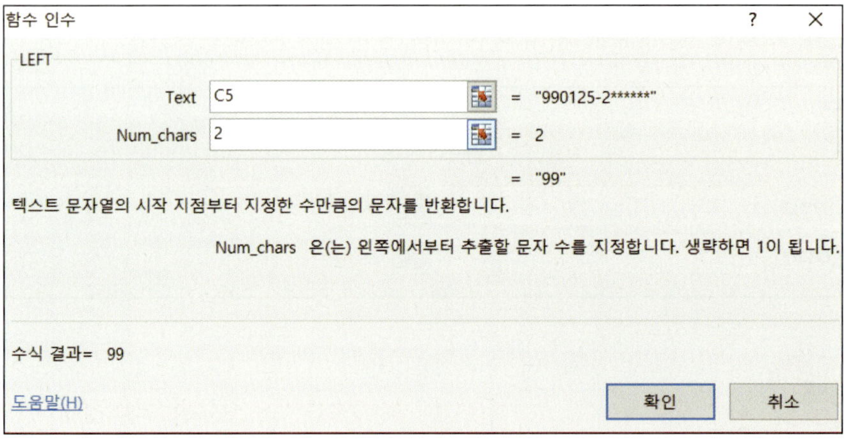

Tip 각 인수 창 오른쪽에 보면 해당 인수 값이 나타나게 됩니다. 만약 잘못 입력될 경우 오류 메시지가 나타나게 됩니다. 인수창 아래에 보면 해당 인수 값에 대한 설명이 나타납니다. 참고하여 입력할 수 있습니다.

3. E5 셀에 주민등록번호 앞자리 중 1-2번째 숫자인 '99' 가 입력되는 것을 확인할 수 있습니다.

	A	B	C	D	E	F	G	H	I	J
1		장학생 명단								
3		성명	주민등록번호		생년월일			중간고사	기말고사	총점
4					연	월	일			
5		강경혜	990125-2******		99			95	87	182
6		윤시현	950427-1******					99	90	189
7		윤은결	960111-1******					75	92	167
8		문희연	971209-2******					50	98	148
9		박주영	960323-2******					88	60	148
10		양희수	940416-1******					90	77	167
11		유신애	970111-1******					58	100	158
12		윤예진	990529-2******					55	89	144
13		이근석	900102-2******					70	87	157
14		이경화	971219-1******					90	90	180

따라해 보세요 – MID 함수 활용하기

주민등록번호 열을 이용하여 주민등록번호 앞 3-4 자리 숫자를 F열에 반환하세요. 또한 주민등록번호 앞 5-6 자리 숫자를 G열에 반환하세요.

*시트명 : 함수기초

1. F5 셀에 커서를 이동한 후 [수식 탭 – 함수 그룹 – 텍스트 – MID]를 클릭합니다.

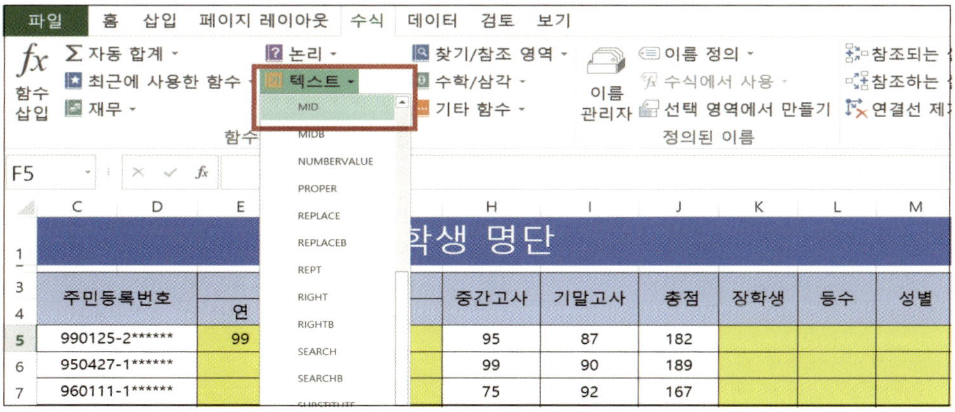

2. 함수 인수 대화상자가 나타나면 Text는 'C5', Start_num는 '3', Num_chars는 '2'를 입력한 후 확인 버튼을 클릭합니다.

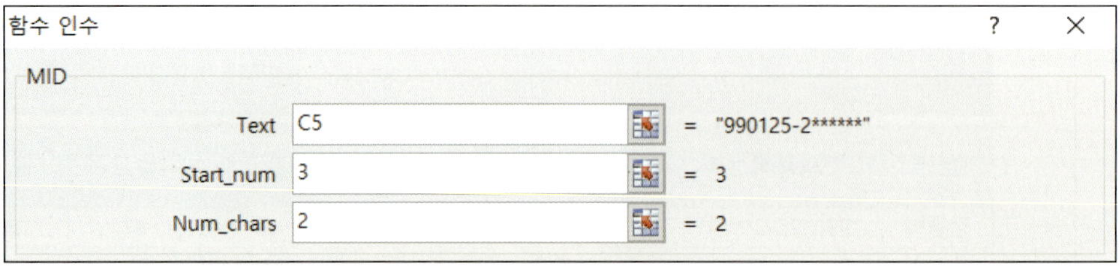

3. F5 셀에 주민등록번호 앞자리 중 3-4번째 숫자인 '01'이 입력되는 것을 확인할 수 있습니다.

4. G5 셀에 커서를 이동한 후 [수식 탭 – 함수 그룹 – 텍스트 – MID]를 클릭합니다.

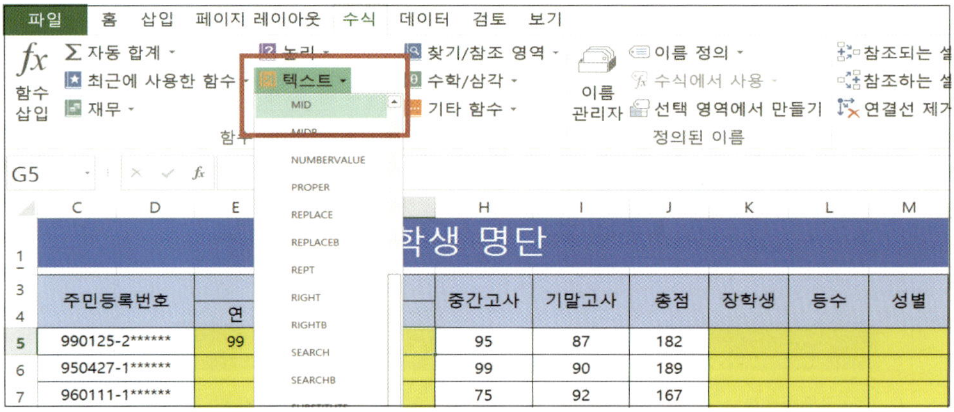

5. 함수 인수 대화상자가 나타나면 Text는 'C5', Start_num는 '5', Num_chars는 '2'를 입력한 후 확인 버튼을 클릭합니다.

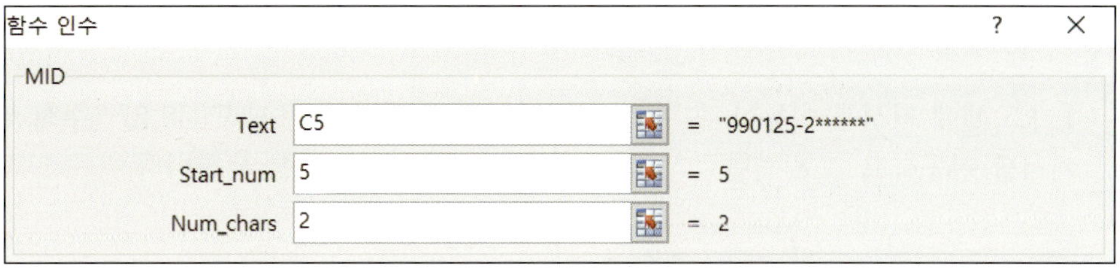

6. G5 셀에 주민등록번호 앞자리 중 5–6번째 숫자인 '25'가 입력되는 것을 확인할 수 있습니다.

장학생 명단

성명	주민등록번호	생년월일			중간고사	기말고사	총점
		연	월	일			
강경혜	990125-2******	99	01	25	95	87	182
윤시현	950427-1******				99	90	189
윤은결	960111-1******				75	92	167
문희연	971209-2******				50	98	148
박주영	960323-2******				88	60	148
양희수	940416-1******				90	77	167
유신애	970111-1******				58	100	158
윤예진	990529-2******				55	89	144
이근석	900102-2******				70	87	157
이경화	971219-1******				90	90	180

따라해 보세요 – &연산자 활용하기

E열, F열, G열 숫자 뒤에 '년, 월, 일' 텍스트를 각각 추가하세요.

*시트명 : 함수기초

1. E5 셀에 커서를 이동한 후 수식 입력줄로 이동하여 '=LEFT(C5,2)' 수식 뒤에 커서를 이동하고 '&"년"' 을 입력하고 'Enter' 키를 누릅니다.

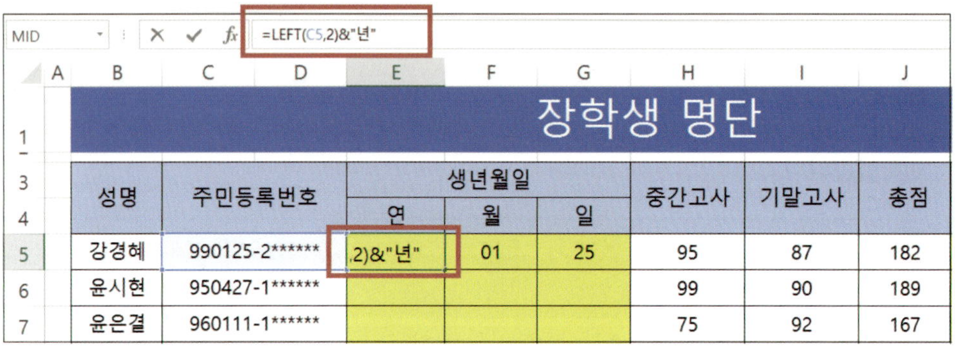

2. '99' 뒤에 '년' 텍스트가 추가되는 것을 확인할 수 있습니다.

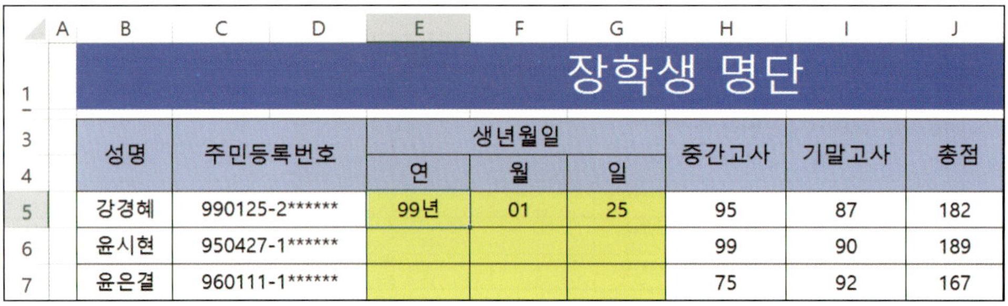

3. F5 셀과 G5 셀에도 동일한 방법으로 각각 '월', '일' 을 추가합니다. 각 셀의 숫자 뒤에 '월', '일' 텍스트가 추가되는 것을 확인할 수 있습니다.

4. E5:F5 범위를 선택한 뒤 채우기 핸들을 이용하여 수식을 끝까지 복사합니다.

장학생 명단							
성명	주민등록번호	생년월일			중간고사	기말고사	총점
		연	월	일			
강경혜	990125-2******	99년	01월	25일	95	87	182
윤시현	950427-1******				99	90	189
윤은결	960111-1******				75	92	167
문희연	971209-2******				50	98	148
박주영	960323-2******				88	60	148
양희수	940416-1******				90	77	167
유신애	970111-1******				58	100	158
윤예진	990529-2******				55	89	144
이근석	900102-2******				70	87	157
이경화	971219-1******				90	90	180

5. 아래와 같이 '년, 월, 일' 에 해당하는 값이 추가되는 것을 확인할 수 있습니다.

장학생 명단							
성명	주민등록번호	생년월일			중간고사	기말고사	총점
		연	월	일			
강경혜	990125-2******	99년	01월	25일	95	87	182
윤시현	950427-1******	95년	04월	27일	99	90	189
윤은결	960111-1******	96년	01월	11일	75	92	167
문희연	971209-2******	97년	12월	09일	50	98	148
박주영	960323-2******	96년	03월	23일	88	60	148
양희수	940416-1******	94년	04월	16일	90	77	167
유신애	970111-1******	97년	01월	11일	58	100	158
윤예진	990529-2******	99년	05월	29일	55	89	144
이근석	900102-2******	90년	01월	02일	70	87	157
이경화	971219-1******	97년	12월	19일	90	90	180

2-2 논리 함수 활용하기

IF 함수

주어진 조건식 또는 값에 대한 논리 검사를 수행하여 'TRUE' 나 'FALSE' 에 해당하는 값을 반환합니다. IF 함수는 7번까지 중첩이 가능 합니다.

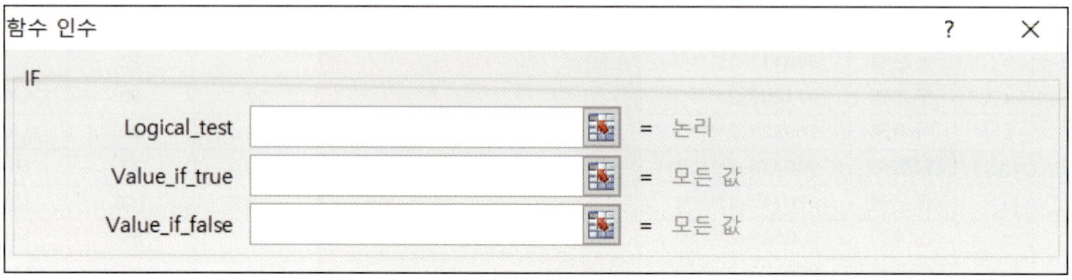

설명

인수 설정

- **Logical_test** : 참이나 거짓으로 판정될 값이나 식입니다.
- **Value_if_true** : Logical_test가 참일 때 돌려주는 값입니다. 생략하면 true를 반환합니다.
- **Value_if_false** : Logical_test가 거짓일 때 돌려주는 값입니다. 생략하면 false를 반환합니다.

※ 비교 연산자

연산기호	의미
〉	크다, 초과
〉=	크거나 같다, 이상
〈	작다, 미만
〈=	작거나 같다, 이하
〈〉	같지 않다

따라해 보세요 – IF 함수 활용하기

K 열에 총점이 180점 이상인 학생에게만 '장학생' 이라고 입력하고 그렇지 않은 경우에는 공백을 입력하세요.

*시트명 : 함수기초

1. K5 셀에 커서를 이동한 후 [수식 탭 – 함수 라이브러리 그룹 – 논리 – IF]를 클릭합니다.

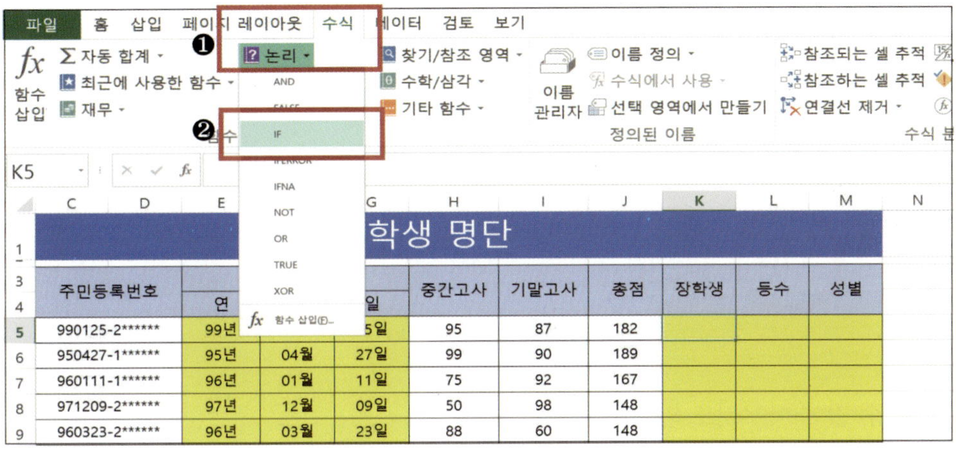

2. IF 함수 인수 대화상자가 나타나면 Logical_test는 'J5>=180', Value_if_true는 ' "장학생" ', Value_if_false는 ' " " ' 을 입력하고 확인 버튼을 클릭합니다.

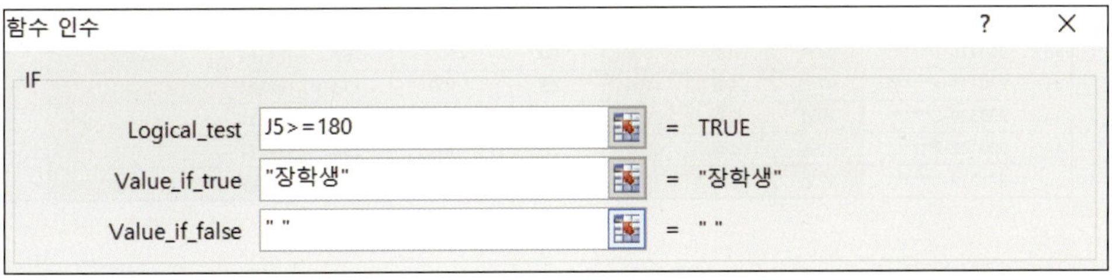

=IF(J5>=180, "장학생", " ")

3. K5 셀에 '장학생' 이 입력되는 것을 확인할 수 있습니다.

4. 채우기 핸들을 이용하여 K14 셀까지 수식을 복사합니다. 총점이 180 이상인 학생 3명에게만 '장학생' 이라고 입력되는 것을 확인할 수 있습니다.

장학생 명단										
성명	주민등록번호	생년월일			중간고사	기말고사	총점	장학생	등수	성별
		연	월	일						
강경혜	990125-2******	99년	01월	25일	95	87	182	장학생		
윤시현	950427-1******	95년	04월	27일	99	90	189	장학생		
윤은결	960111-1******	96년	01월	11일	75	92	167			
문희연	971209-2******	97년	12월	09일	50	98	148			
박주영	960323-2******	96년	03월	23일	88	60	148			
양희수	940416-1******	94년	04월	16일	90	77	167			
유신애	970111-1******	97년	01월	11일	58	100	158			
윤예진	990529-2******	99년	05월	29일	55	89	144			
이근석	900102-2******	90년	01월	02일	70	87	157			
이경화	971219-1******	97년	12월	19일	90	90	180	장학생		

Tip 공백을 입력할 경우 반드시 [" "]로 입력해야 합니다. 인수 값에 아무것도 입력하지 않는 경우 아래와 같이 계산 결과 값이 'FALSE' 값으로 반환되게 되므로 주의하시기 바랍니다.

[인수 값에 아무것도 입력하지 않은 결과]

장학생 명단									
주민등록번호	생년월일			중간고사	기말고사	총점	장학생	등수	성별
	연	월	일						
990125-2******	99년	01월	25일	95	87	182	장학생		
950427-1******	95년	04월	27일	99	90	189	장학생		
960111-1******	96년	01월	11일	75	92	167	FALSE		
971209-2******	97년	12월	09일	50	98	148	FALSE		
960323-2******	96년	03월	23일	88	60	148	FALSE		
940416-1******	94년	04월	16일	90	77	167	FALSE		
970111-1******	97년	01월	11일	58	100	158	FALSE		
990529-2******	99년	05월	29일	55	89	144	FALSE		
900102-2******	90년	01월	02일	70	87	157	FALSE		
971219-1******	97년	12월	19일	90	90	180	장학생		

2-3 순위 함수 활용하기

RANK 함수

Excel 2007 및 이전 버전과의 호환성을 위해 제공되는 함수입니다. 수 목록 내에서 지정한 수의 크기 순위를 구합니다. 목록 내에서 다른 값에 대한 상대적인 크기를 말합니다.

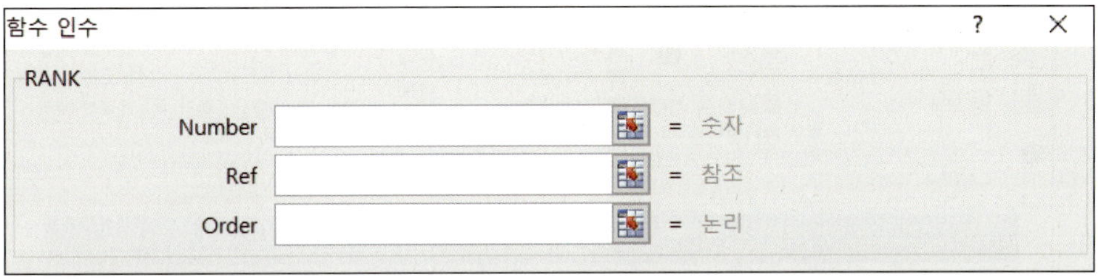

설명

인수 설정

- **Number** : 순위를 구하려는 수나 셀 주소입니다.
- **Ref** : 수 목록의 배열 또는 셀 주소입니다. 수 이외의 값은 제외됩니다.
- **Order** : 순위를 정할 방법을 지정하는 수입니다. 0이나 생략하면 내림차순으로, 0이 아닌 값을 지정하면 오름차순으로 순위가 정해집니다.

따라해 보세요 – RANK 함수 활용하기

L 열에 총점을 기준으로 등수를 입력하세요.

*시트명 : 함수기초

1. L5 셀에 커서를 이동한 후 [수식 탭 – 함수 라이브러리 그룹 – 함수 삽입]을 클릭합니다.

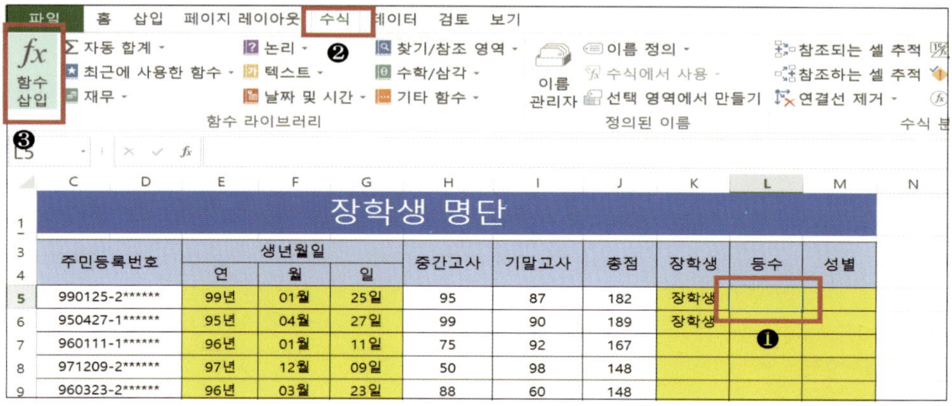

2. ‘RANK’ 함수를 검색한 후 확인 버튼을 클릭합니다.

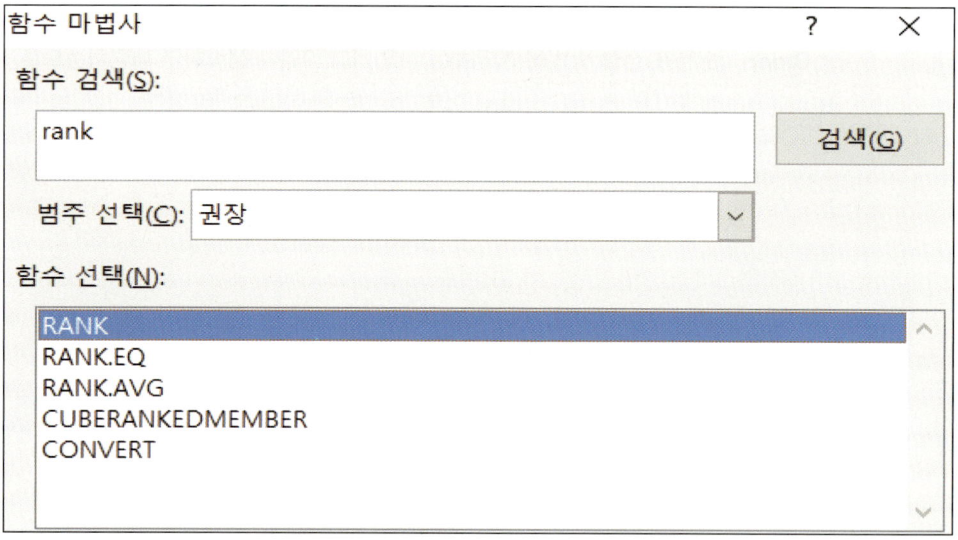

Tip RANK 함수는 이전 버전에서 사용한 함수이므로 리본메뉴에는 표시되지 않습니다. 함수 마법사를 이용하여 검색하여 활용하시기 바랍니다.

3. 함수 인수 대화상자가 나타나면 Number는 'J5', Ref는 '$J$5:$J$14'를 입력하고 확인 버튼을 클릭합니다.

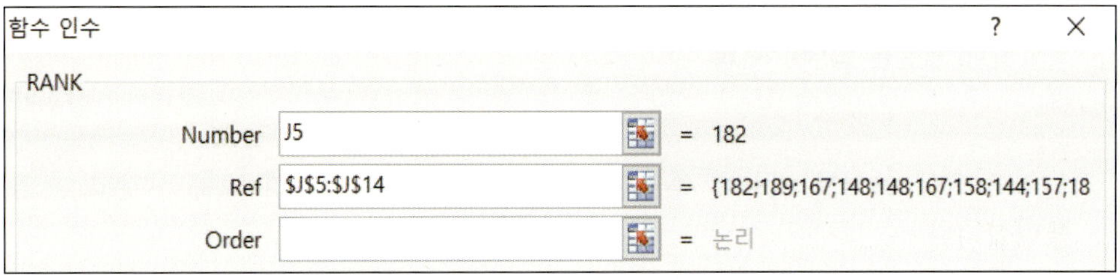

Tip 나머지 학생들의 수식을 복사하기 위하여 Ref 인수 값은 절대 참조로 입력합니다.

4. L5 셀에 강경혜 학생의 등수 '2'가 입력되는 것을 확인할 수 있습니다. 채우기 핸들을 이용하여 L14 셀까지 수식을 복사합니다. 총 10명의 총점에 대한 등수가 나타나는 것을 확인할 수 있습니다.

L5 =RANK(J5,$J$5:$J$14)

장학생 명단

성명	주민등록번호	생년월일			중간고사	기말고사	총점	장학생	등수	성별
		연	월	일						
강경혜	990125-2******	99년	01월	25일	95	87	182	장학생	2	
윤시현	950427-1******	95년	04월	27일	99	90	189	장학생	1	
윤은결	960111-1******	96년	01월	11일	75	92	167		4	
문희연	971209-2******	97년	12월	09일	50	98	148		8	
박주영	960323-2******	96년	03월	23일	88	60	148		8	
양희수	940416-1******	94년	04월	16일	90	77	167		4	
유신애	970111-1******	97년	01월	11일	58	100	158		6	
윤예진	990529-2******	99년	05월	29일	55	89	144		10	
이근석	900102-2******	90년	01월	02일	70	87	157		7	
이경화	971219-1******	97년	12월	19일	90	90	180	장학생	3	

2-4 이중 함수 활용하기

따라해 보세요 – IF 함수와 MID 함수 활용하기

M 열에 성별을 입력하세요.

*시트명 : 함수기초

1. M5 셀에 커서를 이동한 후 [수식 탭 – 함수 라이브러리 그룹 – 논리 – IF]를 클릭합니다.

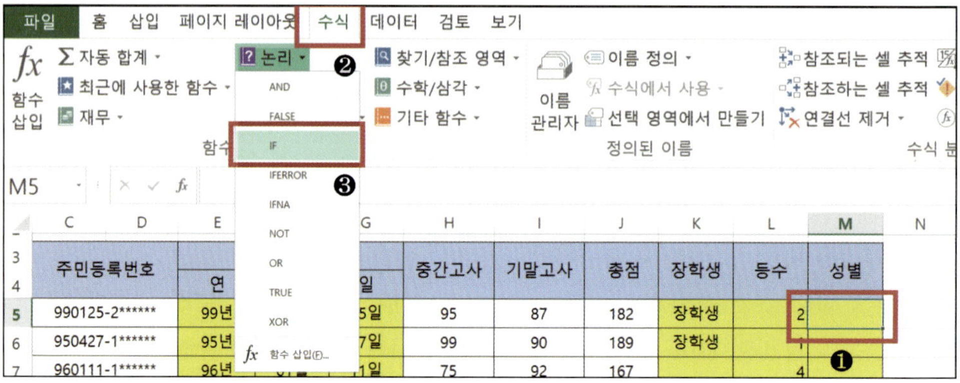

2. IF 함수 인수 대화상자가 나타나면 Logical_test 인수 값에 커서를 이동한 후 이름상자를 클릭하여 MID 함수를 클릭합니다. (IF 함수 안에 MID 함수 추가하는 방법)

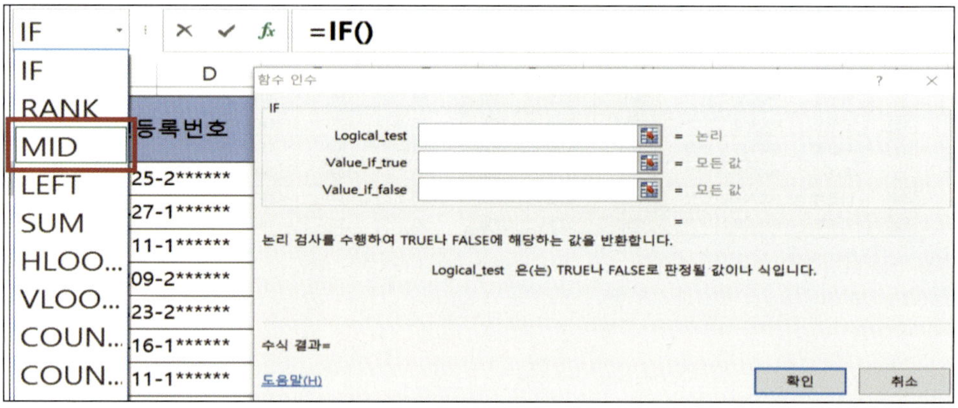

Tip Logical_test 인수 값에 [MID(C5,8,1)= "1"] 을 직접 입력해도 상관없습니다.

3. IF 함수 인수 대화상자가 MID 함수 인수 대화상자로 변경되는 것을 확인할 수 있습니다. 대화상자에 Text는 'C5', Start_num은 '8', Num_chars는 '1'을 입력합니다.

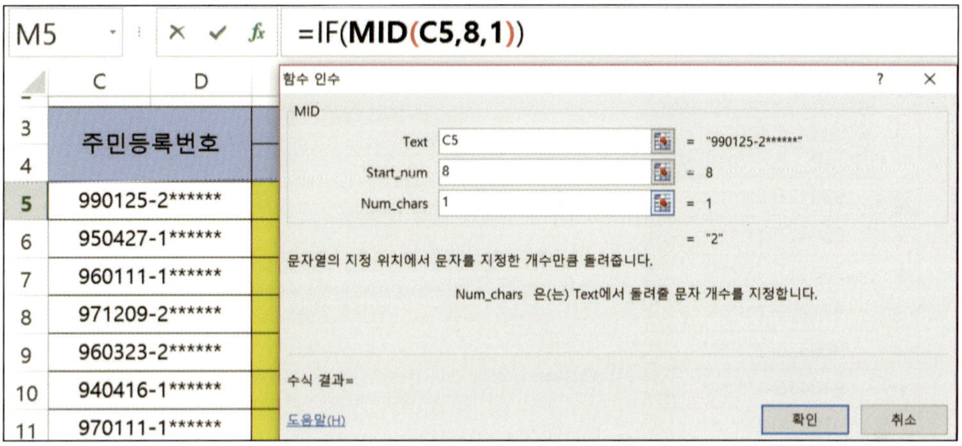

Tip 확인 버튼을 클릭하면 대화상자가 종료되고 함수 입력도 종료됩니다.

4. 입력이 끝나면 확인 버튼을 클릭하지 말고, 수식 입력줄의 'IF' 단어를 클릭합니다. IF 함수 인수 대화상자로 이동하는 것을 확인할 수 있습니다.

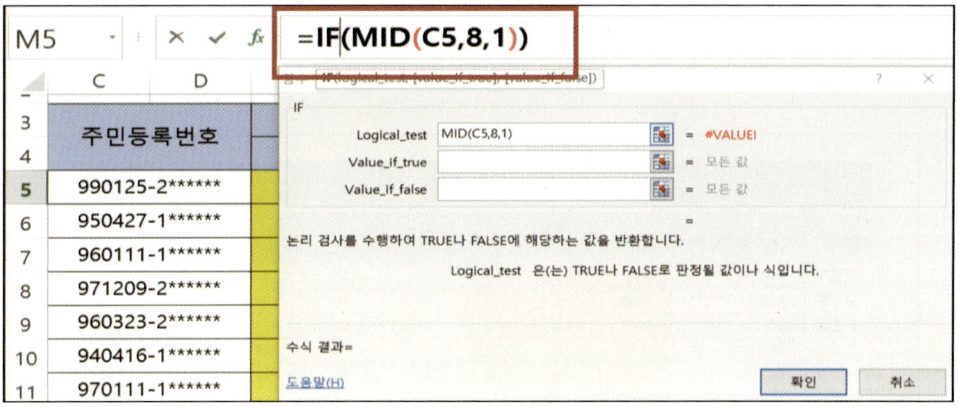

Tip 이중 함수인 경우 다른 함수 인수 대화상자를 이동할 때에는 수식 입력줄에서 함수명을 클릭하면 해당 함수 인수 대화상자로 이동할 수 있습니다.

5. IF 함수 인수 대화상자에 Logical_test는 'MID(C5,8,1)= "1"', Value_if_true는 '"남자"', Value_if_false는 '"여자"'를 입력하고 확인 버튼을 클릭합니다.

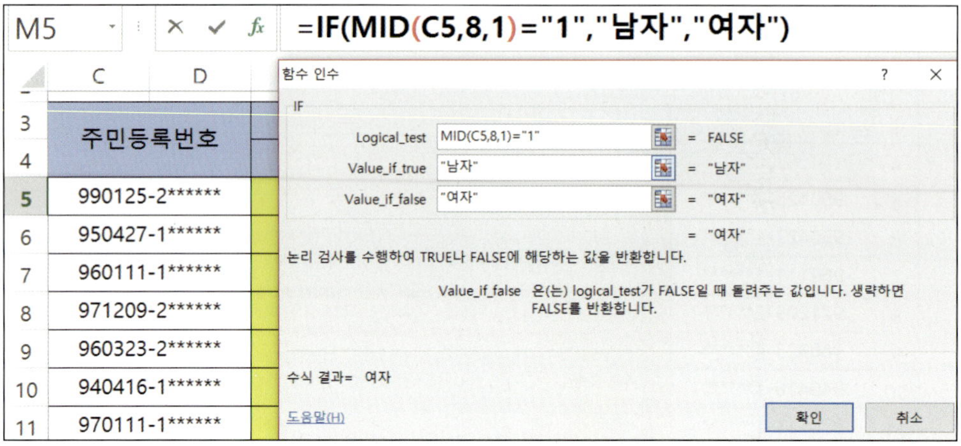

Tip

입력결과가 '여자'만 나타나는 경우는 Logical_test 값 중 "1"에 큰 따옴표를 입력하지 않았기 때문입니다. 큰 따옴표를 입력한 후 다시 채우기 핸들로 수식을 복사합니다. 성별이 바르게 입력되는 것을 확인할 수 있습니다.

6. M5 셀에 강경혜 학생의 성별 '여자'가 입력되는 것을 확인할 수 있습니다. 채우기 핸들을 이용하여 M14 셀까지 수식을 복사합니다. 각 학생의 성별이 입력되는 것을 확인할 수 있습니다.

장학생 명단

성명	주민등록번호	생년월일			중간고사	기말고사	총점	장학생	등수	성별
		연	월	일						
강경혜	990125-2******	99년	01월	25일	95	87	182	장학생	2	여자
윤시현	950427-1******	95년	04월	27일	99	90	189	장학생	1	남자
윤은결	960111-1******	96년	01월	11일	75	92	167		4	남자
문희연	971209-2******	97년	12월	09일	50	98	148		8	여자
박주영	960323-2******	96년	03월	23일	88	60	148		8	여자
양희수	940416-1******	94년	04월	16일	90	77	167		4	남자
유신애	970111-1******	97년	01월	11일	58	100	158		6	남자
윤예진	990529-2******	99년	05월	29일	55	89	144		10	여자
이근석	900102-2******	90년	01월	02일	70	87	157		7	여자
이경화	971219-1******	97년	12월	19일	90	90	180	장학생	3	남자

5장

실 전 예 제 만 들 기

직접 수식을 이용하여 각 시트의 결과를 계산하시오.

D11 =(D5+D6+D7)*(1+D8)+D9-D10

no.	청구내역	금액	비고
1	통화료	34,000	
2	부가서비스	12,000	
3	외부 컨텐츠 이용료	3,000	
4	부가세	10%	(부가세에 기기 할부금은 포함되지 않습니다.)
5	기기 할부금	35,000	
6	약정할인	7,000	
이번달 청구 요금 합계		₩	81,900

Q 01 D11셀에는 이번달 청구 요금 합계를 계산하시오.

* 예제파일 : 5장 실전학습.xlsx / * 시트명 : Q1

1. D11 셀로 커서를 이동합니다. 이번달 청구 요금 합계를 계산하기 위하여 수식 '=(D5+D6+D7)*(1+D8)+D9−D10' 을 입력하고 Enter 키를 누릅니다.

2. 결과 값으로 '81900' 이 입력되는 것을 확인할 수 있습니다.

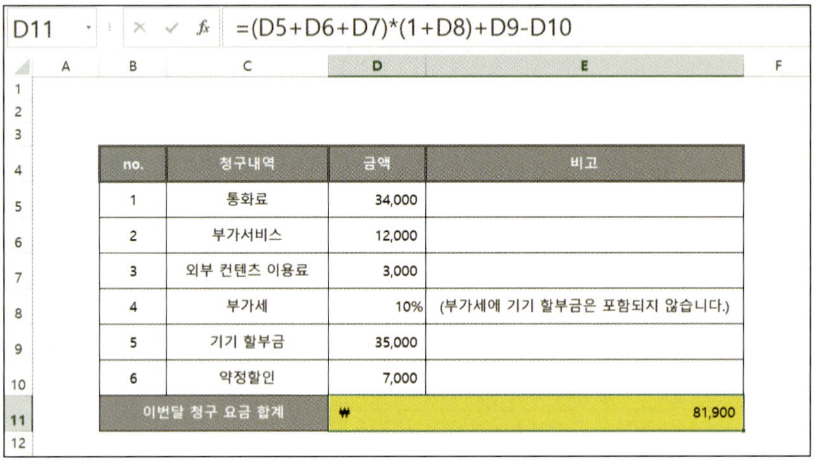

Q O2 F열에는 직접 수식을 이용하여 금액을 구하시오. G열에는 부가세를 포함한 총 금액을 구하시오.

* 예제파일 : 5장 실전학습.xlsx / * 시트명 : Q2

1. F5 셀로 커서를 이동합니다. 금액을 계산하기 위하여 수식 '=D5*E5' 를 입력하고 Enter 키를 누릅니다.

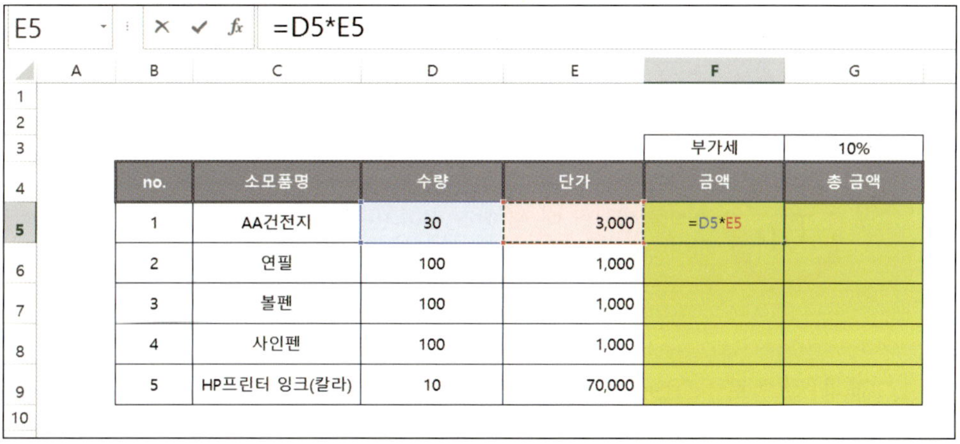

E5 =D5*E5

				부가세	10%
no.	소모품명	수량	단가	금액	총 금액
1	AA건전지	30	3,000	=D5*E5	
2	연필	100	1,000		
3	볼펜	100	1,000		
4	사인펜	100	1,000		
5	HP프린터 잉크(칼라)	10	70,000		

2. 결과 값으로 '90,000' 이 입력되는 것을 확인할 수 있습니다. 채우기 핸들을 이용하여 F9 셀까지 수식을 복사합니다.

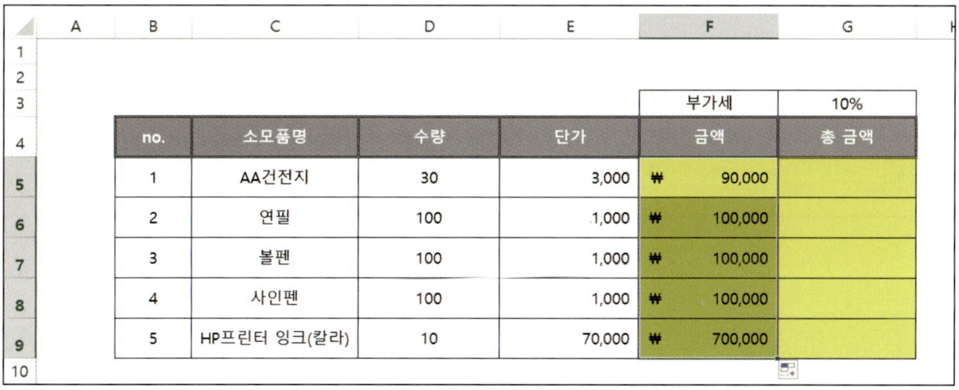

				부가세	10%
no.	소모품명	수량	단가	금액	총 금액
1	AA건전지	30	3,000	₩ 90,000	
2	연필	100	1,000	₩ 100,000	
3	볼펜	100	1,000	₩ 100,000	
4	사인펜	100	1,000	₩ 100,000	
5	HP프린터 잉크(칼라)	10	70,000	₩ 700,000	

3. G5 셀로 커서를 이동합니다. 총 금액을 계산하기 위하여 수식 '=F5+F5*$G$3' 를 입력하고 Enter 키를 누릅니다.

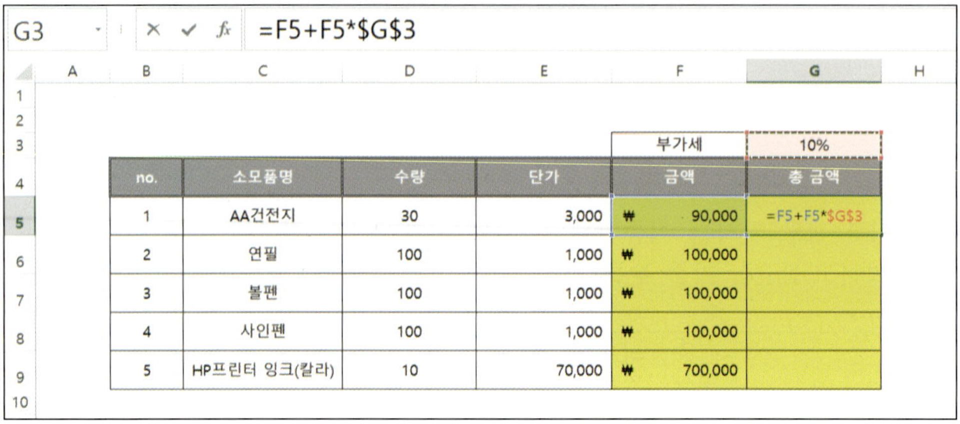
G3 =F5+F5*$G$3

no.	소모품명	수량	단가	금액	총 금액
				부가세	10%
1	AA건전지	30	3,000	₩ 90,000	=F5+F5*$G$3
2	연필	100	1,000	₩ 100,000	
3	볼펜	100	1,000	₩ 100,000	
4	사인펜	100	1,000	₩ 100,000	
5	HP프린터 잉크(칼라)	10	70,000	₩ 700,000	

Tip 수식을 복사할 때 셀 참조 값이 변경되지 않기 위하여 'F4' 키를 이용하여 G3 셀은 절대 참조 '$G$3' 로 입력합니다.

4. 결과 값으로 '99,000' 이 입력되는 것을 확인할 수 있습니다. 채우기 핸들을 이용하여 G9 셀까지 수식을 복사합니다.

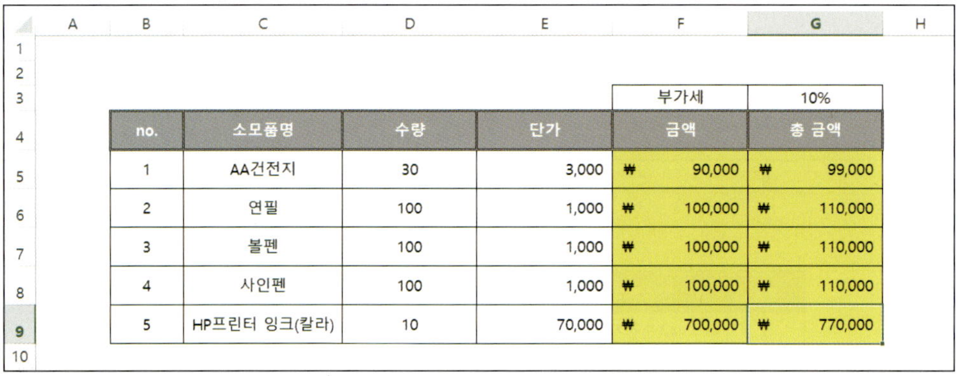

no.	소모품명	수량	단가	금액	총 금액
				부가세	10%
1	AA건전지	30	3,000	₩ 90,000	₩ 99,000
2	연필	100	1,000	₩ 100,000	₩ 110,000
3	볼펜	100	1,000	₩ 100,000	₩ 110,000
4	사인펜	100	1,000	₩ 100,000	₩ 110,000
5	HP프린터 잉크(칼라)	10	70,000	₩ 700,000	₩ 770,000

Q O3 D열에는 텍스트 함수와 '&' 연산자를 이용하여 성명의 두 번째 글자를 "*" 로 표시하시오.

* 예제파일 : 5장 실전학습.xlsx / * 시트명 : Q3

1. D4 셀로 커서를 이동합니다. ' 구*영 ' 의 형식으로 텍스트를 표시하기 위하여 [수식 탭 – 함수 라이브러리 그룹 – 텍스트 – LEFT]를 클릭합니다.

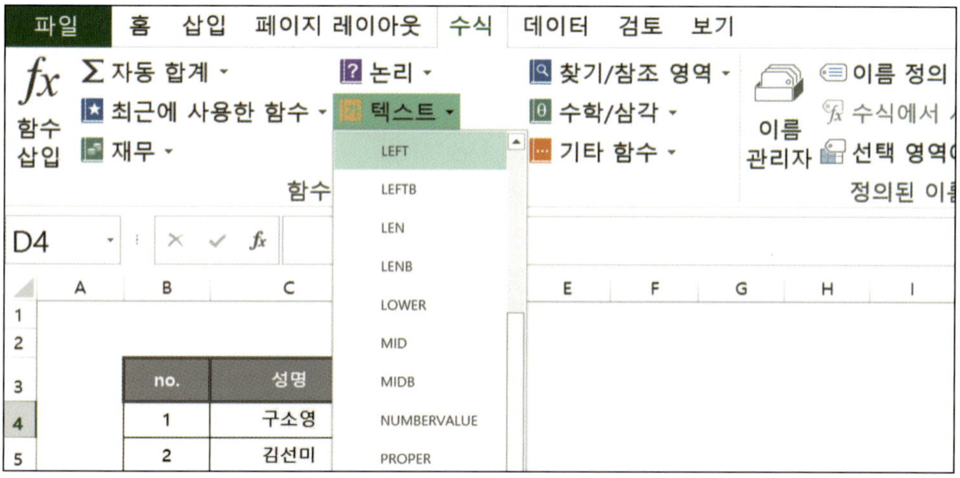

2. 함수 인수 대화상자가 나타나면 Text는 'C4' , Num_chars는 '1' 을 입력하고 확인 버튼을 클릭합니다.

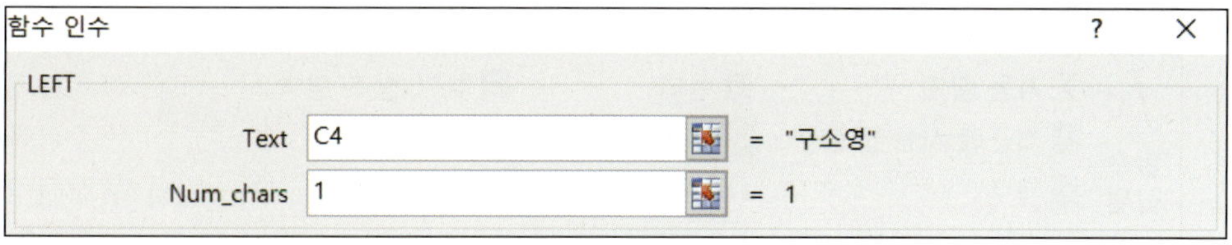

수식) =LEFT(C4,1)

3. 수식이 입력되면 수식 입력 줄의 수식 맨 뒤로 커서를 이동합니다.

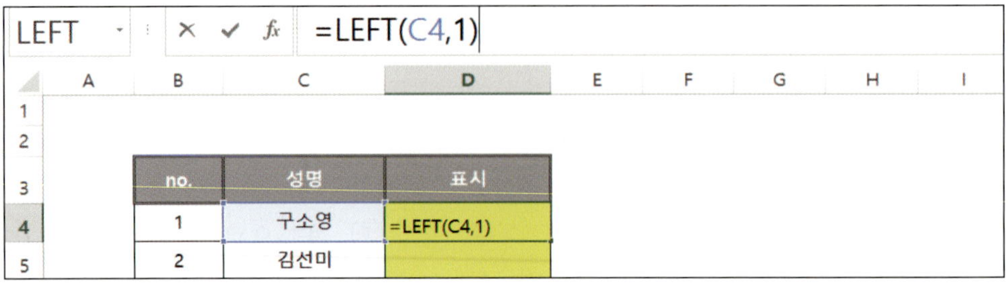

4. '& "*" &' 를 입력하여 두 번째 글자 '*' 를 설정합니다.

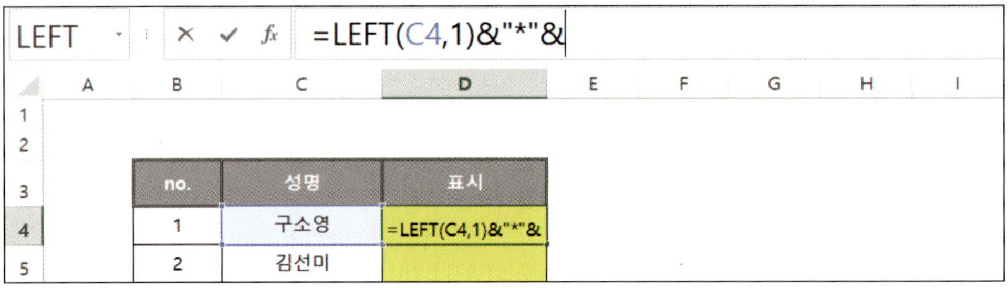

수식) =LEFT(C4,1)& "*" &

5. 커서를 그대로 둔 상태에서 [수식 탭 - 함수 라이브러리 그룹 - 텍스트 - RIGHT]를 클릭하여 RIGHT 함수를 추가합니다.

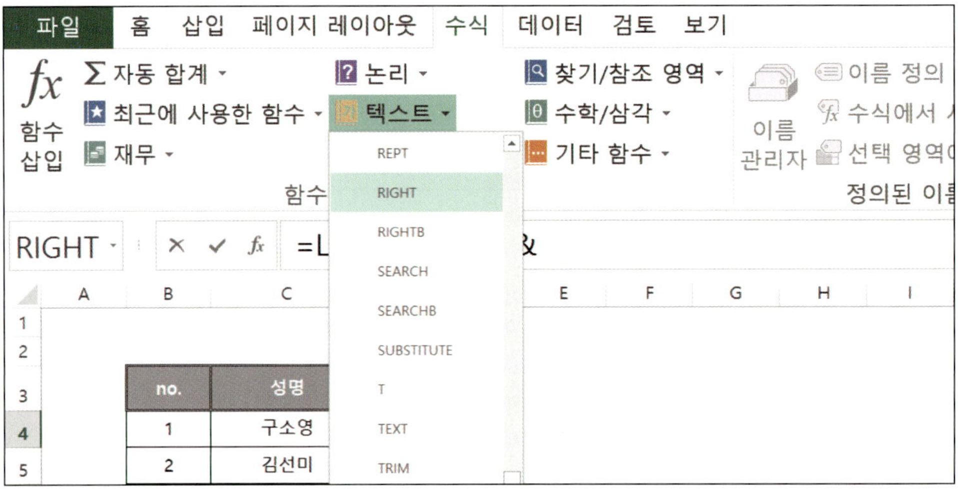

6. 함수 인수 대화상자가 나타나면 Text는 'C4', Num_chars는 '1'을 입력하고 확인 버튼을 클릭합니다.

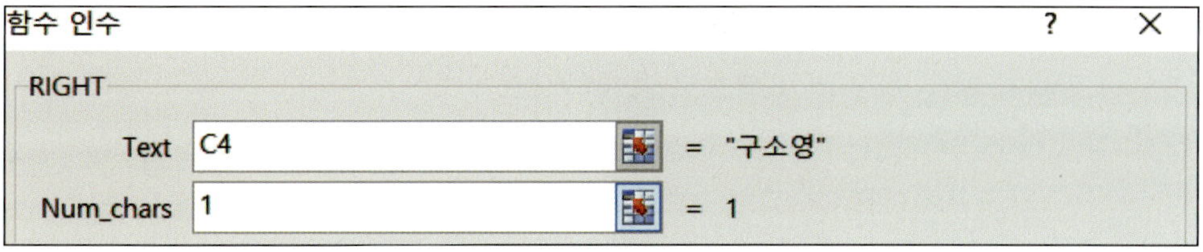

7. 결과 값으로 '구*영'이 입력되는 것을 확인할 수 있습니다.

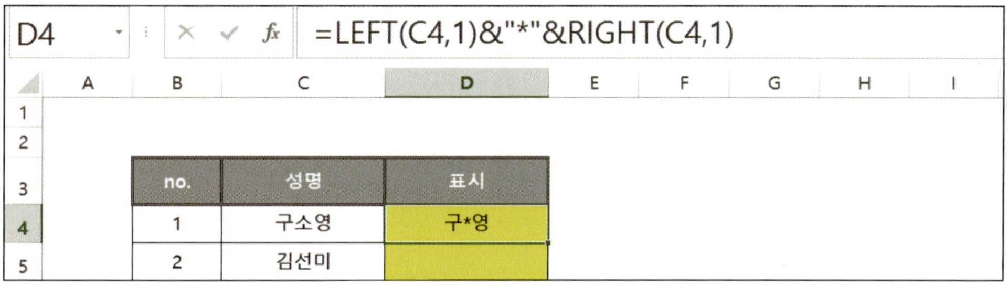

수식) =LEFT(C4,1)& "*" &RIGHT(C4,1)

8. 채우기 핸들을 이용하여 D13 셀까지 수식을 복사합니다. 이름 중 두 번째 글자만 '*' 표시 되어 추출되는 것을 확인할 수 있습니다.

Q 04 F열에는 자동 합계(평균)을 이용하여 평균을 구하시오. G열에는 IF 함수를 이용하여 평균이 80점 이상인 경우 "합격" 으로 표시하시오. 그렇지 않은 경우는 공백으로 표시하시오.

※ 예제파일 : 5장 실전학습.xlsx / ※ 시트명 : Q4

1. F4 셀로 커서를 이동합니다. 평균을 계산하기 위하여 [수식 탭 – 함수 라이브러리 그룹 – 자동 합계 – 평균]을 클릭합니다.

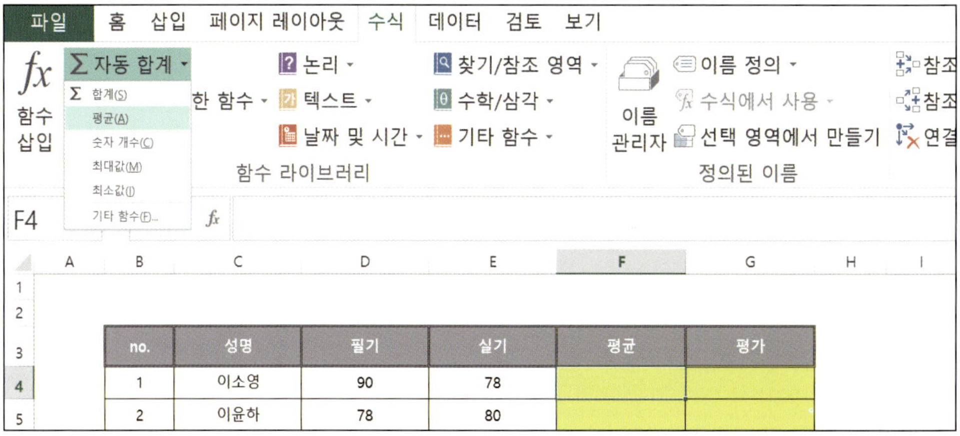

2. 수식으로 '=AVERAGE(D4:E4)' 가 자동으로 입력됩니다. 범위가 맞는지 확인한 후 Enter 키를 누릅니다.

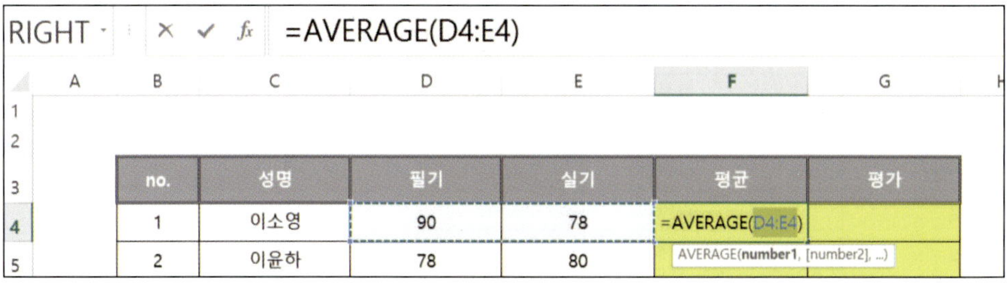

3. 결과 값으로 '84' 가 입력되는 것을 확인할 수 있습니다. 채우기 핸들을 이용하여 F13 셀까지 수식을 복사합니다.

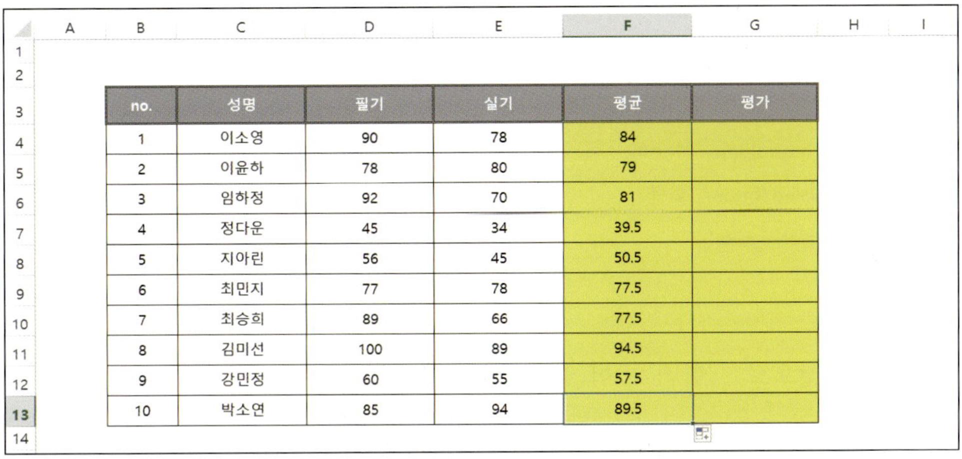

no.	성명	필기	실기	평균	평가
1	이소영	90	78	84	
2	이윤하	78	80	79	
3	임하정	92	70	81	
4	정다운	45	34	39.5	
5	지아린	56	45	50.5	
6	최민지	77	78	77.5	
7	최승희	89	66	77.5	
8	김미선	100	89	94.5	
9	강민정	60	55	57.5	
10	박소연	85	94	89.5	

4. G4 셀로 커서를 이동합니다. 평가를 나타내기 위하여 [수식 탭 - 함수 라이브러리 그룹 - 논리 - IF]를 클릭합니다.

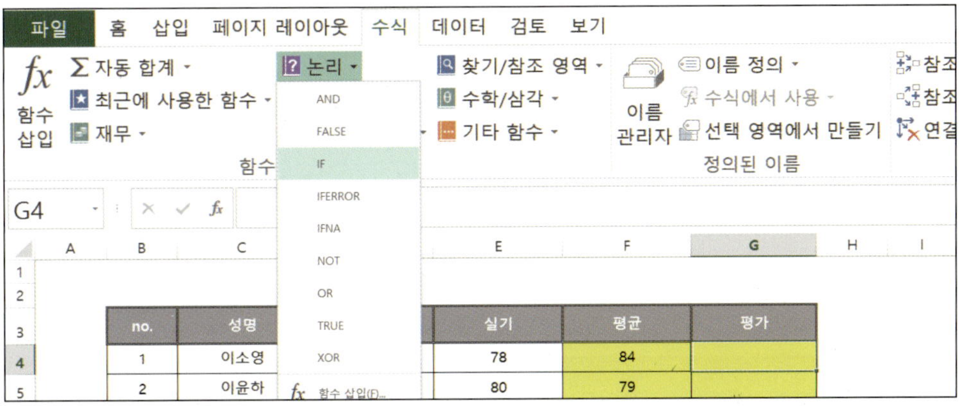

5. 함수 인수 대화상자가 나타나면 Logical_test는 'F4>=80', Value_if_true는 '"합격"' Value_if_false는 '""' 을 입력하고 확인 버튼을 클릭합니다.

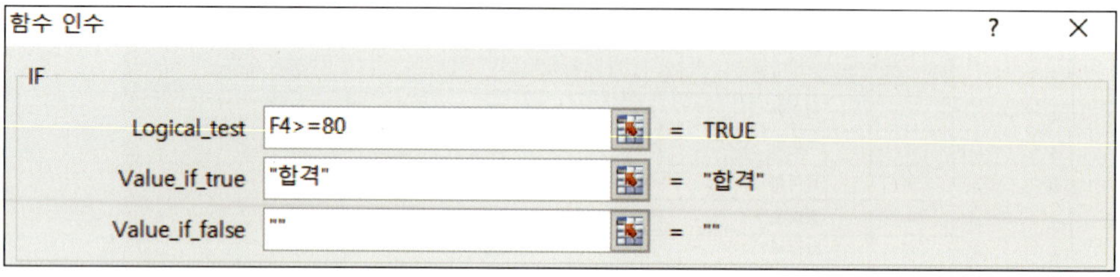

6. 결과 값으로 '합격' 이 입력되는 것을 확인할 수 있습니다.

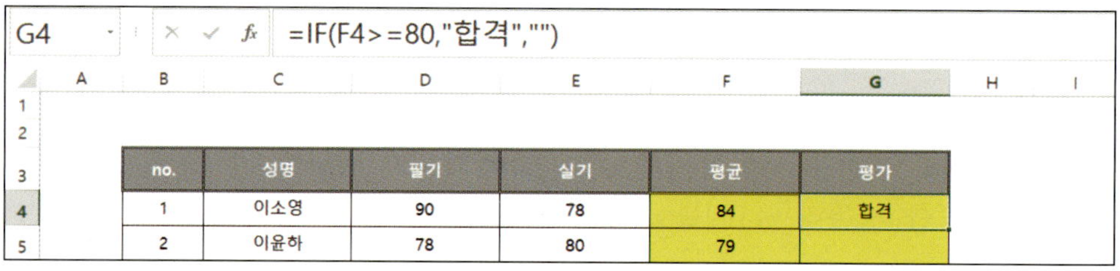

no.	성명	필기	실기	평균	평가
1	이소영	90	78	84	합격
2	이윤하	78	80	79	

수식) =IF(F4>=80, "합격", "")

7. 채우기 핸들을 이용하여 G13 셀까지 수식을 복사합니다. 4명이 합격되는 것을 확인할 수 있습니다.

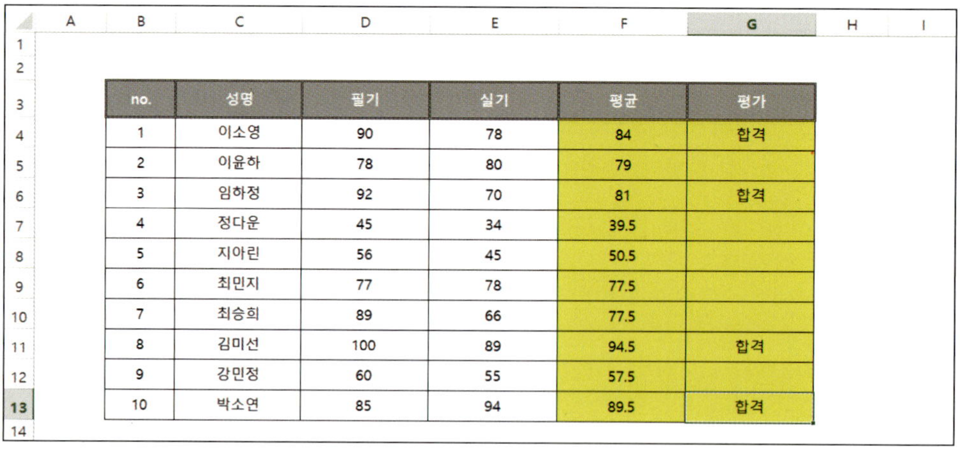

no.	성명	필기	실기	평균	평가
1	이소영	90	78	84	합격
2	이윤하	78	80	79	
3	임하정	92	70	81	합격
4	정다운	45	34	39.5	
5	지아린	56	45	50.5	
6	최민지	77	78	77.5	
7	최승희	89	66	77.5	
8	김미선	100	89	94.5	합격
9	강민정	60	55	57.5	
10	박소연	85	94	89.5	합격

Q 05 G열에는 자동 합계(합계)를 이용하여 세과목의 총점을 구하시오. H열에는 총점을 기준으로 등수를 구하고 등수 뒤에 텍스트 "등"을 추가하시오.

＊ 예제파일 : 5장 실전학습.xlsx / ＊ 시트명 : Q5

1. G4 셀로 커서를 이동합니다. 총점을 계산하기 위하여 [수식 탭 – 함수 라이브러리 그룹 – 자동 합계 – 합계]를 클릭합니다.

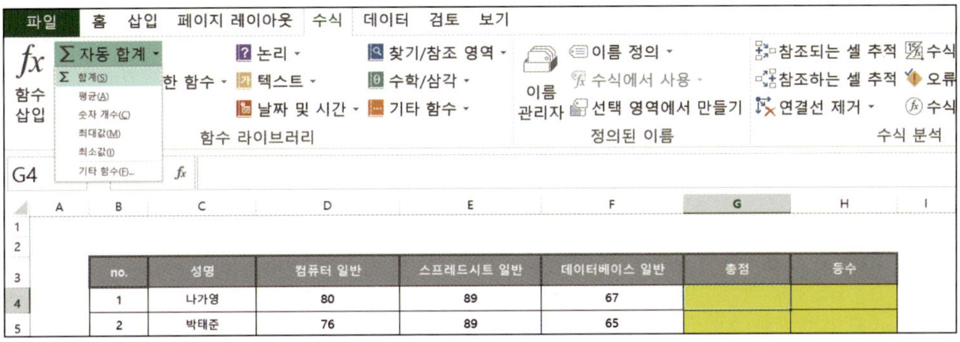

2. 수식으로 '=SUM(D4:E4)'가 자동으로 입력됩니다. 범위가 맞는지 확인한 후 Enter 키를 누릅니다.

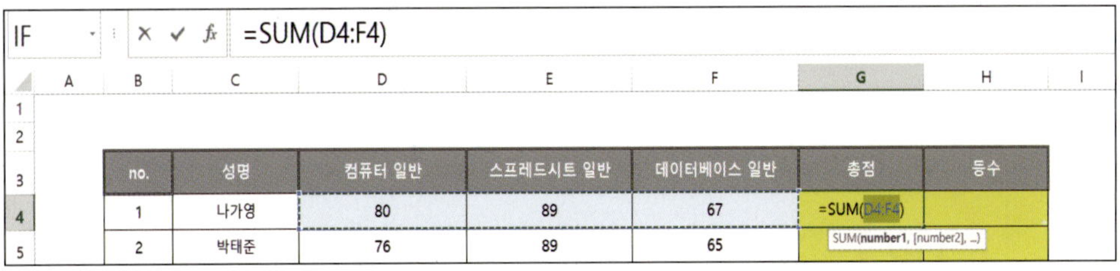

3. 결과 값으로 '236' 이 입력되는 것을 확인할 수 있습니다. 채우기 핸들을 이용하여 G13 셀까지 수식을 복사합니다.

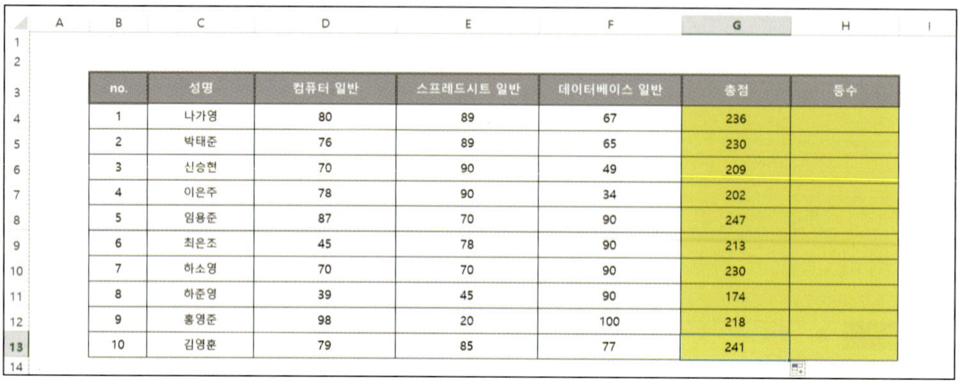

4. H4 셀로 커서를 이동합니다. [수식 탭 – 함수 라이브러리 그룹 – 함수삽입]을 클릭합니다.

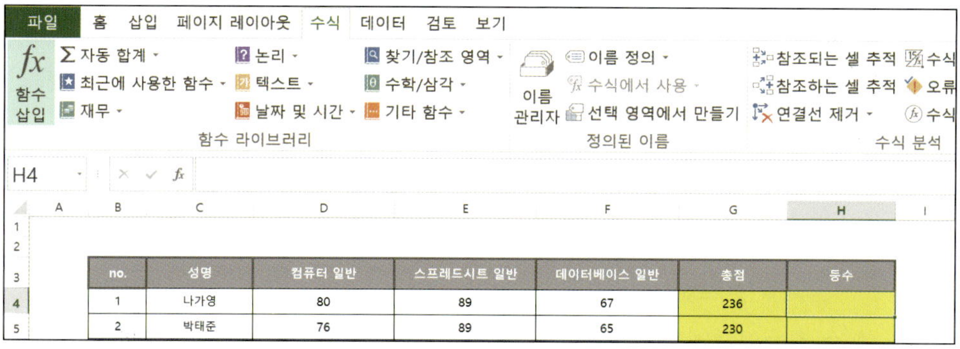

Tip RANK 함수는 이전 버전과의 호환성을 위해 제공되기 때문에 검색해서 삽입합니다.

5. 함수 마법사 대화상자가 나타나면 함수 검색 창에 'RANK' 를 입력하고 검색 버튼을 클릭하여 'RANK' 함수를 선택하고 확인 버튼을 클릭합니다.

6. 함수 인수 대화상자가 나타나면 Number는 'G4', Ref는 '$G$4:$G$13', Order은 '0' 을 입력하고 확인 버튼을 클릭합니다.

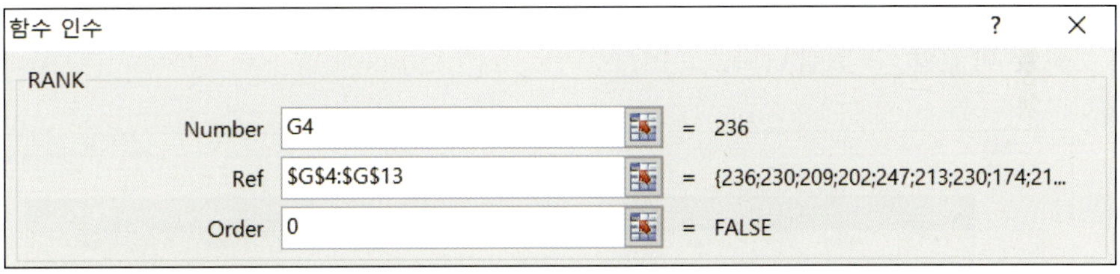

Tip Order값은 0이나 공백인 경우 내림차순, 그렇지 않은 경우는 오름차순으로 순위가 지정됩니다.

7. 결과 값으로 '3' 이 입력되는 것을 확인할 수 있습니다.

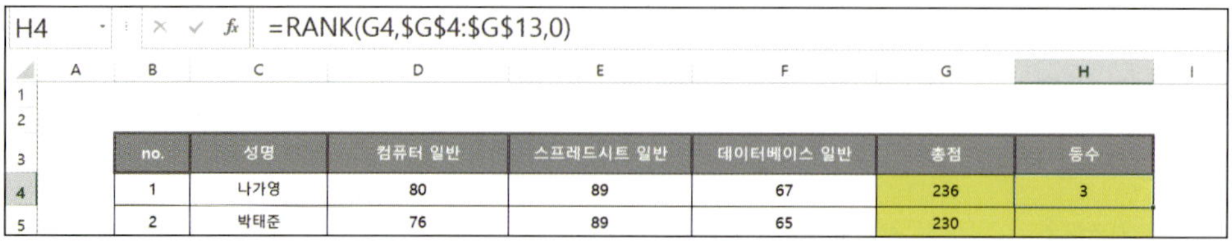

H4 =RANK(G4,$G$4:$G$13,0)

no.	성명	컴퓨터 일반	스프레드시트 일반	데이터베이스 일반	총점	등수
1	나가영	80	89	67	236	3
2	박태준	76	89	65	230	

수식) =RANK(G4,$G$4:$G$13,0)

8. 수식 '=RANK(G4,$G$4:$G$13,0)' 이 입력되면 수식 입력 줄 맨 뒤로 커서를 이동한 후 '& "등" ' 을 입력하고 Enter 키를 누릅니다.

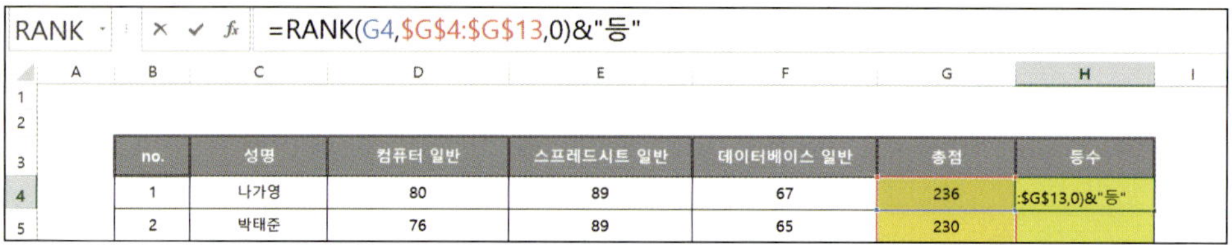

RANK =RANK(G4,$G$4:$G$13,0)&"등"

no.	성명	컴퓨터 일반	스프레드시트 일반	데이터베이스 일반	총점	등수
1	나가영	80	89	67	236	:$G$13,0)&"등"
2	박태준	76	89	65	230	

수식) =RANK(G4,$G$4:$G$13,0)& "등"

9. 채우기 핸들을 이용하여 H13 셀까지 수식을 복사합니다. 등수가 표시 되는 것을 확인할 수 있습니다.

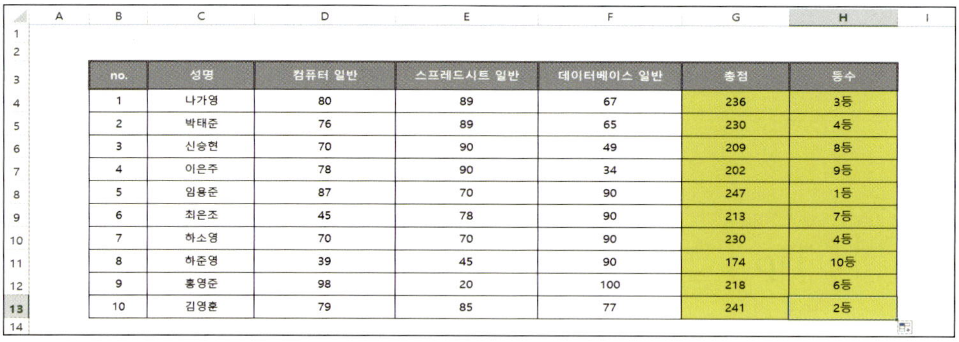

no.	성명	컴퓨터 일반	스프레드시트 일반	데이터베이스 일반	총점	등수
1	나가영	80	89	67	236	3등
2	박태준	76	89	65	230	4등
3	신승현	70	90	49	209	8등
4	이은주	78	90	34	202	9등
5	임용준	87	70	90	247	1등
6	최은조	45	78	90	213	7등
7	하소영	70	70	90	230	4등
8	하준영	39	45	90	174	10등
9	홍영준	98	20	100	218	6등
10	김영훈	79	85	77	241	2등

Q 06 F열에는 BMI 계산법 표를 이용하여 BMI 값을 계산하고 G열에는 '저체중, 정상, 과체중' 을 구분하시오.

* 예제파일 : 5장 실전학습.xlsx / * 시트명 : Q6

1. F5 셀로 커서를 이동합니다. BMI를 계산하기 위하여 수식 '=E5/D5^2'를 입력하고 Enter 키를 누릅니다.

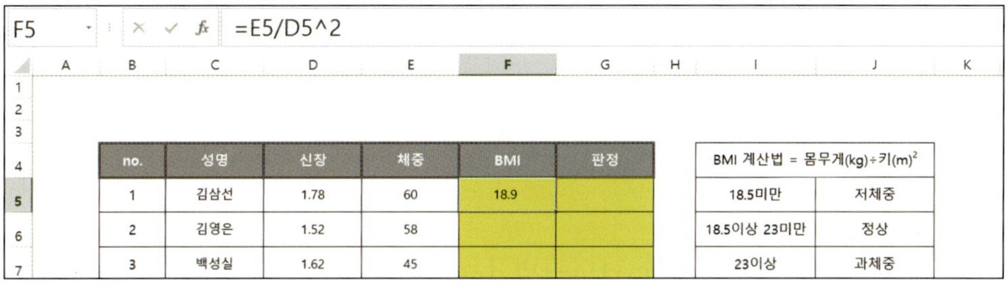

F5 =E5/D5^2

no.	성명	신장	체중	BMI	판정
1	김삼선	1.78	60	18.9	
2	김영은	1.52	58		
3	백성실	1.62	45		

BMI 계산법 = 몸무게(kg)÷키(m)²	
18.5미만	저체중
18.5이상 23미만	정상
23이상	과체중

수식) =E5/D5^2

2. 결과 값으로 '18.9' 가 입력되는 것을 확인할 수 있습니다. 채우기 핸들을 이용하여 F9 셀까지 수식을 복사합니다.

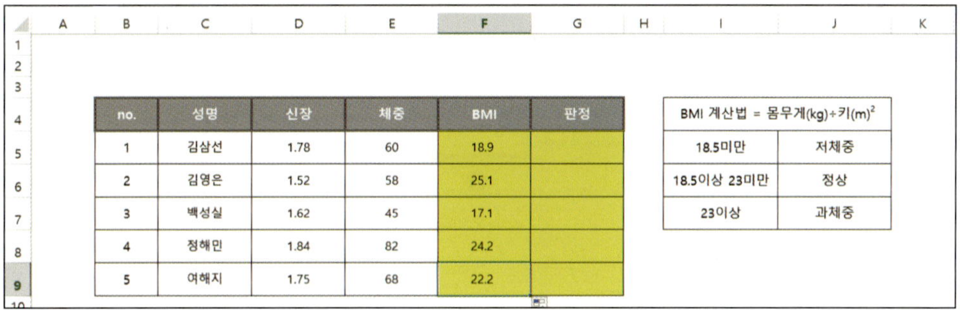

no.	성명	신장	체중	BMI	판정
1	김삼선	1.78	60	18.9	
2	김영은	1.52	58	25.1	
3	백성실	1.62	45	17.1	
4	정해민	1.84	82	24.2	
5	여해지	1.75	68	22.2	

BMI 계산법 = 몸무게(kg)÷키(m)²	
18.5미만	저체중
18.5이상 23미만	정상
23이상	과체중

3. G5 셀로 커서를 이동합니다. 판정을 나타내기 위하여 [수식 탭 – 함수 라이브러리 그룹 – 논리 – IF]를 클릭합니다.

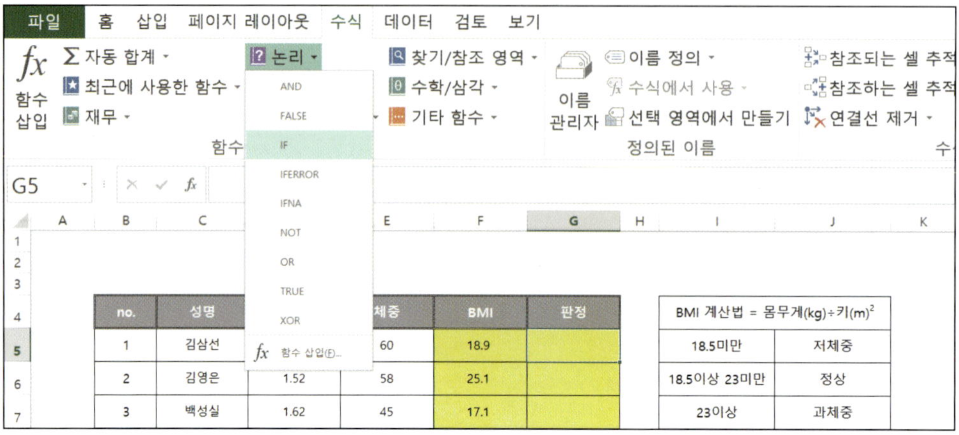

4. 함수 인수 대화상자가 나타나면 Logical_test는 'F5〈18.5' , Value_if_true는 ' "저체중" ' Value_if_false는 커서를 두고 이름 상자를 클릭하여 'IF' 를 선택합니다. IF함수 안에 이중 함수가 추가 되고, IF 함수 대화상자가 새롭게 나타납니다.

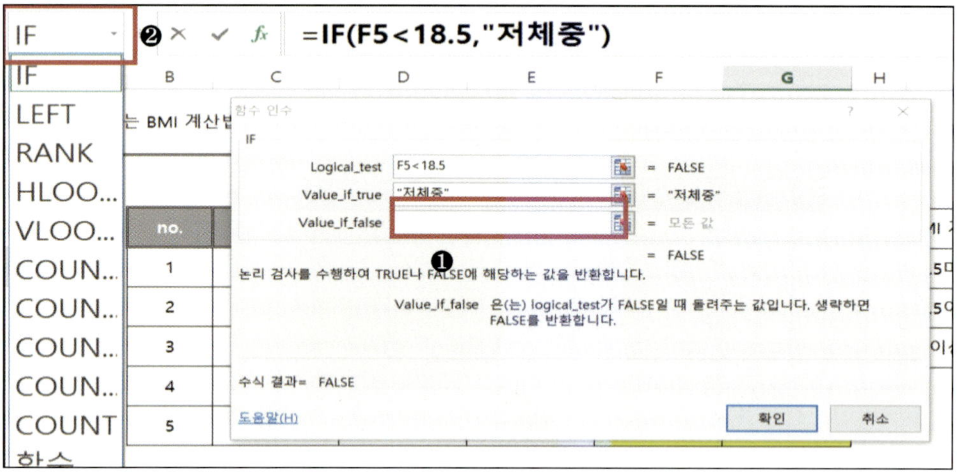

5. 함수 인수 대화상자가 나타나면 Logical_test는 'F5<23', Value_if_true는 '"정상"' Value_if_false는 '"과체중"'을 입력하고 확인 버튼을 클릭합니다.

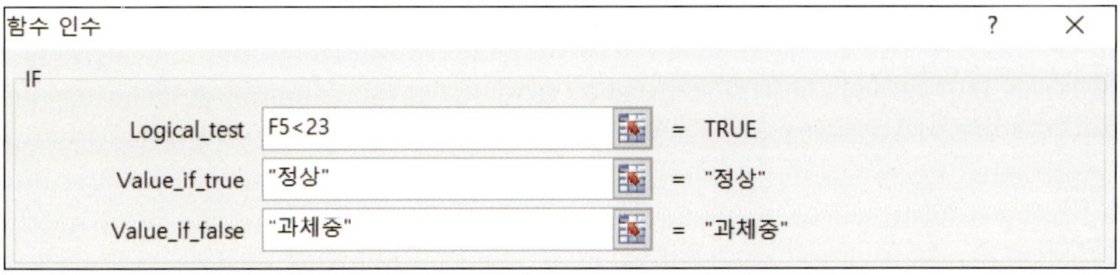

6. 결과 값으로 '정상'이 입력되는 것을 확인할 수 있습니다.

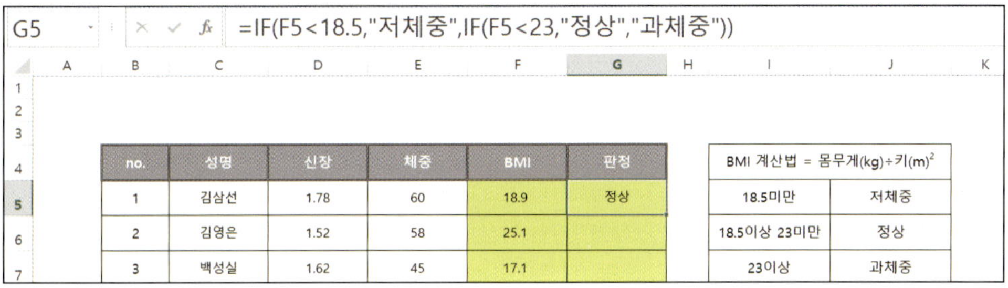

no.	성명	신장	체중	BMI	판정
1	김삼선	1.78	60	18.9	정상
2	김영은	1.52	58	25.1	
3	백성실	1.62	45	17.1	

BMI 계산법 = 몸무게(kg)÷키(m)^2	
18.5미만	저체중
18.5이상 23미만	정상
23이상	과체중

수식) =IF(F5<18.5, "저체중", IF(F5<23, "정상", "과체중"))

7. 채우기 핸들을 이용하여 G9 셀까지 수식을 복사합니다. 판정 값이 표시 되는 것을 확인할 수 있습니다.

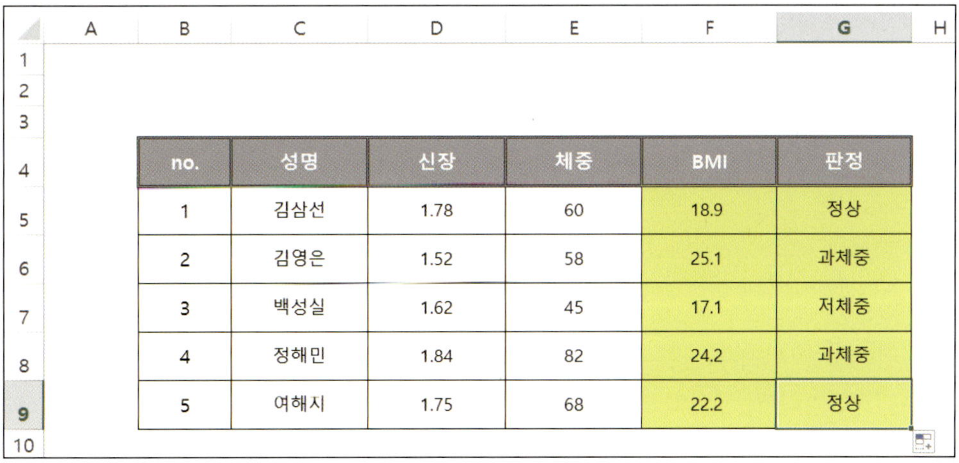

no.	성명	신장	체중	BMI	판정
1	김삼선	1.78	60	18.9	정상
2	김영은	1.52	58	25.1	과체중
3	백성실	1.62	45	17.1	저체중
4	정해민	1.84	82	24.2	과체중
5	여해시	1.75	68	22.2	정상

Chapter 6

함수 활용

01

조건부 함수

합계, 평균 등의 함수를 이용하여 데이터를 계산하는 경우 조건에 적합한 결과를 추출하기 위하여 ~IF 또는 ~IFS 함수를 활용하여 단일조건 및 다중조건을 적용할 수 있다.

예제파일 : 6장예제.xlsx

1-1 수학 / 삼각 함수 활용하기

SUM 함수

인수들의 합을 계산합니다.

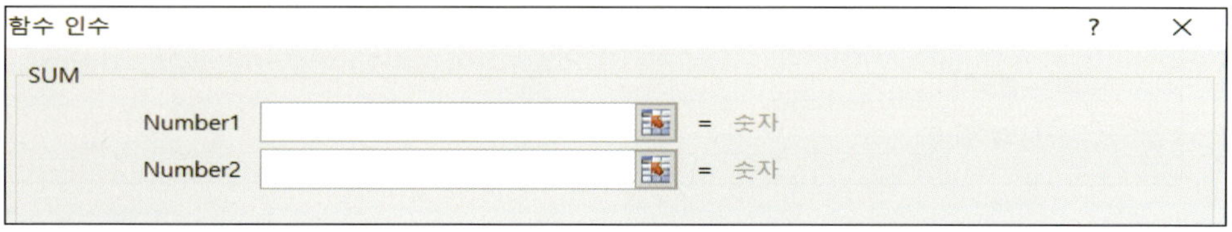

설명

인수 설정

- **Number1, number2...** : 합계를 구하려는 값들로서 255개까지 지정할 수 있습니다. 논리 값과 텍스트는 제외됩니다.

SUMIF 함수

주어진 단일 조건에 의해 지정된 셀들의 합을 구합니다.

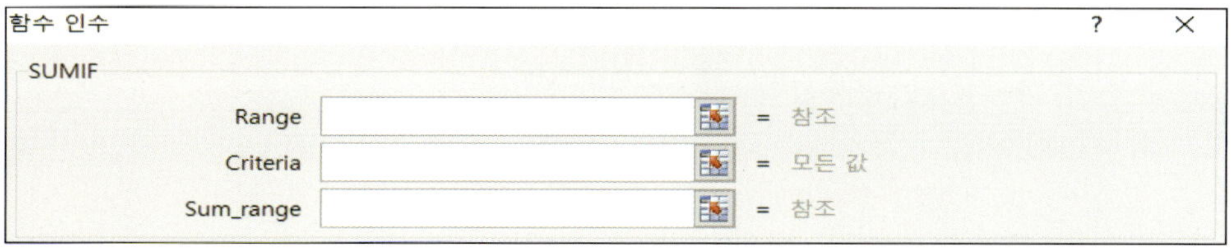

설명

인수 설정

- **Range** : 조건에 맞는지를 검사할 셀의 범위입니다.
- **Criteria** : 더할 셀의 조건을 지정하는 수, 식 또는 텍스트입니다.
- **Sum_range** : 합을 구할 실제 셀의 범위입니다. 생략하면 범위 내의 셀들이 계산됩니다.

SUMIFS 함수

2개 이상의 주어진 조건에 의해 지정된 셀들의 합을 구합니다. 조건은 최대 127개까지 지정할 수 있습니다. 반드시 조건에 맞게 조건범위와 조건식을 작성하여야 합니다.

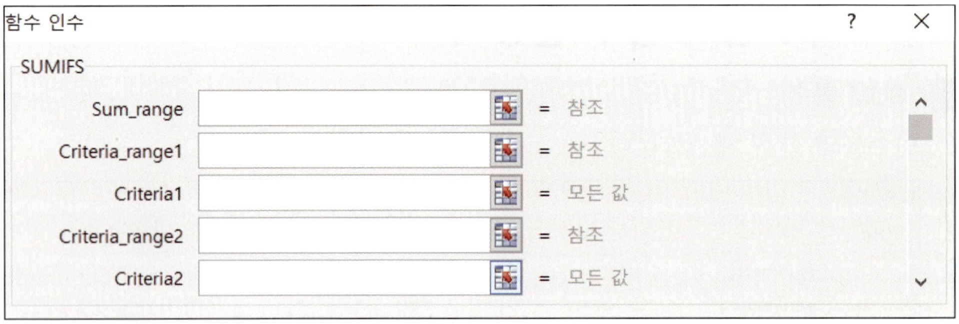

설명

인수 설정

- **Sum_range** : 합을 구할 실제 셀의 범위입니다.
- **Criteria_range1** : 첫 번째 조건에 적용시킬 셀의 범위입니다.
- **Criteria1** : 첫 번째 조건을 지정하는 수, 식 또는 텍스트입니다.
- **Criteria_range2...** : 두 번째... 조건에 적용시킬 셀의 범위입니다.
- **Criteria2...** : 두 번째... 조건을 지정하는 수, 식 또는 텍스트입니다.

따라해 보세요 – SUM 함수 활용하기

H 열에 총점을 구하세요.

*시트명 : 조건부 함수

1. 총점을 계산하기 위하여 H3 셀로 커서를 이동한 후 [수식 탭 – 함수 라이브러리 그룹 – 수학 / 삼각 – SUM]을 클릭합니다.

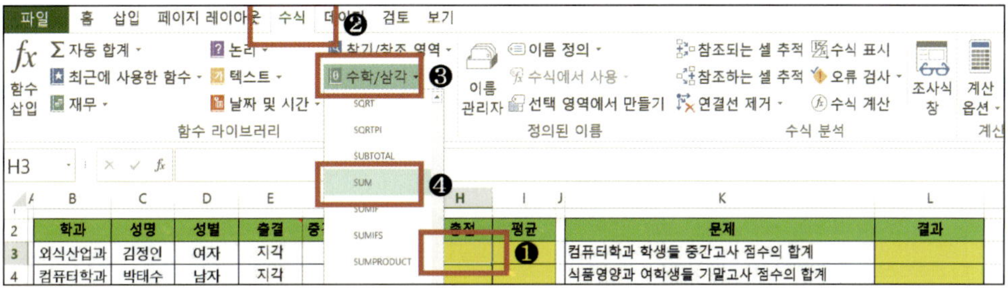

2. 함수 인수 대화상자가 나타나면 Number1는 'F3:G3' 을 입력하고 확인 버튼을 클릭합니다.

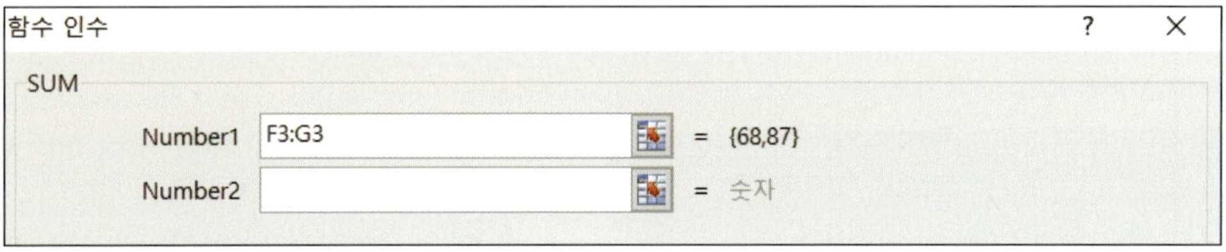

3. 학생별 중간고사와 기말고사의 합 '155' 가 H3 셀에 계산되는 것을 확인할 수 있습니다. 채우기 핸들을 이용하여 H29 셀까지 수식을 복사합니다. 4행부터 29행까지 각 행에 맞게 '중간고사와 기말고사의 합' 이 계산되는 것을 확인할 수 있습니다.

	학과	성명	성별	출결	중간고사	기말고사	총점	평균	문제	결과
3	외식산업과	김정인	여자	지각	68	87	155		컴퓨터학과 학생들 중간고사 점수의 합계	
4	컴퓨터학과	박태수	남자	지각	88	90	178		식품영양과 여학생들 기말고사 점수의 합계	
5	식품영양과	이윤미	여자		75	92	167		지각생들의 중간고사 점수의 평균	
6	컴퓨터학과	윤지용	남자		50	98	148		물리치료과 남학생들 총점의 평균	
7	식품영양과	박애자	여자		88	60	148		총 학생 수	
8	컴퓨터학과	김철진	남자		90	77	167		지각자 수	
9	외식산업과	이찬숙	여자		58	45	103		출석생 수	
10	식품영양과	박재영	남자		55	89	144		외식산업과 학생 수	
11	외식산업과	고지은	여자		70	87	157		평균이 80점 이상인 여학생 수	

따라해 보세요 – SUMIF 함수 활용하기

L3 셀에 컴퓨터학과 학생들의 중간고사 점수의 합계를 구하세요.

*시트명 : 조건부 함수

1. 컴퓨터학과 학생들의 중간고사 점수의 합계를 구하기 위하여 L3 셀로 커서를 이동한 후 [수식 탭 – 함수 라이브러리 그룹 – 수학 / 삼각 – SUMIF]를 클릭합니다.

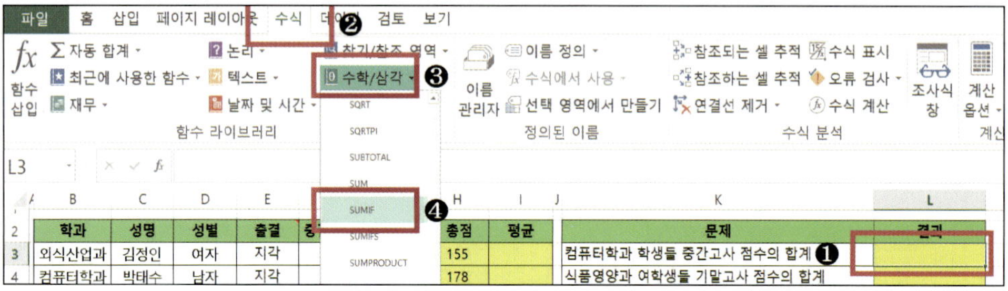

2. 함수 인수 대화상자가 나타나면 Range는 'B3:B29', Criteria는 '"컴퓨터학과"', Sum_range는 'F3:F29'를 입력하고 확인 버튼을 클릭합니다.

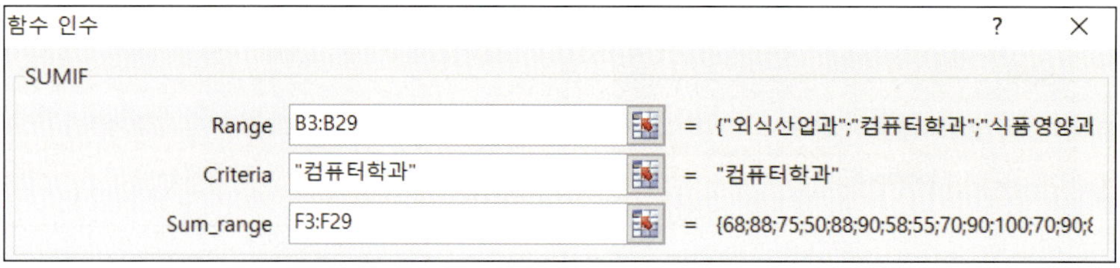

3. 학생들 중 컴퓨터학과 학생들의 중간고사 점수의 합계 '472'가 L3 셀에 계산되는 것을 확인할 수 있습니다.

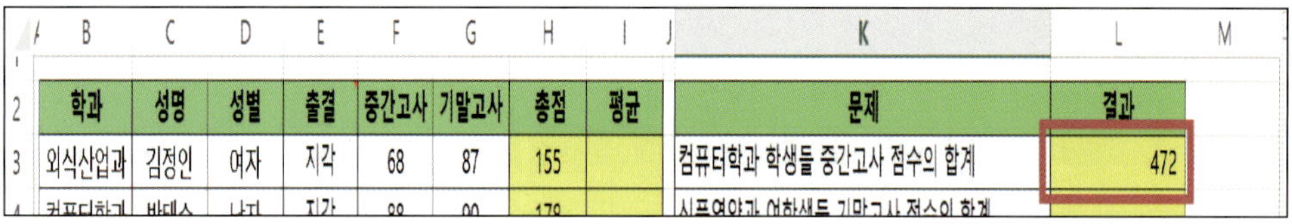

따라해 보세요 – SUMIFS 함수 활용하기

L4 셀에 식품영양과 여학생들의 기말고사 점수의 합계를 구하세요.

※시트명 : 조건부 함수

1. 식품영양과 여학생들의 기말고사 점수의 합계를 구하기 위하여 L4 셀로 커서를 이동한 후 [수식 탭 – 함수 라이브러리 그룹 – 수학 / 삼각 – SUMIFS]를 클릭합니다.

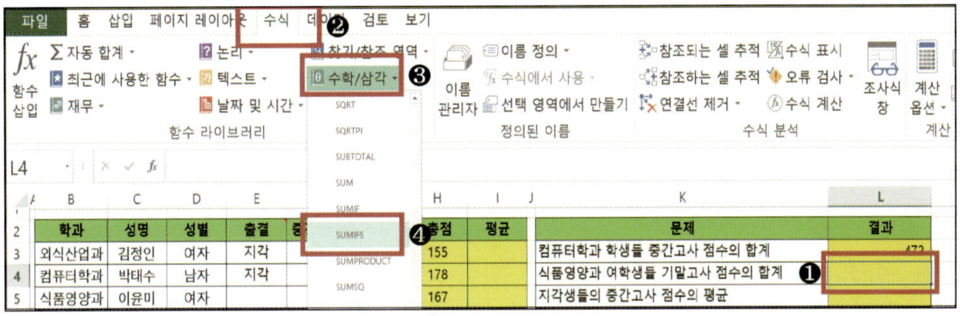

2. SUMIFS 함수 인수 대화상자가 나타나면 Sum_range는 'G3:G29', Criteria_range1는 'B3:B29', Criteria1는 'B5', Criteria_range2는 'D3:D29', Criteria2는 'D3'을 입력하고 확인 버튼을 클릭합니다.
(조건을 텍스트가 아닌 셀 주소로도 입력이 가능합니다.)

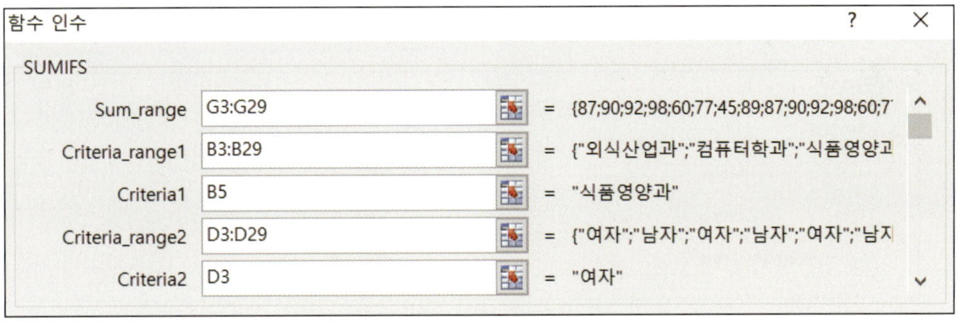

3. 학생들 중 식품영양과 여학생의 기말고사 점수의 합계 '478'이 L4 셀에 계산되는 것을 확인할 수 있습니다.

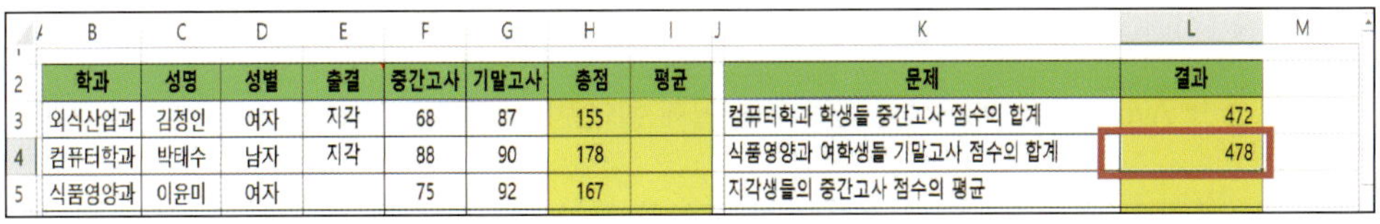

1-2 통계 함수 활용하기

AVERAGE 함수

인수들의 평균을 계산합니다. 인수는 숫자, 이름, 배열 또는 숫자가 들어있는 참조 등이 될 수 있습니다.

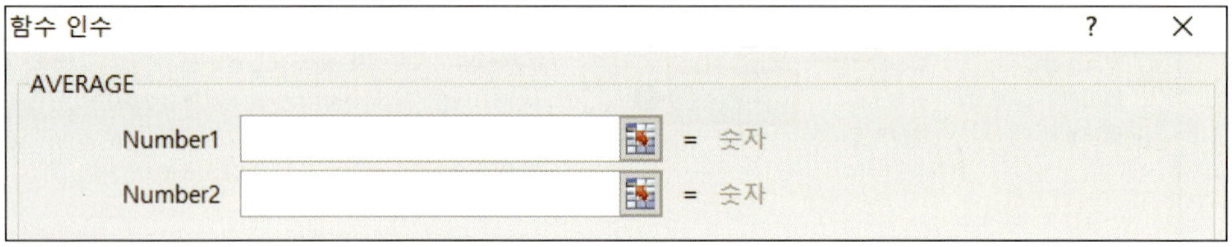

설명

인수 설정

- **Number1, number2...** : 평균을 구하려는 값들로서 255개까지 지정할 수 있습니다.

AVERAGEIF 함수

주어진 단일 조건에 의해 지정된 셀들의 평균을 구합니다.

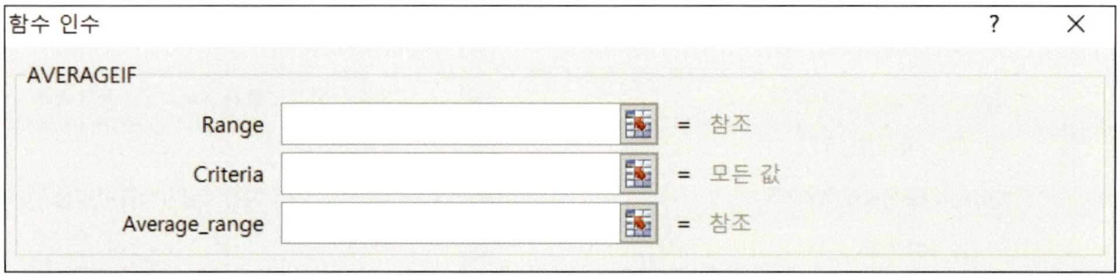

설명

인수 설정

- **Range** : 조건에 맞는지를 검사할 셀의 범위입니다.
- **Criteria** : 평균을 구할 셀의 조건을 지정하는 수, 식 또는 텍스트입니다.
- **Average_range** : 평균을 구할 실제 셀의 범위입니다. 생략하면 범위 내의 셀들이 계산됩니다.

AVERAGEIFS 함수

2개 이상의 주어진 조건에 의해 지정된 셀들의 평균을 구합니다. 조건은 최대 127개까지 지정할 수 있습니다. 반드시 조건에 맞게 조건범위와 조건식을 작성하여야 합니다.

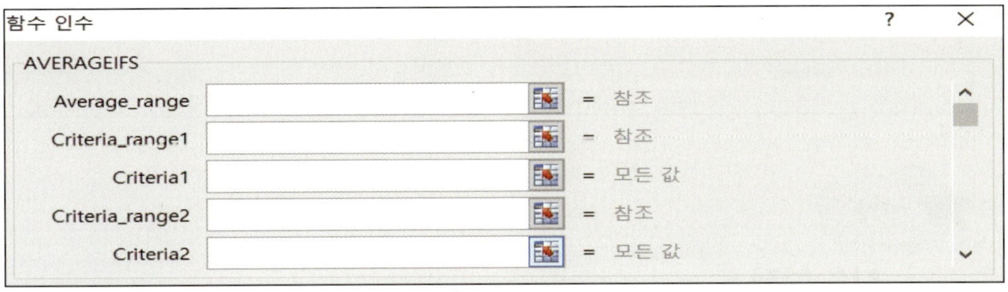

설명

인수 설정

- **Average_range** : 평균을 구할 실제 셀의 범위입니다.
- **Criteria_range1** : 첫 번째 조건에 적용시킬 셀의 범위입니다.
- **Criteria1** : 첫 번째 조건을 지정하는 수, 식 또는 텍스트입니다.
- **Criteria_range2...** : 두 번째... 조건에 적용시킬 셀의 범위입니다.
- **Criteria2...** : 두 번째... 조건을 지정하는 수, 식 또는 텍스트입니다.

COUNT 함수

범위에서 숫자가 포함된 셀의 개수를 구합니다.

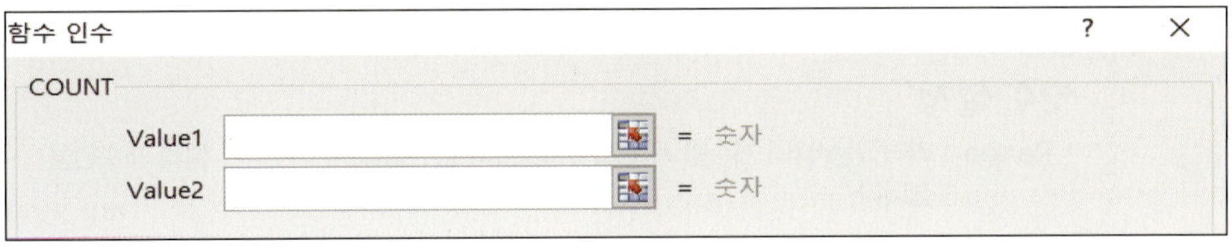

설명

인수 설정

- **Value1, Value2...** : 셀의 개수를 세고자 하는 셀의 값이나 범위입니다. 최대 255개의 인수로서 다양한 데이터 유형을 포함하거나 참조할 수 있습니다. 이 중 숫자의 개수만을 셉니다.

COUNTA 함수

범위에서 비어있지 않은 셀의 개수를 구합니다.

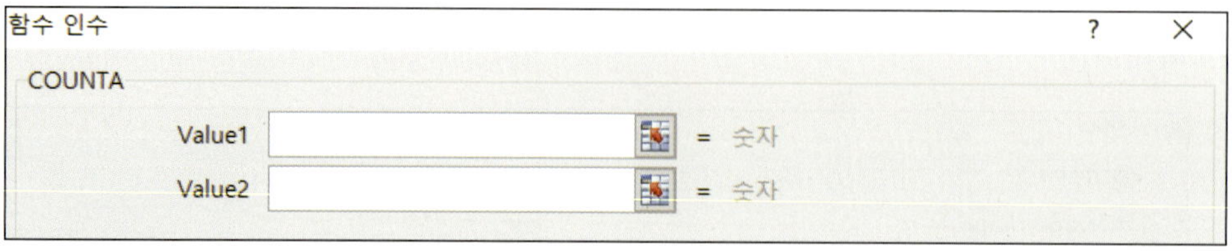

설명

인수 설정

- **Value1, Value2...** : 비어있지 않은 셀의 개수를 세고자 하는 셀의 값이나 범위입니다. 최대 255개의 인수로서 다양한 데이터 유형을 포함하거나 참조할 수 있습니다. 이 중 비어있지 않은 셀의 개수만을 셉니다.

COUNTBLANK 함수

범위에서 비어있는 셀의 개수를 구합니다.

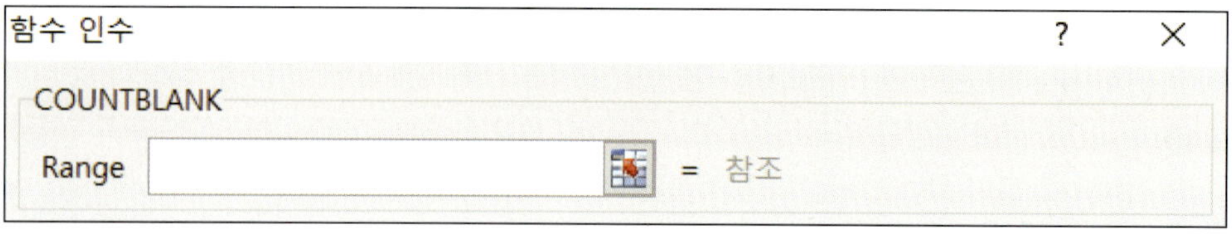

설명

인수 설정

- **Range** : 비어있는 셀의 개수를 세고자 하는 셀의 범위입니다. 이 중 빈 셀의 개수만을 셉니다.

COUNTIF 함수

지정한 범위 내에서 단일 조건에 맞는 셀의 개수를 구합니다.

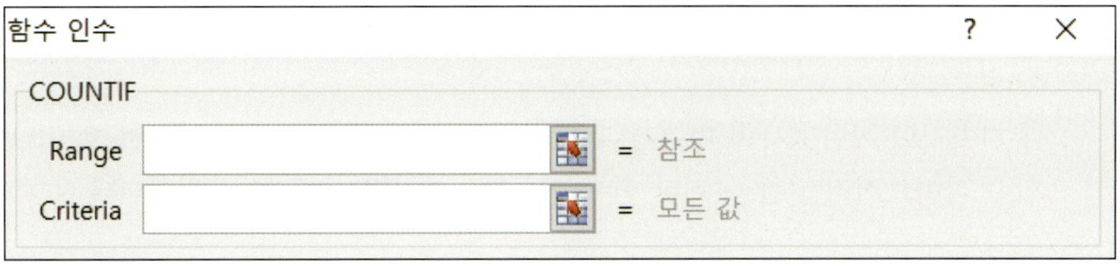

설명

인수 설정

- **Range** : 조건에 맞는지를 검사할 셀의 범위입니다.
- **Criteria** : 셀의 조건을 지정하는 수, 식 또는 텍스트입니다.

COUNTIFS 함수

지정한 범위 내에서 2개 이상의 조건에 맞는 셀의 개수를 구합니다. 조건은 최대 127개까지 지정할 수 있습니다.

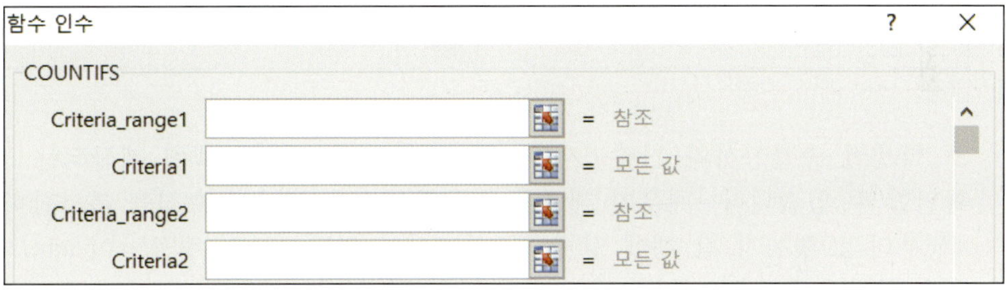

설명

인수 설정

- **Criteria_range1** : 첫 번째 조건에 맞는지를 검사할 셀의 범위입니다.
- **Criteria1** : 첫 번째 조건을 지정하는 수, 식 또는 텍스트입니다.
- **Criteria_range2...** : 두 번째... 조건에 맞는지를 검사할 셀의 범위입니다.
- **Criteria2...** : 두 번째... 조건을 지정하는 수, 식 또는 텍스트입니다.

따라해 보세요 – AVERAGE 함수 활용하기

I 열에 중간고사와 기말고사의 평균을 구하세요.

*시트명 : 조건부 함수

1. 중간고사와 기말고사의 평균을 구하기 위하여 I3 셀로 커서를 이동한 후 [수식 탭 – 함수 라이브러리 그룹 – 기타 함수 – 통계 – AVERAGE]를 클릭합니다.

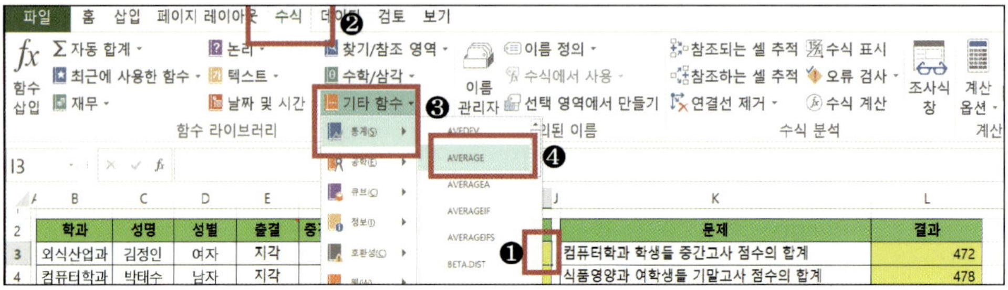

2. 함수 인수 대화상자가 나타나면 Number1는 'F3:G3' 을 입력하고 확인 버튼을 클릭합니다.

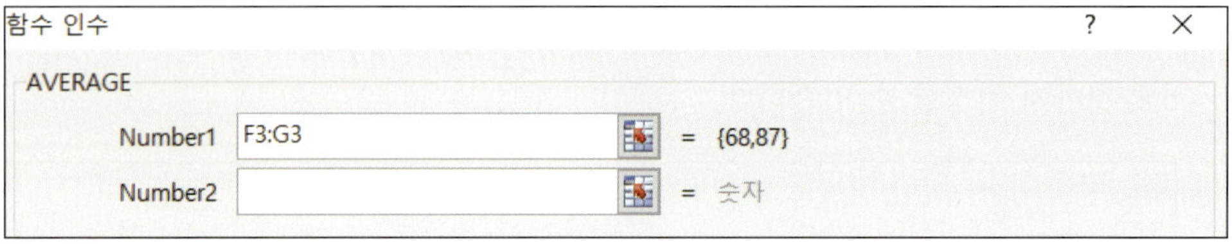

3. 학생별 중간고사와 기말고사의 평균 '77.50' 이 I3 셀에 계산되는 것을 확인할 수 있습니다. 채우기 핸들을 이용하여 I29 셀까지 수식을 복사합니다. 4행부터 29행까지 각 행에 맞게 '중간고사와 기말고사의 평균' 이 계산되는 것을 확인할 수 있습니다.

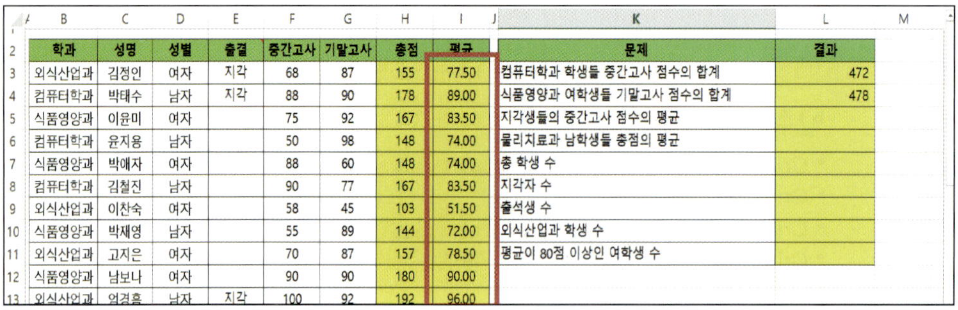

따라해 보세요 – AVERAGEIF 함수 활용하기

L5 셀에 지각생들의 중간고사 점수의 평균을 구하세요.

*시트명 : 조건부 함수

1. 지각생들의 중간고사 점수의 평균을 구하기 위하여 L5 셀로 커서를 이동한 후 [수식 탭 – 함수 라이브러리 그룹 – 기타 함수 – 통계 – AVERAGEIF]를 클릭합니다.

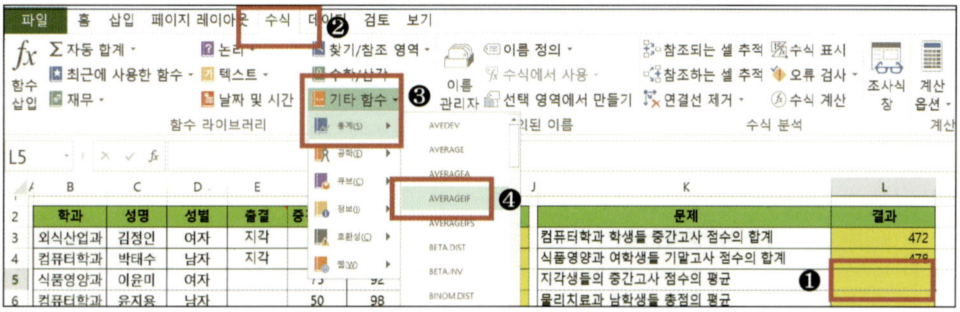

2. 함수 인수 대화상자가 나타나면 Range는 'E3:E29', Criteria는 '"지각"', Sum_range는 'F3:F29'를 입력하고 확인 버튼을 클릭합니다.

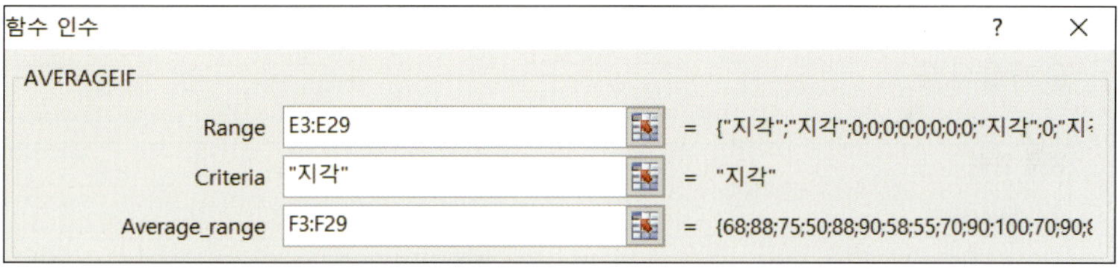

3. 학생들 중 지각생의 중간고사 점수의 평균 '87'이 L5 셀에 계산되는 것을 확인할 수 있습니다.

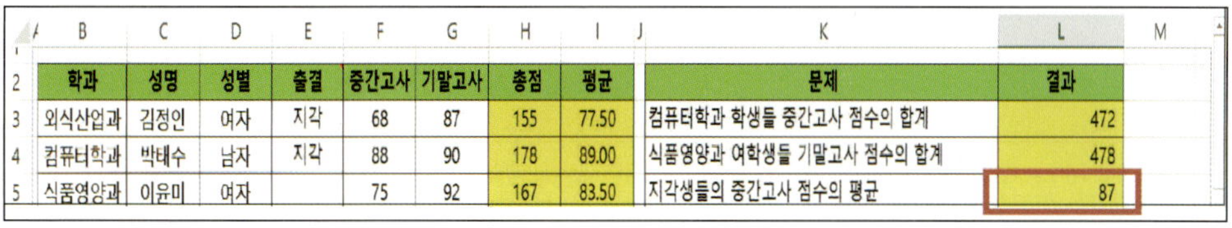

따라해 보세요 – AVERAGEIFS 함수 활용하기

L6 셀에 물리치료과 남학생들의 총점의 평균을 구하세요.

*시트명 : 조건부 함수

1. 물리치료과 남학생들의 총점의 평균을 구하기 위하여 L6 셀로 커서를 이동한 후 [수식 탭 – 함수 라이브러리 그룹 – 기타 함수 – 통계 – AVERAGEIFS]를 클릭합니다.

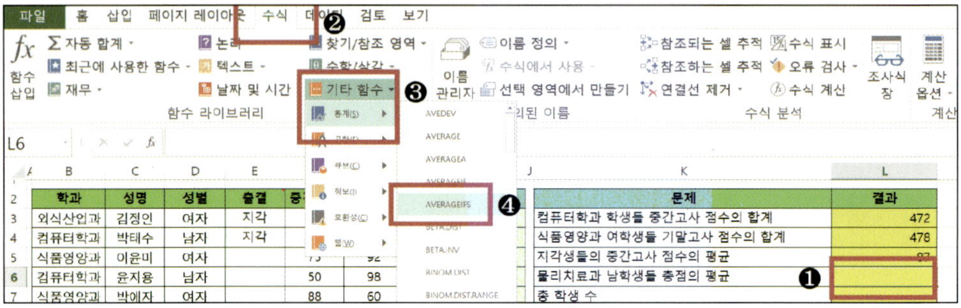

2. 함수 인수 대화상자가 나타나면 Averageifs_range는 'H3:H29', Criteria_range1는 'B3:B29', Criteria1는 '"물리치료과"', Criteria_range2는 'D3:D29', Criteria2는 '"남자"'를 입력하고 확인 버튼을 클릭합니다.

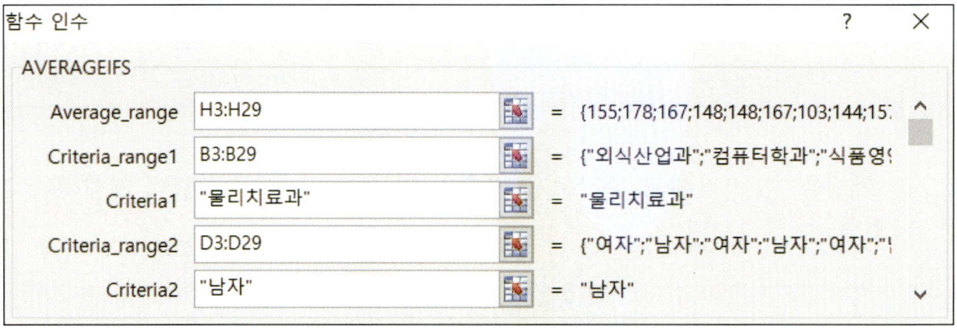

3. 학생들 중 물리치료과 남학생들의 총점의 평균 '161'이 L6 셀에 계산되는 것을 확인할 수 있습니다.

따라해 보세요 – COUNT 함수 활용하기

L7 셀에 총 학생 수를 구하세요.

※시트명 : 조건부 함수

1. 총 학생 수를 구하기 위하여 L7 셀로 커서를 이동한 후 [수식 탭 – 함수 라이브러리 그룹 – 기타 함수 – 통계 – COUNT]를 클릭합니다.

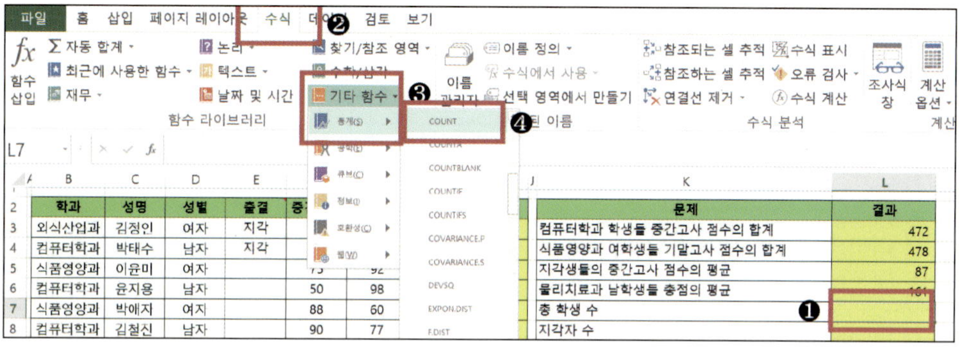

2. 함수 인수 대화상자가 나타나면 Value1는 'F3:F29' 를 입력하고 확인 버튼을 클릭합니다.

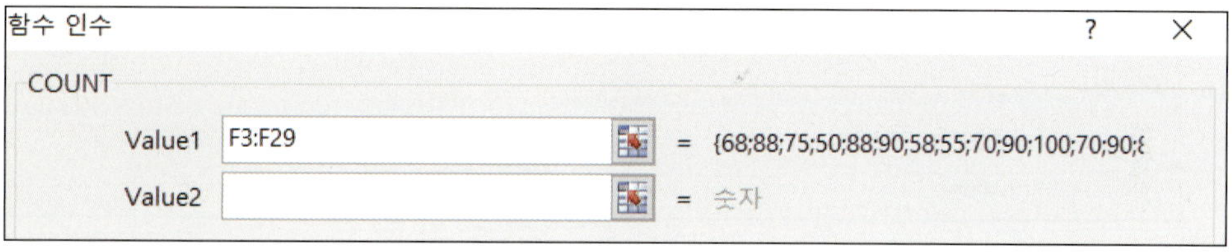

3. 학생들의 총 학생 수 '27' 이 L7 셀에 계산되는 것을 확인할 수 있습니다.

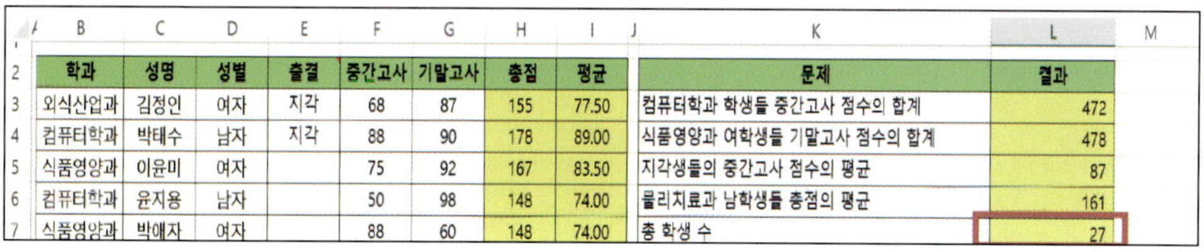

따라해 보세요 - COUNTA 함수 활용하기

L8 셀에 지각생 수를 구하세요.

*시트명 : 조건부 함수

1. 지각생 수를 구하기 위하여 L8 셀로 커서를 이동한 후 [수식 탭 – 함수 라이브러리 그룹 – 기타 함수 – 통계 – COUNTA]를 클릭합니다.

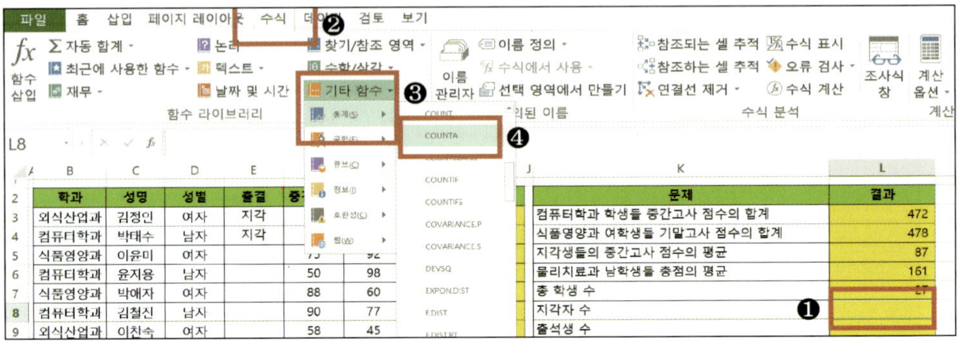

2. COUNTA 함수 인수 대화상자가 나타나면 Value1 는 'E3:E29' 를 입력하고 확인 버튼을 클릭합니다.

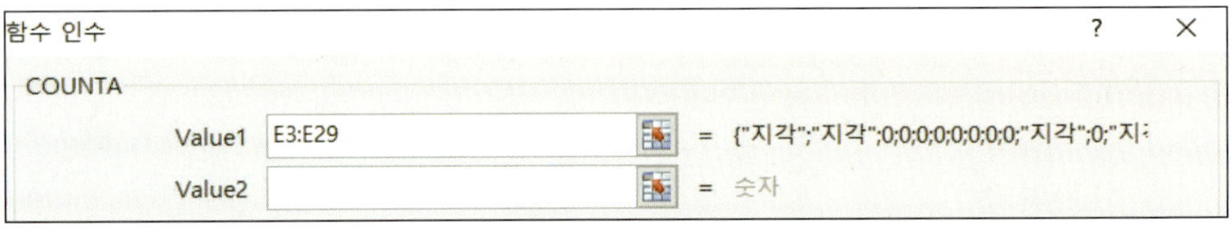

3. 학생들 중 지각생 수 '8' 이 L8 셀에 계산되는 것을 확인할 수 있습니다.

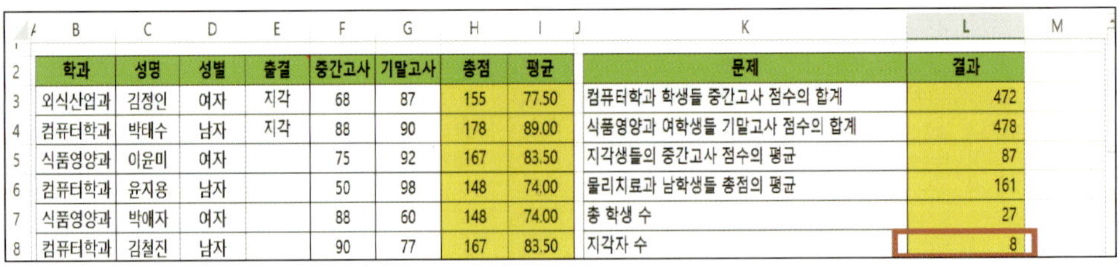

	B	C	D	E	F	G	H	I	J	K	L
2	학과	성명	성별	출결	중간고사	기말고사	총점	평균		문제	결과
3	외식산업과	김정인	여자	지각	68	87	155	77.50		컴퓨터학과 학생들 중간고사 점수의 합계	472
4	컴퓨터학과	박대수	남자	지각	88	90	178	89.00		식품영양과 여학생들 기말고사 점수의 합계	478
5	식품영양과	이윤미	여자		75	92	167	83.50		지각생들의 중간고사 점수의 평균	87
6	컴퓨터학과	윤지용	남자		50	98	148	74.00		물리치료과 남학생들 총점의 평균	161
7	식품영양과	박애자	여자		88	60	148	74.00		총 학생 수	27
8	컴퓨터학과	김철진	남자		90	77	167	83.50		지각자 수	8

따라해 보세요 - COUNTBLANK 함수 활용하기

L9 셀에 출석생 수를 구하세요.

※시트명 : 조건부 함수

1. 출석생 수를 구하기 위하여 L9 셀로 커서를 이동한 후 [수식 탭 - 함수 라이브러리 그룹 - 기타 함수 - 통계 - COUNTBLANK]를 클릭합니다.

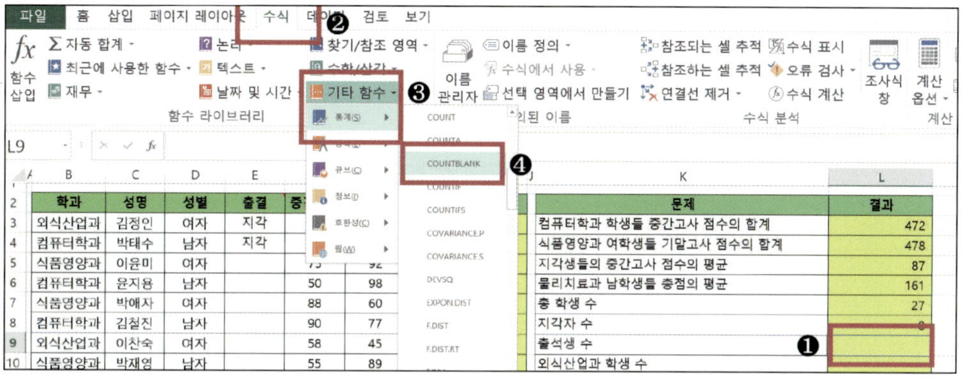

2. COUNTBLANK 함수 인수 대화상자가 나타나면 Range 는 'E3:E29' 를 입력하고 확인 버튼을 클릭합니다.

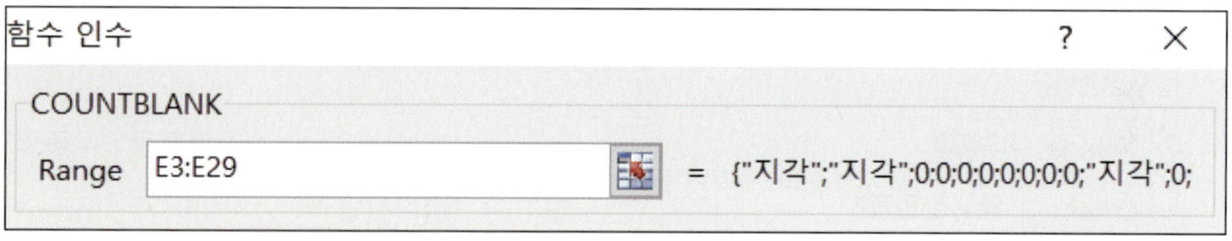

3. 학생들 중 출석생 수 '19' 가 L9 셀에 입력되는 것을 확인할 수 있습니다.

학과	성명	성별	출결	중간고사	기말고사	총점	평균	문제	결과
외식산업과	김정인	여자	지각	68	87	155	77.50	컴퓨터학과 학생들 중간고사 점수의 합계	472
컴퓨터학과	박태수	남자	지각	88	90	178	89.00	식품영양과 여학생들 기말고사 점수의 합계	478
식품영양과	이윤미	여자		75	92	167	83.50	지각생들의 중간고사 점수의 평균	87
컴퓨터학과	윤지용	남자		50	98	148	74.00	물리치료과 남학생들 총점의 평균	161
식품영양과	박애자	여자		88	60	148	74.00	총 학생 수	27
컴퓨터학과	김철진	남자		90	77	167	83.50	지각자 수	8
외식산업과	이찬숙	여자		58	45	103	51.50	출석생 수	19

따라해 보세요 – COUNTIF 함수 활용하기

L10 셀에 외식산업과 학생 수를 구하세요.

＊시트명 : 조건부 함수

1. 외식산업과 학생 수를 구하기 위하여 L10 셀로 커서를 이동한 후 [수식 탭 – 함수 라이브러리 그룹 – 기타 함수 – 통계 – COUNTIF]를 클릭합니다.

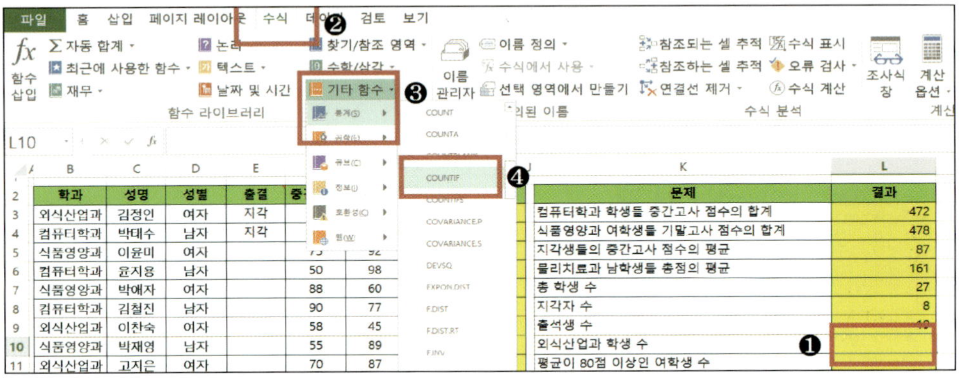

2. 함수 인수 대화상자가 나타나면 Range는 'B3:B29', Criteria는 '"외식산업과"'를 입력하고 확인 버튼을 클릭합니다.

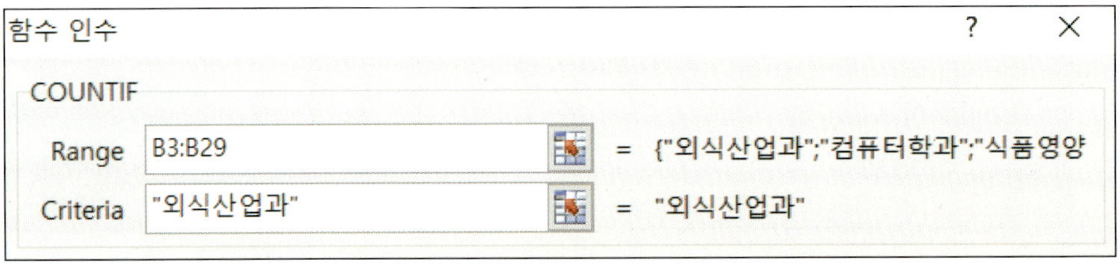

3. 학생들 중 외식산업과 학생의 수 '9'가 L10 셀에 계산되는 것을 확인할 수 있습니다.

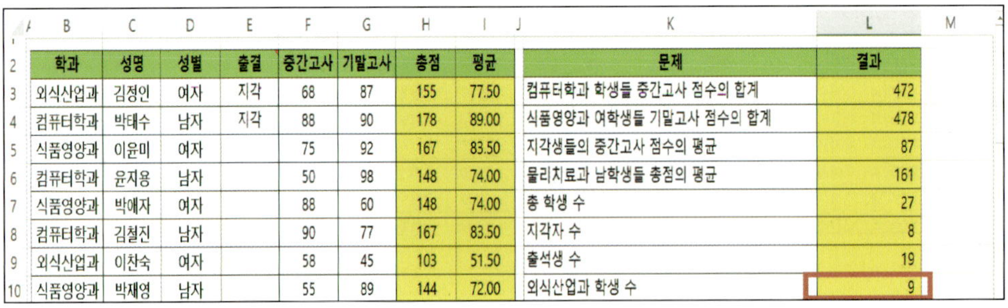

학과	성명	성별	출결	중간고사	기말고사	총점	평균	문제	결과
외식산업과	김정인	여자	지각	68	87	155	77.50	컴퓨터학과 학생들 중간고사 점수의 합계	472
컴퓨터학과	박태수	남자	지각	88	90	178	89.00	식품영양과 여학생들 기말고사 점수의 합계	478
식품영양과	이윤미	여자		75	92	167	83.50	지각생들의 중간고사 점수의 평균	87
컴퓨터학과	윤지용	남자		50	98	148	74.00	물리치료과 남학생들 총점의 평균	161
식품영양과	박애자	여자		88	60	148	74.00	총 학생 수	27
컴퓨터학과	김철진	남자		90	77	167	83.50	지각자 수	8
외식산업과	이찬숙	여자		58	45	103	51.50	출석생 수	19
식품영양과	박재영	남자		55	89	144	72.00	외식산업과 학생 수	9

따라해 보세요 – COUNTIFS 함수 활용하기

L11 셀에 평균이 80점 이상인 여학생 수를 구하세요.

*시트명 : 조건부 함수

1. 평균이 80점 이상인 여학생 수를 구하기 위하여 L11 셀로 커서를 이동한 후 [수식 탭 – 함수 라이브러리 그룹 – 기타 함수 – 통계 – COUNTIFS]를 클릭합니다.

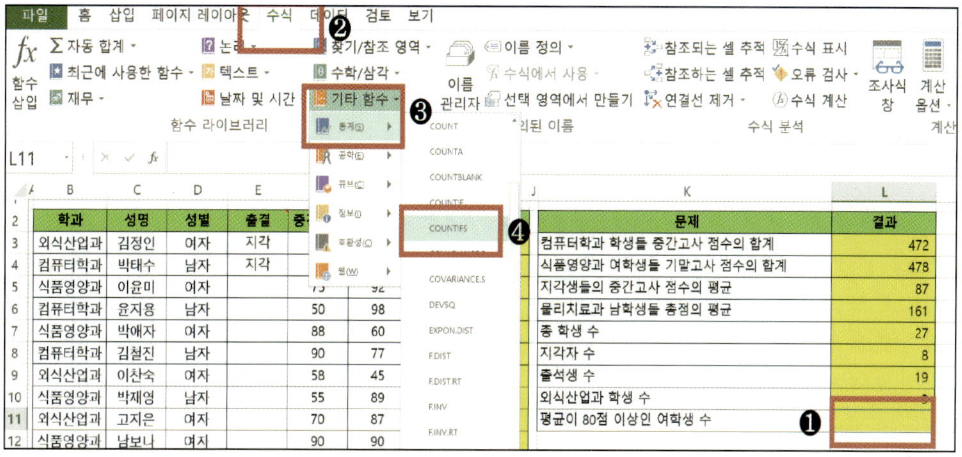

2. 함수 인수 대화상자가 나타나면 Criteria_range1는 'I3:I29', Criteria1는 '">=80"', Criteria_range2는 'D3:D29', Criteria2는 '"여자"'를 입력하고 확인 버튼을 클릭합니다.

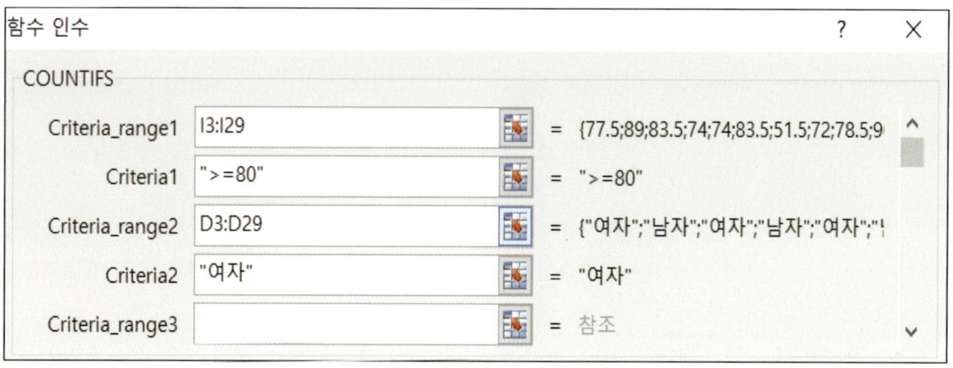

3. 학생들 중 평균이 80점 이상인 학생들 중 여학생 수 '7' 이 L11 셀에 계산되는 것을 확인할 수 있습니다.

10	식품영양과	박재영	남자		55	89	144	72.00	외식산업과 학생 수	9
11	외식산업과	고지은	여자		70	87	157	78.50	평균이 80점 이상인 여학생 수	7
12	식품영양과	남보나	여자		90	90	180	90.00		

02

찾기 및 참조 함수

참조 테이블에서 정확한 값을 빠르게 찾아 결과를 추출할 수 있다. 참조 테이블 모양에 따라 VLOOKUP 함수와 HLOOKUP 함수를 선택할 수 있다.

예제파일 : 6장예제.xlsx

2-1 VLOOKUP 함수와 HLOOKUP 함수의 차이

VLOOKUP 함수와 HLOOKUP 함수의 선택 기준

두 함수는 모두 참조 테이블에서 값을 찾아 추출하는 함수입니다. 그 테이블 범위가 수직(Vertical) 모양인지 수평(Horizontal) 모양인지에 따라 수직(Vertical) 모양인 경우에는 **VLOOKUP 함수**를 수평(Horizontal) 모양인 경우에는 **HLOOKUP 함수**를 선택할 수 있습니다.

<상품단가표>

상품코드	상품명	단가
11	스커트	65,000
22	자켓	382,500
33	코트	800,000
44	목도리	110,000

<할인율 표>

판매수량	할인율
0	0%
10	10%
20	20%
30	30%

→ VLOOKUP

<품질 평가표>

만족도	0	4	6	8	10
평가	불만족	품질개선 요구	대체로 만족	만족	매우만족

→ HLOOKUP

2-2 VLOOKUP 함수 활용하기

VLOOKUP 함수

배열의 첫 열에서 값을 검색하여, 지정한 열의 같은 행에서 데이터를 추출합니다. 기본적으로 오름차순으로 표가 정렬됩니다.

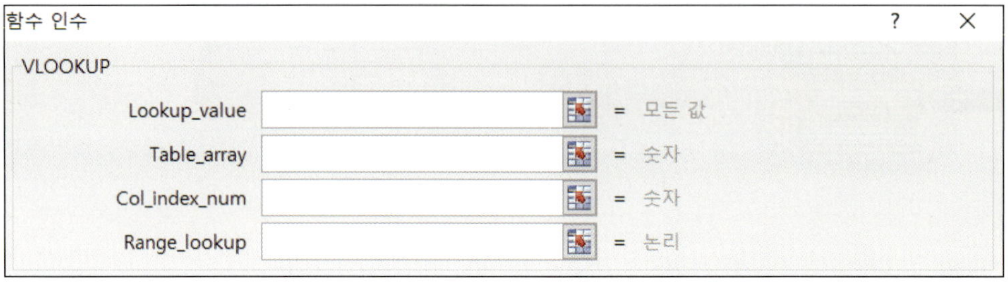

설명

인수 설정

- **Lookup_value** : 표의 첫 열에서 찾으려는 값입니다. 값이나 셀 주소 또는 텍스트일 수 있습니다.
- **Table_array** : 데이터를 검색하고 추출하려는 표입니다. Table_array는 범위에 대한 참조 값이나 범위 이름이 될 수 있습니다.
- **Col_index_num** : Table_array 내의 열(column) 번호로, 값을 추출할 열을 지정합니다. 표의 첫 열 값은 열 1입니다.
- **Range_lookup** : 논리 값으로 정확하게 일치하는 것을 찾으려면 false, 비슷하게 일치하는 것을 찾으려면 true(또는 생략)을 지정합니다.

Tip VLOOKUP 함수와 HLOOKUP 함수의 인수 값을 설정할 때에는 3번째 인수 값인 **(Col / Row)index_num** 의 차이만 있습니다. 나머지 인수 값은 모두 동일하게 입력할 수 있습니다.

따라해 보세요 – VLOOKUP 함수 활용하기

상품단가 표와 할인율 표를 이용하여 '상품명'열, '단가'열, '할인율'열의 값을 구하세요.

*시트명 : 찾기참조함수

1. 상품명을 추출하기 위하여 D4 셀로 커서를 이동한 후 [수식 탭 – 함수 라이브러리 그룹 – 찾기 / 참조 영역 – VLOOKUP]을 클릭합니다.

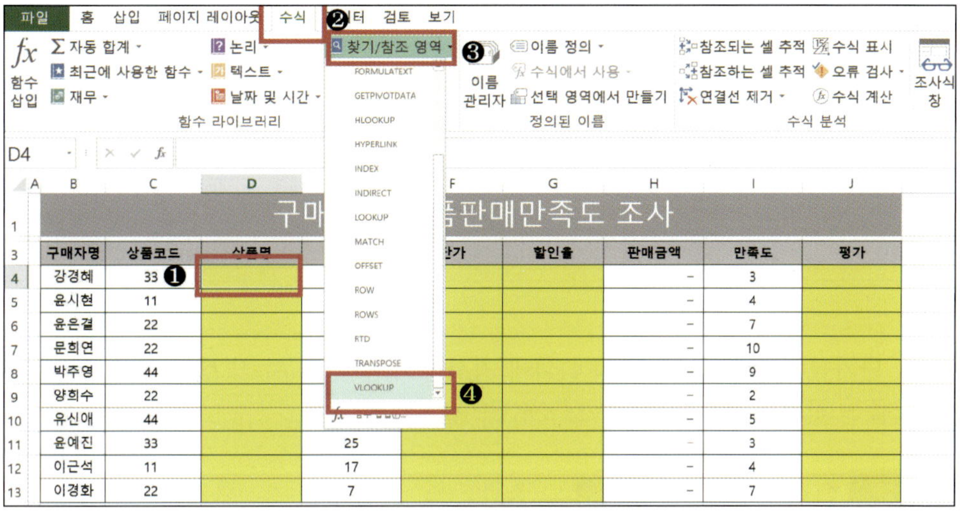

2. 함수 인수 대화상자가 나타나면 Lookup_value는 'C4', Table_array는 '$B$17:$D$20', Col_index_num는 '2', Range_lookup은 'FALSE'를 입력하고 확인 버튼을 클릭합니다.

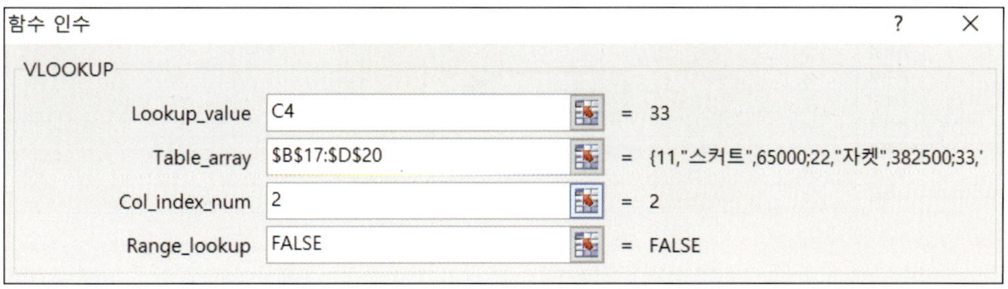

3. 상품 코드 '33' 에 해당하는 상품명 '코트' 가 D4 셀에 추출되는 것을 확인할 수 있습니다. 채우기 핸들을 이용하여 D13 셀까지 수식을 복사합니다. 4행부터 13행까지 상품코드에 해당하는 '상품명' 이 추출되는 것을 확인할 수 있습니다.

구매자별 상품판매만족도 조사

구매자명	상품코드	상품명	판매수량	단가	할인율	판매금액	만족도	평가
강경혜	33	코트	13			-	3	
윤시현	11	스커트	40			-	4	
윤은결	22	자켓	34			-	7	
문희연	22	자켓	10			-	10	
박주영	44	목도리	29			-	9	
양희수	22	자켓	12			-	2	
유신애	44	목도리	50			-	5	
윤예진	33	코트	25			-	3	
이근석	11	스커트	17			-	4	
이경화	22	자켓	7			-	7	

4. 단가를 추출하기 위하여 F4 셀에 커서를 이동한 후 [수식 탭 – 함수 라이브러리 그룹 – 찾기 / 참조 영역 – VLOOKUP]을 클릭합니다.

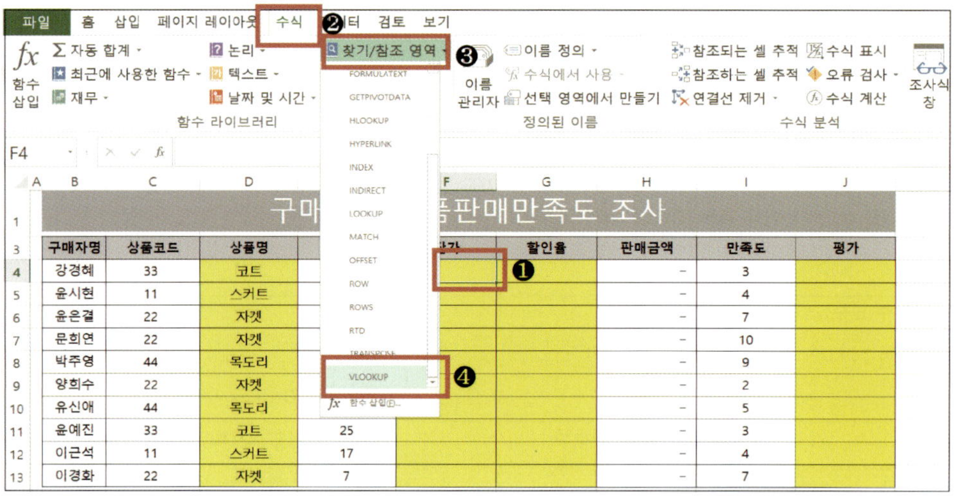

5. 함수 인수 대화상자가 나타나면 Lookup_value는 'C4', Table_array는 '$B$17:$D$20', Col_index_num는 '3', Range_lookup은 'FALSE'를 입력하고 확인 버튼을 클릭합니다.

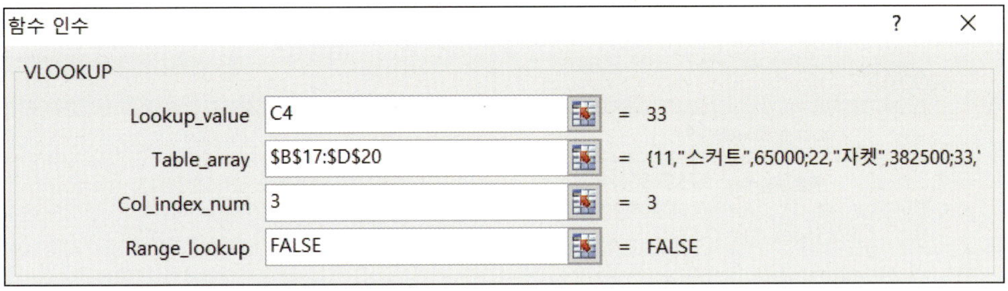

6. 상품코드 '33'에 해당하는 단가 '800,000'이 F4 셀에 추출되는 것을 확인할 수 있습니다. 채우기 핸들을 이용하여 F13 셀까지 수식을 복사합니다. 4행부터 13행까지 상품코드에 해당하는 '단가'가 추출되는 것을 확인할 수 있습니다.

7. 할인율을 추출하기 위하여 G4 셀에 커서를 이동한 후 [수식 탭 - 함수 라이브러리 그룹 - 찾기 / 참조 영역 - VLOOKUP]을 클릭합니다.

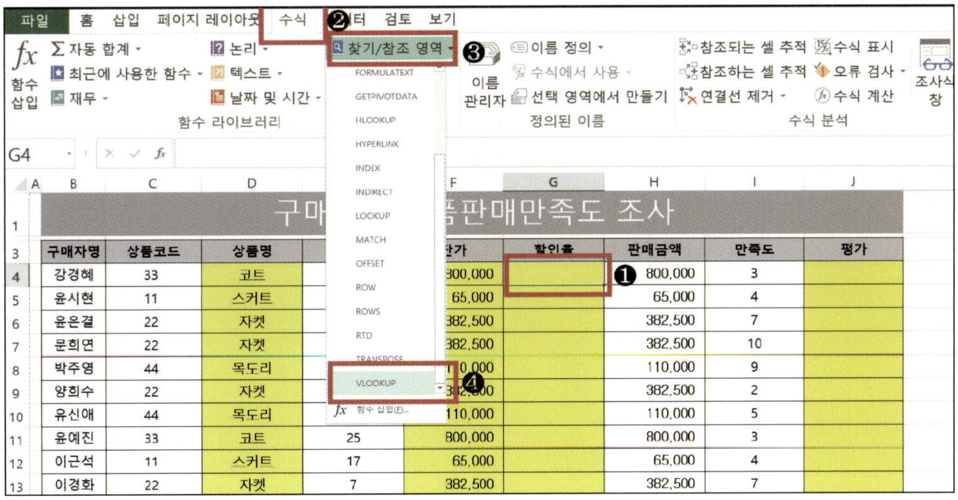

8. 함수 인수 대화상자가 나타나면 Lookup_value는 'E4', Table_array는 '$F$17:$G$20', Col_index_num는 '2', Range_lookup은 'TRUE'를 입력하고 확인 버튼을 클릭합니다.

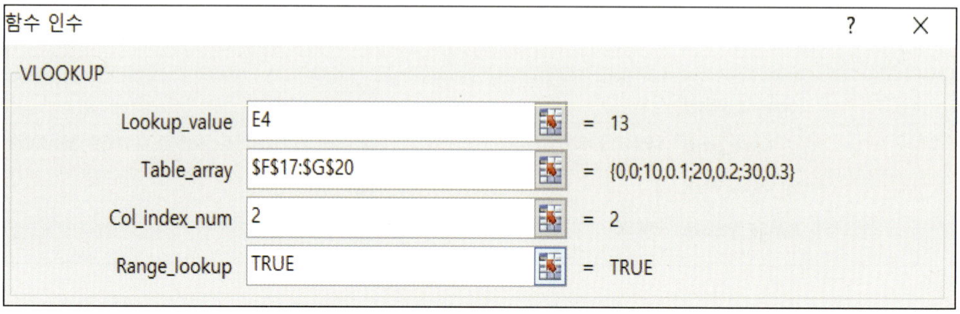

9. 판매수량 '13'에 해당하는 할인율 '10%'가 G4 셀에 추출되는 것을 확인할 수 있습니다. 채우기 핸들을 이용하여 G13 셀까지 수식을 복사합니다. 4행부터 13행까지 판매수량에 해당하는 '할인율'이 추출되는 것을 확인할 수 있습니다.

구매자별 상품판매만족도 조사

구매자명	상품코드	상품명	판매수량	단가	할인율	판매금액	만족도	평가
강경혜	33	코트	13	800,000	10%	720,000	3	
윤시현	11	스커트	40	65,000	30%	45,500	4	
윤은결	22	자켓	34	382,500	30%	267,750	7	
문희연	22	자켓	10	382,500	10%	344,250	10	
박주영	44	목도리	29	110,000	20%	88,000	9	
양희수	22	자켓	12	382,500	10%	344,250	2	
유신애	44	목도리	50	110,000	30%	77,000	5	
윤예진	33	코트	25	800,000	20%	640,000	3	
이근석	11	스커트	17	65,000	10%	58,500	4	
이경화	22	자켓	7	382,500	0%	382,500	7	

2-3 HLOOKUP 함수 활용하기

HLOOKUP 함수

배열의 첫 행에서 값을 검색하여, 지정한 행의 같은 열에서 데이터를 추출합니다.

설명

인수 설정

- **Lookup_value** : 표의 첫 행에서 찾으려는 값입니다. 값이나 셀 주소 또는 텍스트일 수 있습니다.
- **Table_array** : 데이터를 검색하고 추출하려는 표입니다. Table_array는 범위에 대한 참조 값이나 범위 이름이 될 수 있습니다.
- **Row_index_num** : Table_array 내의 행(Row) 번호로, 값을 추출할 행을 지정합니다. 표의 첫 행 값은 행 1입니다.
- **Range_lookup** : 논리 값으로 정확하게 일치하는 것을 찾으려면 false, 비슷하게 일치하는 것을 찾으려면 true(또는 생략)을 지정합니다.

따라해 보세요 – HLOOKUP 함수 활용하기

품질 평가표를 이용하여 '평가'열의 값을 구하세요.

*시트명 : 찾기참조함수

1. 평가를 추출하기 위하여 J4 셀로 커서를 이동한 후 [수식 탭 – 함수 라이브러리 그룹 – 찾기 / 참조 영역 – HLOOKUP]을 클릭합니다.

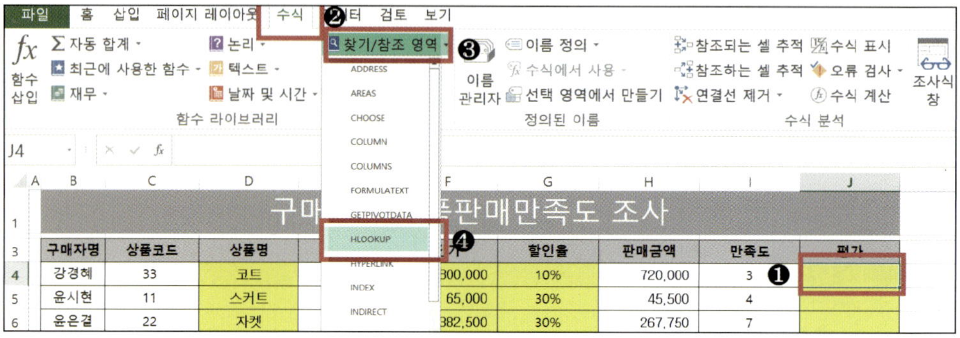

2. 함수 인수 대화상자가 나타나면 Lookup_value는 'I4', Table_array는 '$B$23:$G$24', Row_index_num는 '2', Range_lookup은 'TRUE'를 입력하고 확인 버튼을 클릭합니다.

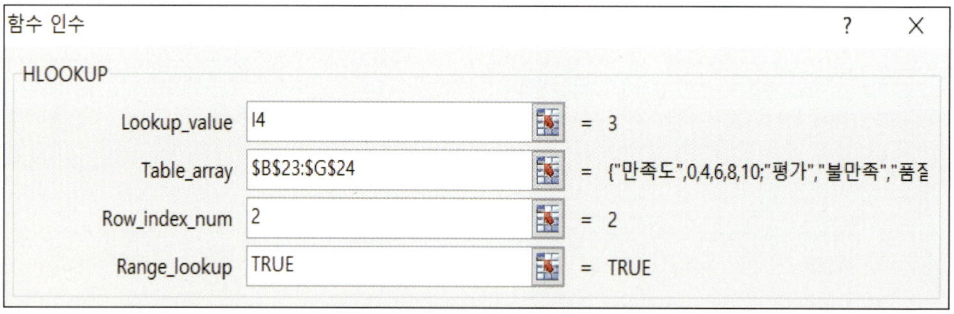

3. 만족도 '3' 에 해당하는 평가 '불만족' 이 J4 셀에 추출되는 것을 확인할 수 있습니다. 채우기 핸들을 이용하여 J13 셀까지 수식을 복사합니다. 4행부터 13행까지 만족도에 해당하는 '평가' 가 추출되는 것을 확인할 수 있습니다.

구매자별 상품판매만족도 조사

구매자명	상품코드	상품명	판매수량	단가	할인율	판매금액	만족도	평가
강경혜	33	코트	13	800,000	10%	720,000	3	불만족
윤시현	11	스커트	40	65,000	30%	45,500	4	품질개선 요구
윤은결	22	자켓	34	382,500	30%	267,750	7	대체로 만족
문희연	22	자켓	10	382,500	10%	344,250	10	매우만족
박주영	44	목도리	29	110,000	20%	88,000	9	만족
양희수	22	자켓	12	382,500	10%	344,250	2	불만족
유신애	44	목도리	50	110,000	30%	77,000	5	품질개선 요구
윤예진	33	코트	25	800,000	20%	640,000	3	불만족
이근석	11	스커트	17	65,000	10%	58,500	4	품질개선 요구
이경화	22	자켓	7	382,500	0%	382,500	7	대체로 만족

6장 실전예제만들기

함수를 이용하여 다음 시트의 결과를 계산하시오.

[5월 용돈 사용 내역]

날짜	분류	금액	사용내역	결제방법
5/1	문화생활비	₩ 10,000	영화관람	체크카드
5/2	식비	₩ 6,000	햄버거	현금
5/3	교통비	₩ 30,000	교통카드충전	현금
5/4	생필품비	₩ 3,000	우산	현금
5/5	의료비	₩ 4,800	내과	체크카드
5/6	통신비	₩ 34,000	핸드폰요금	신용카드

5월 용돈 사용 금액 합계		식비 중 현금 사용 금액 합계	
₩ 653,100		₩ 62,000	
식비	교통비	꾸밈비	통신비
₩ 162,000	₩ 30,000	₩ 150,000	₩ 34,000
의료비	문화생활비	생필품비	저축
₩ 4,800	₩ 70,000	₩ 52,300	₩ 150,000

Q 01 SUM, SUMIF, SUMIFS 함수를 이용하여 노란색 부분의 계산을 완성하시오.

＊ 예제파일 : 6장 실전학습.xlsx / ＊ 시트명 : Q1

1. H5 셀로 커서를 이동합니다. 5월 용돈 사용 금액 합계를 계산하기 위하여 [수식 탭 – 함수 라이브러리 그룹 – 수학/삼각 – SUM]을 클릭합니다.

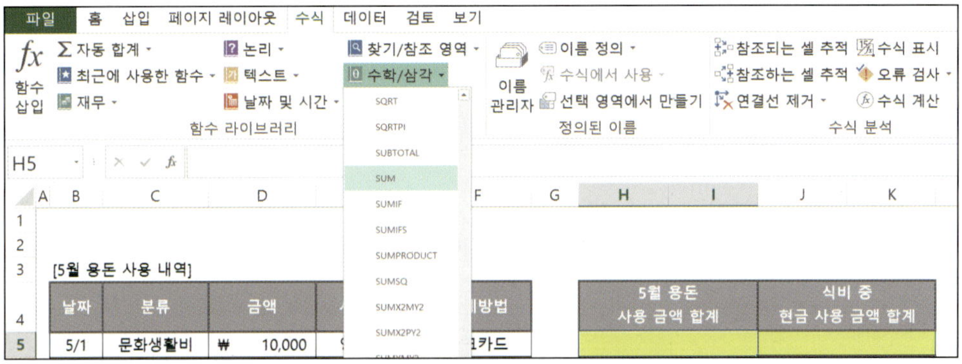

2. 함수 인수 대화상자가 나타나면 Number1은 'D5:D31' 을 입력하고 확인 버튼을 클릭합니다.

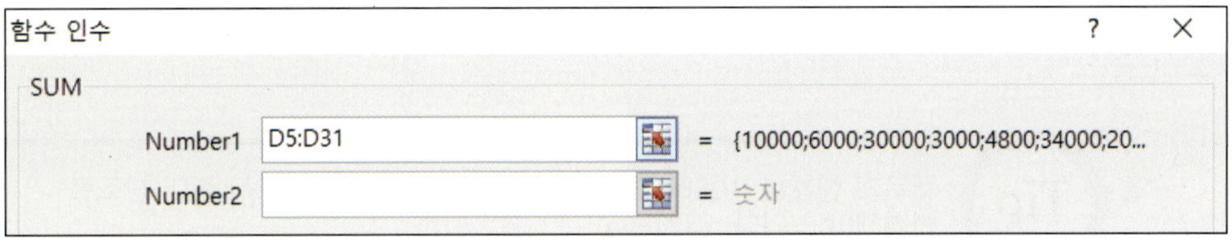

3. 결과 값으로 '653,100' 이 입력되는 것을 확인할 수 있습니다.

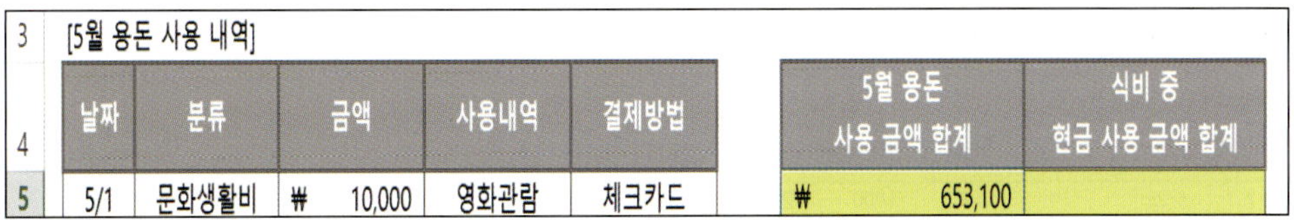

4. H7 셀로 커서를 이동합니다. 식비 합계를 계산하기 위하여 [수식 탭 – 함수 라이브러리 그룹 – 수학/삼각 – SUMIF]를 클릭합니다.

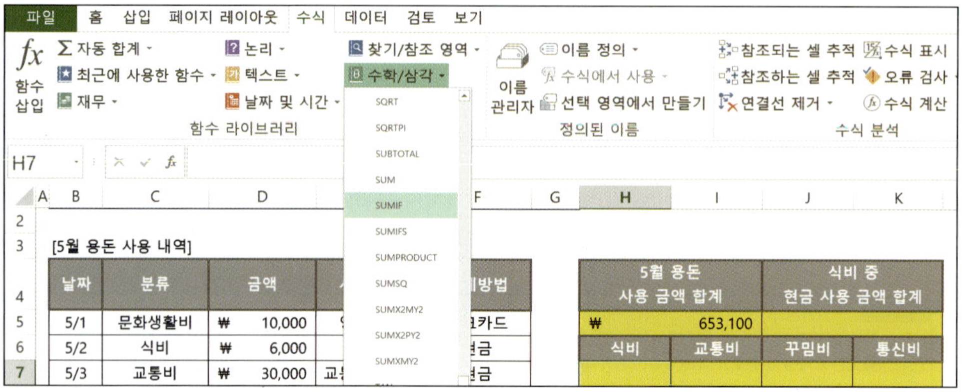

5. 함수 인수 대화상자가 나타나면 Range는 '$C$5:$C$31', Criteria는 'H6', Sum_range는 '$D$5:$D$31'을 입력하고 확인 버튼을 클릭합니다.

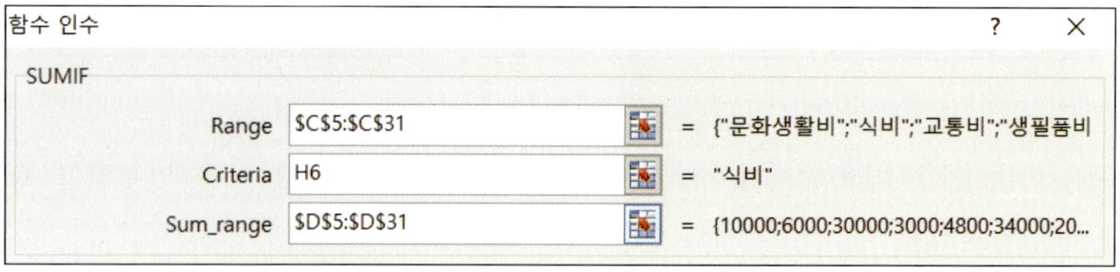

수식) =SUMIF($C$5:$C$31,H6,$D$5:$D$31)

Tip 채우기 핸들을 이용하여 수식을 복사하기 위하여 반드시 절대 참조로 변경해야 합니다.

6. 결과 값으로 '162,000'이 입력되는 것을 확인할 수 있습니다. 교통비, 꾸밈비, 통신비의 수식을 계산하기 위하여 채우기 핸들을 이용하여 K7 셀까지 수식을 복사합니다.

6	5/2	식비	₩ 6,000	햄버거	현금		식비	교통비	꾸밈비	통신비
7	5/3	교통비	₩ 30,000	교통카드충전	현금		₩ 162,000	₩ 30,000	₩ 150,000	₩ 34,000

7. H9 셀로 커서를 이동합니다. 의료비 합계를 계산하기 위하여 [수식 탭 – 함수 라이브러리 그룹 – 수학/삼각 – SUMIF]를 클릭합니다.

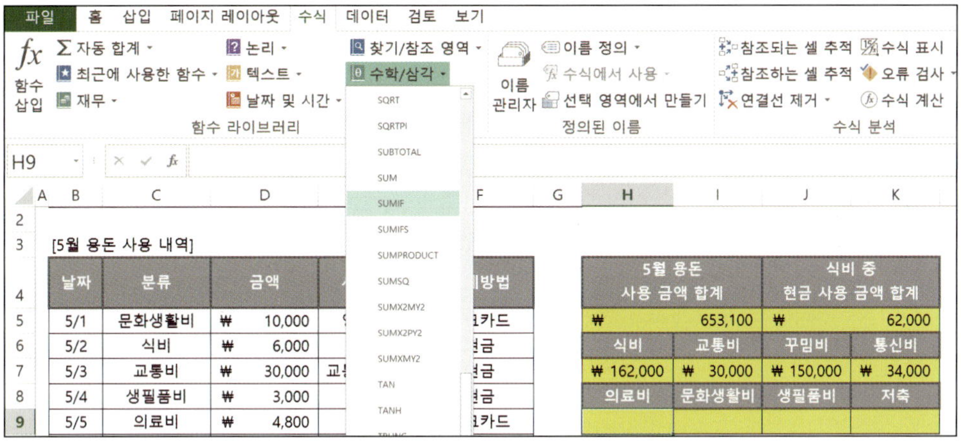

8. 함수 인수 대화상자가 나타나면 Range는 '$C$5:$C$31', Criteria는 'H8', Sum_range는 '$D$5:$D$31'을 입력하고 확인 버튼을 클릭합니다.

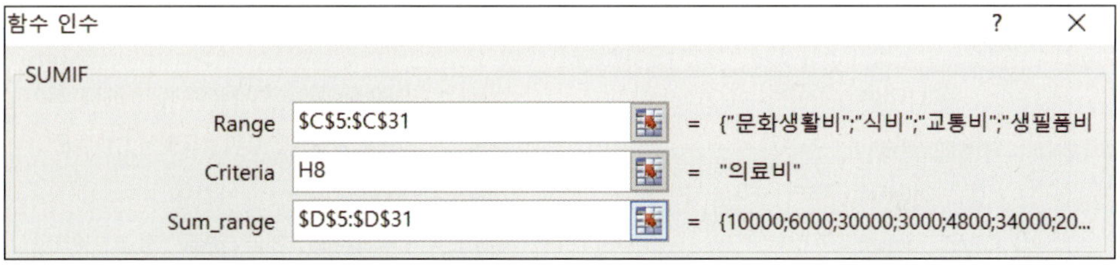

수식) =SUMIF($C$5:$C$31,H8,$D$5:$D$31)

Tip H7셀을 복사(Ctrl+C)하여 붙여넣기(Ctrl+V)를 해도 계산식이 복사됩니다.

9. 결과 값으로 '4,800'이 입력되는 것을 확인할 수 있습니다. 문화생활비, 생필품비, 저축의 수식을 계산하기 위하여 채우기 핸들을 이용하여 K9 셀까지 수식을 복사합니다.

8	5/4	생필품비	₩	3,000	우산	현금		의료비	문화생활비	생필품비	저축
9	5/5	의료비	₩	4,800	내과	체크카드		₩ 4,800	₩ 70,000	₩ 52,300	₩ 150,000

10. J5 셀로 커서를 이동합니다. 식비 중 현금 사용 금액 합계를 계산하기 위하여 [수식 탭 – 함수 라이브러리 그룹 – 수학/삼각 – SUMIFS]를 클릭합니다.

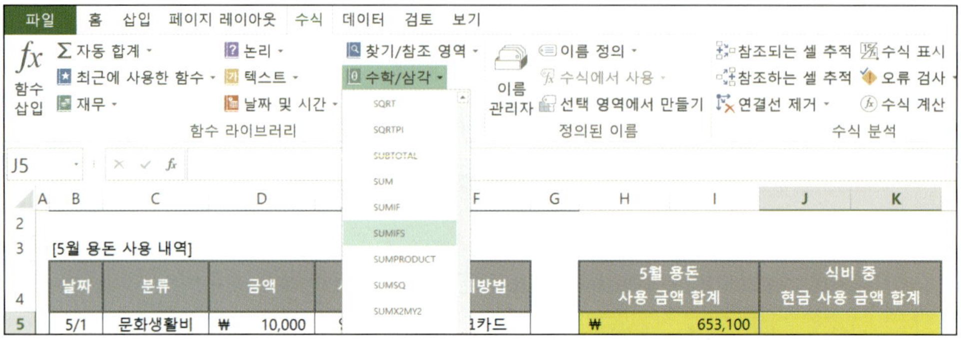

11. 함수 인수 대화상자가 나타나면 Sum_range는 'D5:D31' Criteria_range1은 'C5:C31', Criteria1은 '"식비"', Criteria_range2는 'F5:F31', Criteria2는 '"현금"'을 입력하고 확인 버튼을 클릭합니다.

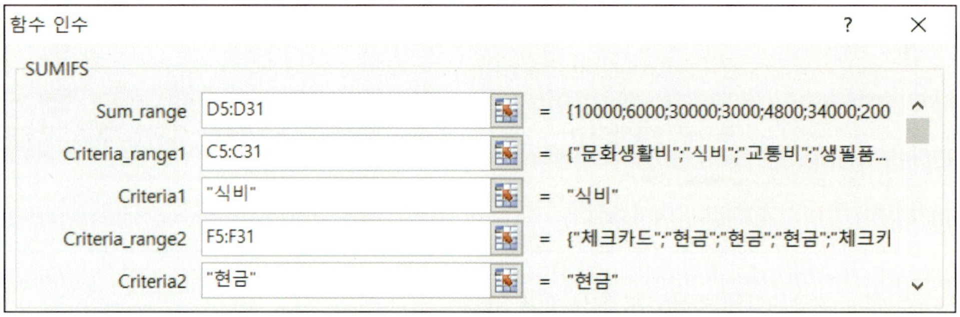

수식) =SUMIFS(D5:D31,C5:C31, "식비" ,F5:F31, "현금")

12. 결과 값으로 '62,000' 이 입력되는 것을 확인할 수 있습니다.

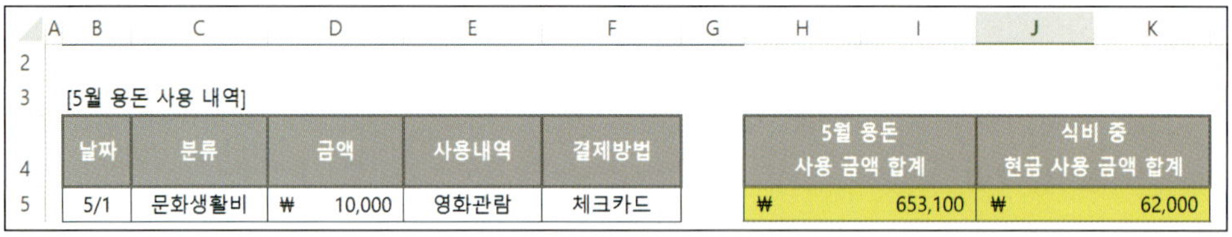

Q 02 AVERAGE, AVERAGEIF, AVERAGEIFS 함수를 이용하여 노란색 부분의 계산을 완성하시오.

＊ 예제파일 : 6장 실전학습.xlsx / ＊ 시트명 : Q2

1. H7 셀로 커서를 이동합니다. 1회 평균 사용 금액을 계산하기 위하여 [수식 탭 – 함수 라이브러리 그룹 – 기타 함수 – 통계 – AVERAGE]를 클릭합니다.

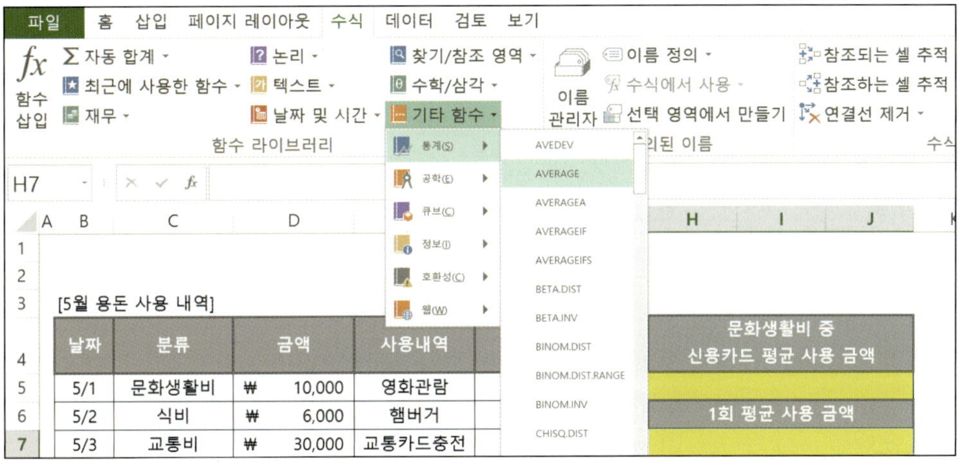

2. 함수 인수 대화상자가 나타나면 Number1은 'D5:D31' 을 입력하고 확인 버튼을 클릭합니다.

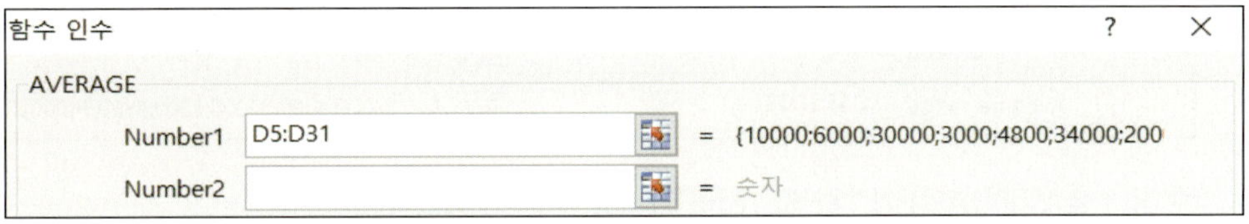

수식) =AVERAGE(D5:D31)

3. 결과 값으로 '24,189' 가 입력되는 것을 확인할 수 있습니다.

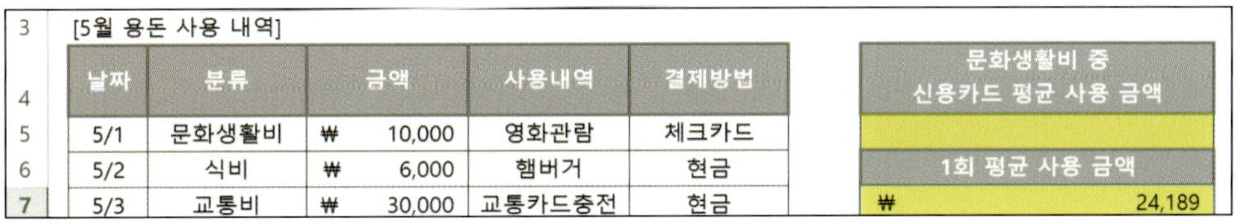

4. H9 셀로 커서를 이동합니다. 현금 사용 금액의 평균을 계산하기 위하여 [수식 탭 – 함수 라이브러리 그룹 – 기타 함수 – 통계 – AVERAGEIF]를 클릭합니다.

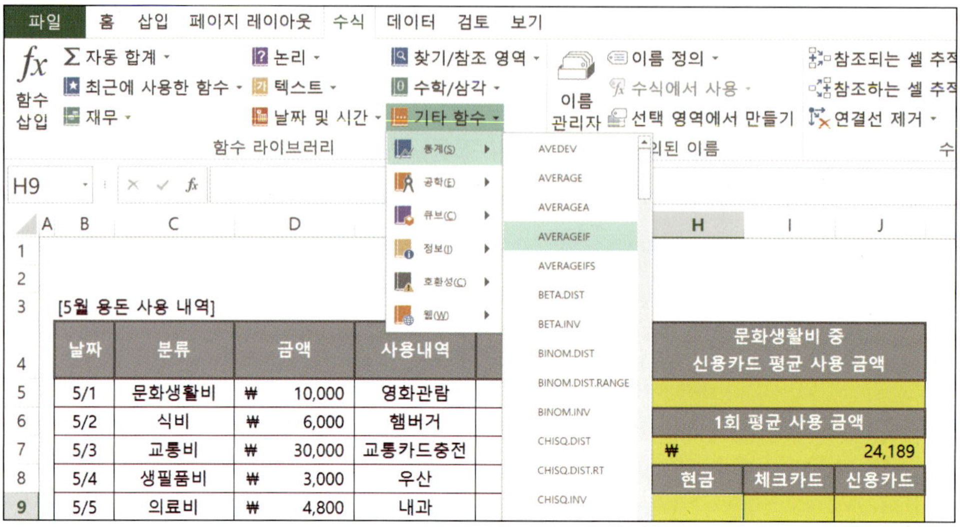

5. 함수 인수 대화상자가 나타나면 Range는 '$F$5:$F$31', Criteria는 'H8', Average_range는 '$D$5:$D$31'을 입력하고 확인 버튼을 클릭합니다.

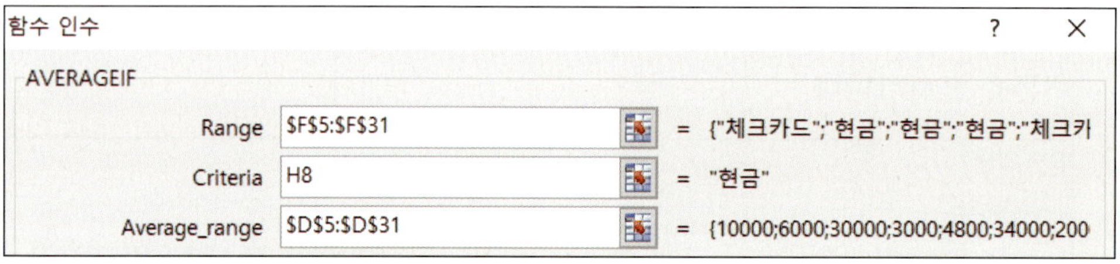

수식) =AVERAGEIF($F$5:$F$31,H8,$D$5:$D$31)

6. 결과 값으로 '18,846' 이 입력되는 것을 확인할 수 있습니다. 체크카드, 신용카드의 수식을 계산하기 위하여 채우기 핸들을 이용하여 J9 셀까지 수식을 복사합니다.

7. H5 셀로 커서를 이동합니다. 문화생활비 중 신용카드 평균 사용 금액을 계산하기 위하여 [수식 탭 – 함수 라이브러리 그룹 – 기타 함수 – 통계 – AVERAGEIFS]를 클릭합니다.

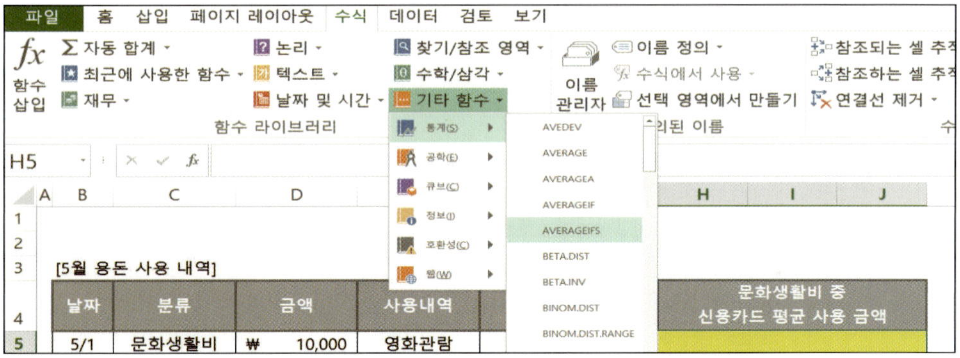

8. 함수 인수 대화상자가 나타나면 Average_range는 'D5:D31', Criteria_range1은 'C5:C31', Criteria1은 '"문화생활비"', Criteria_range2는 'F5:F31', Criteria2는 '"신용카드"'를 입력하고 확인 버튼을 클릭합니다.

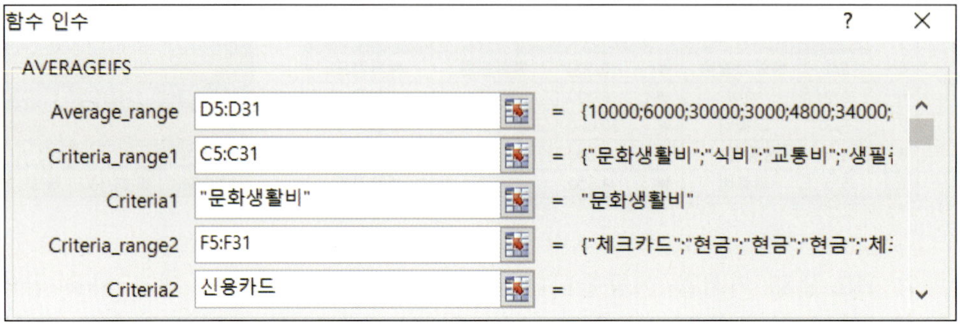

수식) =AVERAGEIFS(D5:D31,C5:C31, "문화생활비" ,F5:F31, "신용카드")

9. 결과 값으로 '25,000'이 입력되는 것을 확인할 수 있습니다.

[5월 용돈 사용 내역]

	날짜	분류	금액	사용내역	결제방법
5	5/1	문화생활비	₩ 10,000	영화관람	체크카드
6	5/2	식비	₩ 6,000	햄버거	현금
7	5/3	교통비	₩ 30,000	교통카드충전	현금
8	5/4	생필품비	₩ 3,000	우산	현금
9	5/5	의료비	₩ 4,800	내과	체크카드
10	5/6	통신비	₩ 34,000	핸드폰요금	신용카드

문화생활비 중 신용카드 평균 사용 금액		
₩ 25,000		
1회 평균 사용 금액		
₩ 24,189		
현금	체크카드	신용카드
₩ 18,846	₩ 24,400	₩ 37,700

Q O3 COUNTA, COUNTBLANK, COUNTIF, COUNTIFS 함수를 이용하여 노란색 부분의 계산을 완성하시오.

* 예제파일 : 6장 실전학습.xlsx / * 시트명 : Q3

1. I5 셀로 커서를 이동합니다. 총 학생 인원수를 계산하기 위하여 [수식 탭 - 함수 라이브러리 그룹 - 기타 함수 - 통계 - COUNTA]를 클릭합니다.

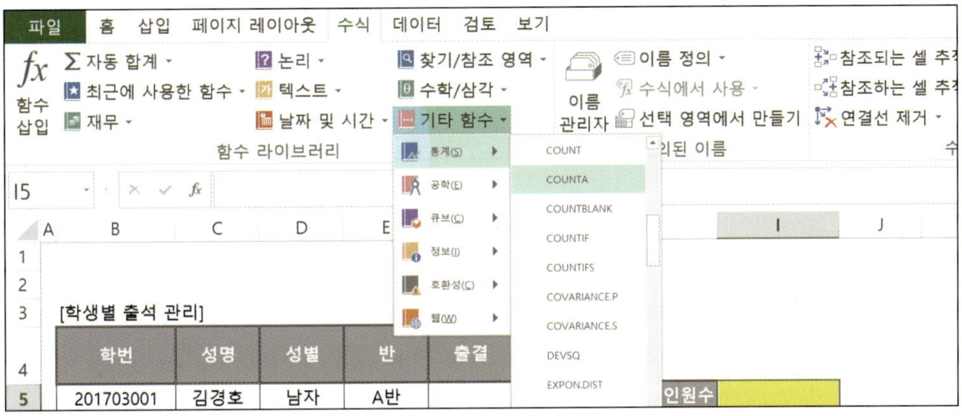

2. 함수 인수 대화상자가 나타나면 Number1은 'C5:C34' 을 입력하고 확인 버튼을 클릭합니다.

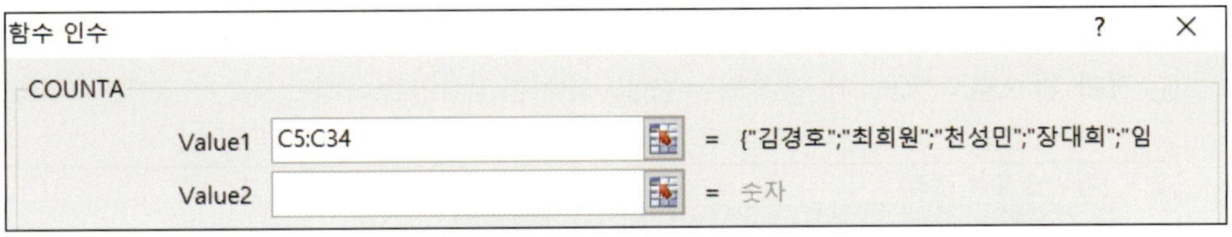

수식) =COUNTA(C5:C34)

3. 결과 값으로 '30' 이 입력되는 것을 확인할 수 있습니다.

4. I6 셀로 커서를 이동합니다. 출석생 수를 계산하기 위하여 [수식 탭 – 함수 라이브러리 그룹 – 기타 함수 – 통계 – COUNTBLANK]를 클릭합니다.

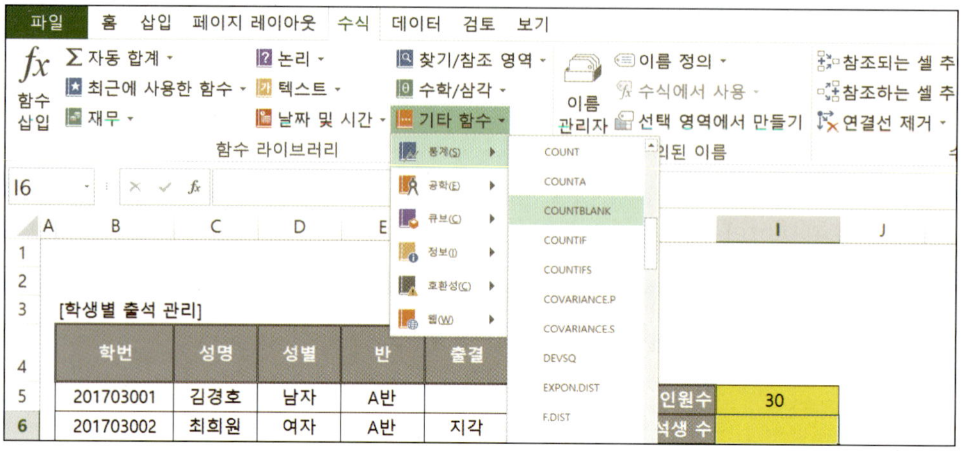

5. 함수 인수 대화상자가 나타나면 Range은 'F5:F34' 을 입력하고 확인 버튼을 클릭합니다.

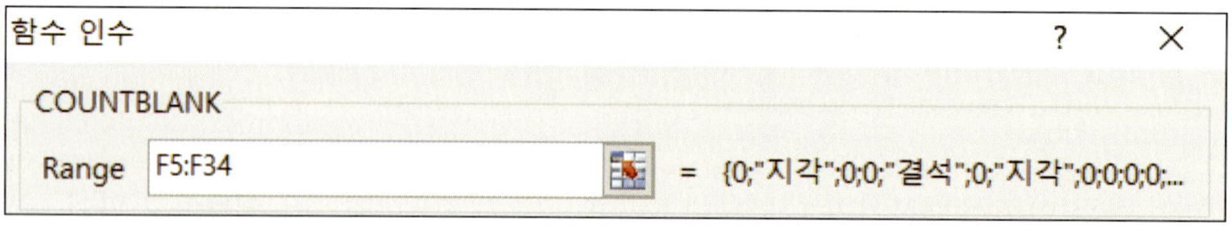

수식) =COUNTBLANK(F5:F34)

6. 결과 값으로 '20' 이 입력되는 것을 확인할 수 있습니다.

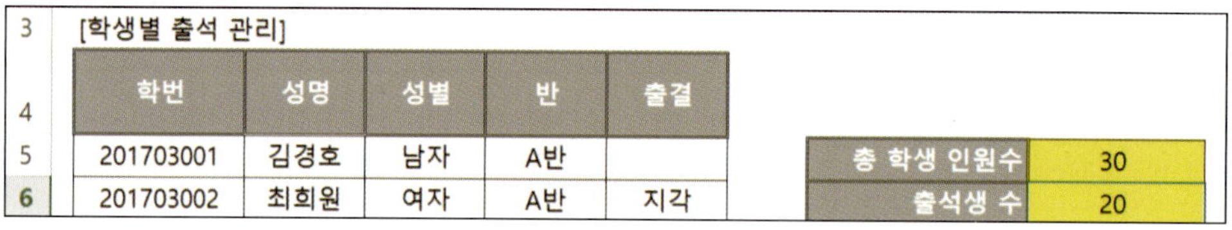

7. I7 셀로 커서를 이동합니다. 결석생 수를 계산하기 위하여 [수식 탭 – 함수 라이브러리 그룹 – 기타 함수 – 통계 – COUNTIF]를 클릭합니다.

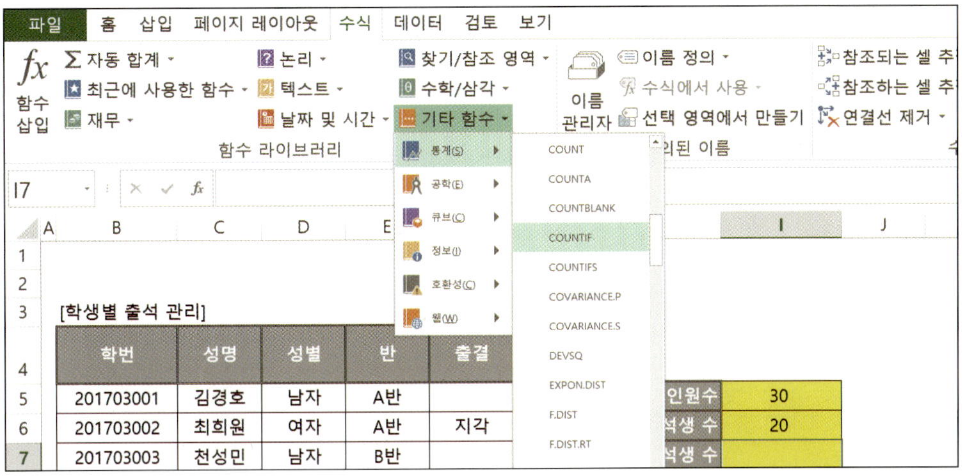

8. 함수 인수 대화상자가 나타나면 Range은 'F5:F34', Criteria는 '"결석"'을 입력하고 확인 버튼을 클릭합니다.

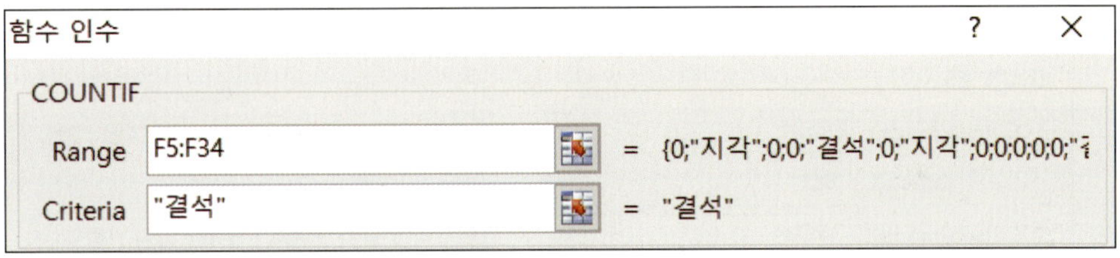

수식) =COUNTIF(F5:F34, "결석")

9. 결과 값으로 '3'이 입력되는 것을 확인할 수 있습니다.

[학생별 출석 관리]

학번	성명	성별	반	출결
201703001	김경호	남자	A반	
201703002	최희원	여자	A반	지각
201703003	천성민	남자	B반	

총 학생 인원수	30
출석생 수	20
결석생 수	3

10. I8 셀로 커서를 이동합니다. B반 여학생 수를 계산하기 위하여 [수식 탭 – 함수 라이브러리 그룹 – 기타 함수 – 통계 – COUNTIFS]를 클릭합니다.

11. 함수 인수 대화상자가 나타나면 Criteria_range1은 'E5:E34', Criteria1은 '"B반"', Criteria_range2은 'D5:D34', Criteria2은 '"여자"'를 입력하고 확인 버튼을 클릭합니다.

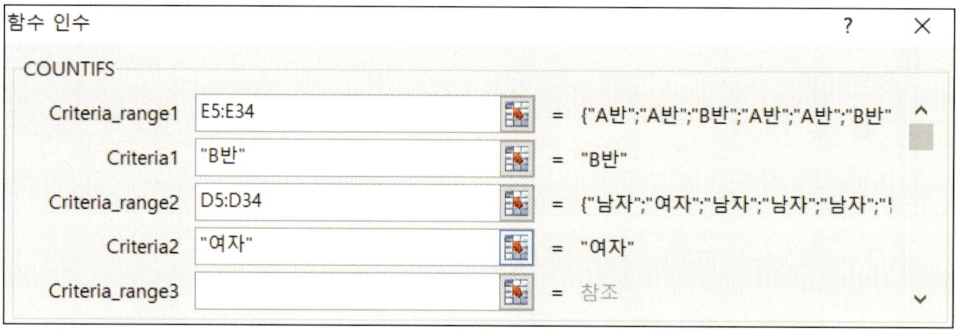

수식) =COUNTIFS(E5:E34, "B반" ,D5:D34, "여자")

12. 결과 값으로 '7' 이 입력되는 것을 확인할 수 있습니다.

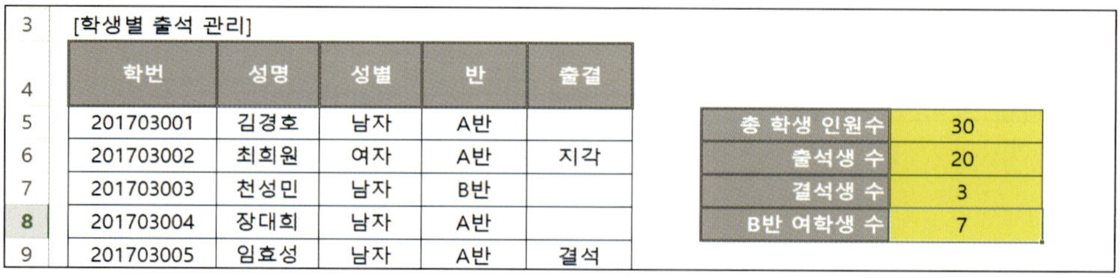

Q 04 VLOOKUP 함수를 이용하여 I5 셀의 학번 목록을 선택하면 성명과 총점이 나타나도록 J5셀과 K5셀을 계산하시오.

＊ 예제파일 : 6장 실전학습.xlsx / ＊ 시트명 : Q4

1. J5 셀로 커서를 이동합니다. 학번에 해당하는 이름을 찾기 위하여 [수식 탭 – 함수 라이브러리 그룹 – 찾기/참조 영역 함수 – VLOOKUP]을 클릭합니다.

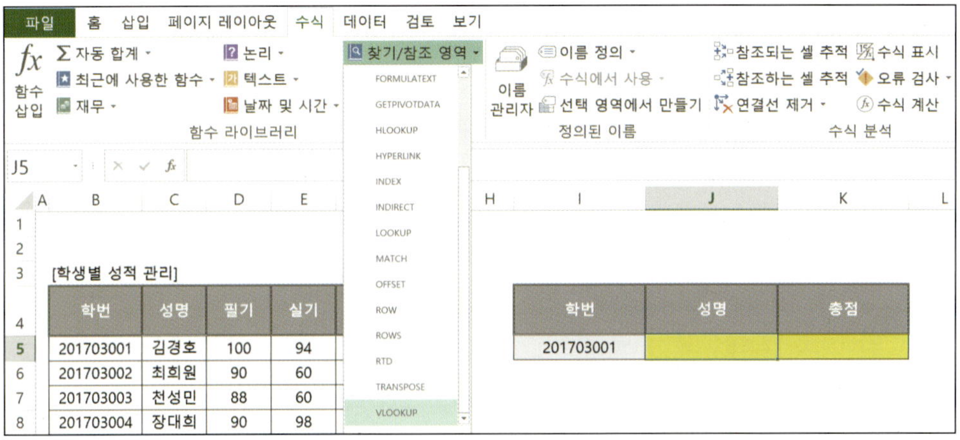

2. 함수 인수 대화상자가 나타나면 Lookup_value는 'I5', Table_array는 'B5:G34', Col_index_num는 '2', Range_lookup은 'FALSE'를 입력하고 확인 버튼을 클릭합니다.

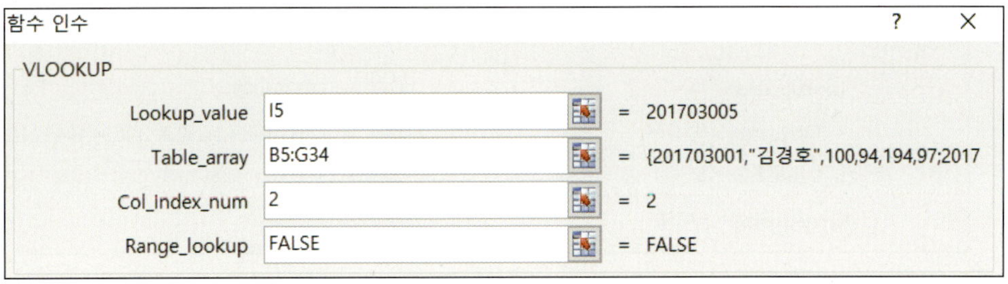

수식) =VLOOKUP(I5,B5:G34,2,FALSE)

3. I5셀의 목록상자에서 학번 '20170005' 를 선택하면 결과 값으로 '임효성' 이 입력되는 것을 확인할 수 있습니다.

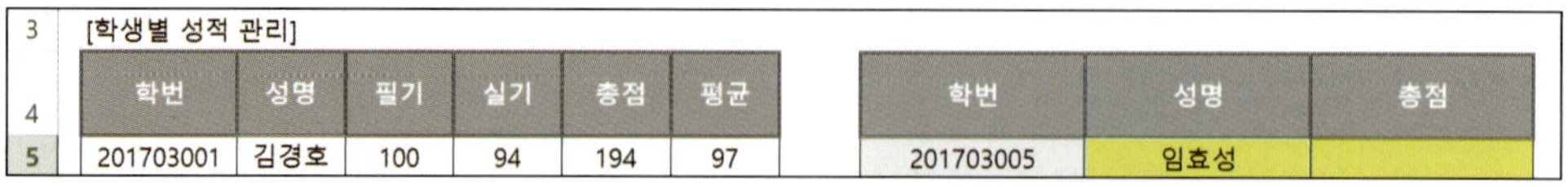

4. K5 셀로 커서를 이동합니다. 학번에 해당하는 총점을 찾기 위하여 [수식 탭 – 함수 라이브러리 그룹 – 찾기/참조 영역 함수 – VLOOKUP]을 클릭합니다.

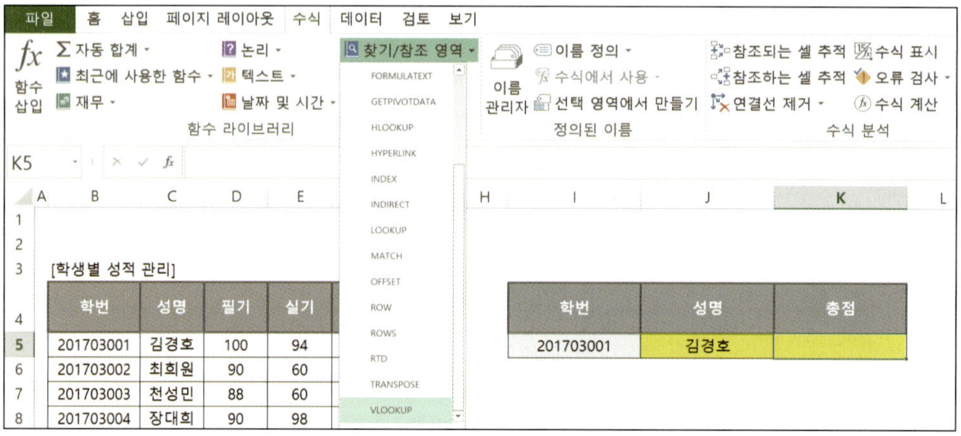

5. 함수 인수 대화상자가 나타나면 Lookup_value는 'I5' , Table_array는 'B5:G34' , Col_index_num는 '5' , Range_lookup은 'FALSE' 를 입력하고 확인 버튼을 클릭합니다.

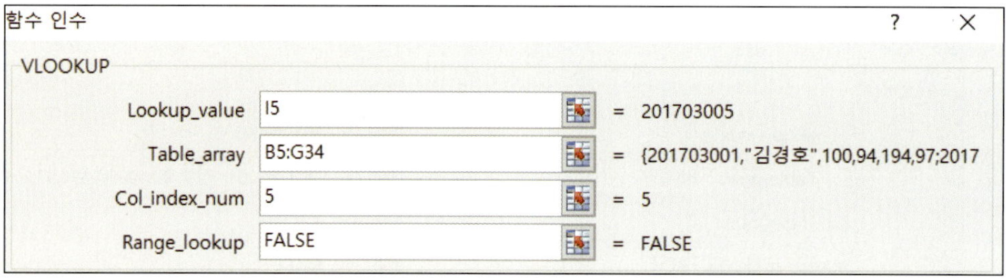

수식) =VLOOKUP(I5,B5:G34,5,FALSE)

6. 결과 값으로 '135' 가 입력되는 것을 확인할 수 있습니다. 학번 목록 상자를 누르고 다른 학번으로 변경하면 선택된 학번에 해당하는 성명과 총점으로 값을 변경할 수 있습니다.

[학생별 성적 관리]

학번	성명	필기	실기	총점	평균
201703001	김경호	100	94	194	97
201703002	최희원	90	60	150	75
201703003	천성민	88	60	148	74
201703004	장대희	90	98	188	94
201703005	임효성	90	45	135	68
201703006	임기남	100	90	190	95
201703007	이현우	90	87	177	89

학번	성명	총점
201703005	임효성	135

Q 05 HLOOKUP 함수를 이용하여 기준 점수 표의 기준 점수별 평점을 H열에 표시하시오.

＊ 예제파일 : 6장 실전학습.xlsx / ＊ 시트명 : Q5

1. H5 셀로 커서를 이동합니다. 기준 점수에 해당하는 평점을 찾기 위하여 [수식 탭 – 함수 라이브러리 그룹 – 찾기/참조 영역 함수 – HLOOKUP]을 클릭합니다.

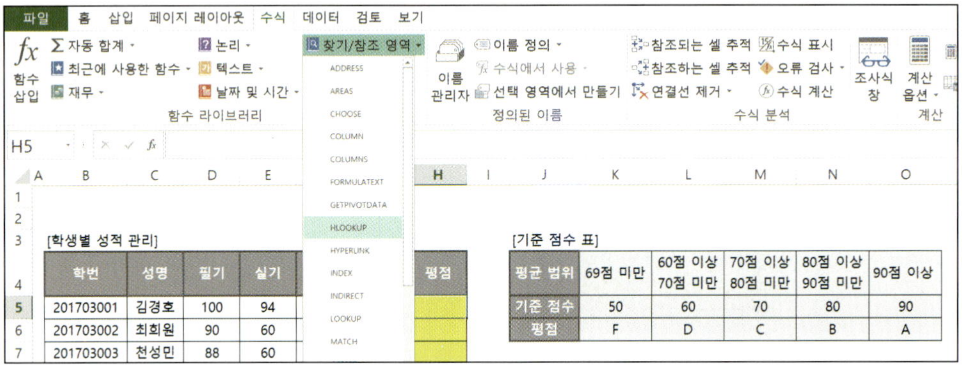

2. 함수 인수 대화상자가 나타나면 Lookup_value는 'G5', Table_array는 '$K$5:$O$6', Col_index_num는 '2', Range_lookup은 'TRUE'를 입력하고 확인 버튼을 클릭합니다.

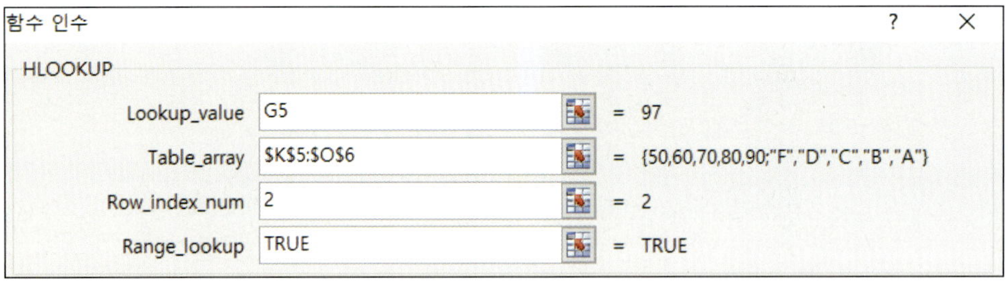

수식) =HLOOKUP(G5,$K$5:$O$6,2,TRUE)

3. 결과 값으로 'A' 가 입력되는 것을 확인할 수 있습니다. 채우기 핸들을 이용하여 H34 셀까지 수식을 복사합니다.

3	[학생별 성적 관리]						
4	학번	성명	필기	실기	총점	평균	평점
5	201703001	김경호	100	94	194	97	A
6	201703002	최희원	90	60	150	75	C
7	201703003	천성민	88	60	148	74	C
8	201703004	장대희	90	98	188	94	A
9	201703005	임효성	90	45	135	68	D
10	201703006	임기남	100	90	190	95	A
11	201703007	이현우	90	87	177	89	B
12	201703008	윤이성	90	89	179	90	B
13	201703009	엄주인	90	90	180	90	A
14	201703010	송상호	90	77	167	84	B
15	201703011	백다연	88	92	180	90	A
16	201703012	박진호	98	92	190	95	A
17	201703013	김민지	88	98	186	93	A

엑 셀

학 과		학 번		이 름	

도 장				
월 일	월 일	월 일	월 일	월 일
월 일	월 일	월 일	월 일	월 일
월 일	월 일	월 일	월 일	월 일
월 일	월 일	월 일	월 일	월 일
월 일	월 일	월 일	월 일	월 일

찾아보기

ㄱ

ㄴ

ㄷ

ㄹ

ㅂ

ㅅ

ㅇ

ㅈ

ㅊ

ㅍ

컴퓨터 활용
엑셀 2013

초판인쇄 2017년 3월 3일
초판발행 2017년 3월 7일
저　　자 한혜경, 윤정희 공저
펴 낸 이 오 성 걸
펴 낸 곳 오성미디어
주　　소 132-916 서울시 도봉구 창 3동 491-1
전　　화 02)997-0136
F A X 02)997-0137

등 록 2000. 5. 12　　　제 7-212 호
ISBN 978-89-6628-427-6　　　　　　　값 13,000 원